ŒUVRES HISTORIQUES

DE

M. le Docteur Ulysse CHEVALIER

II

LES

RUES DE ROMANS

Fragments Historiques

LES CONSULS DE ROMANS

VALENCE	PARIS
Jules CÉAS & Fils	A. PICARD, Libraire
Imprimeurs.	82, rue Bonaparte.

1900

———

LES RUES DE ROMANS

FRAGMENTS HISTORIQUES

LES CONSULS DE ROMANS

———

ŒUVRES HISTORIQUES

DE

M. le Docteur Ulysse CHEVALIER

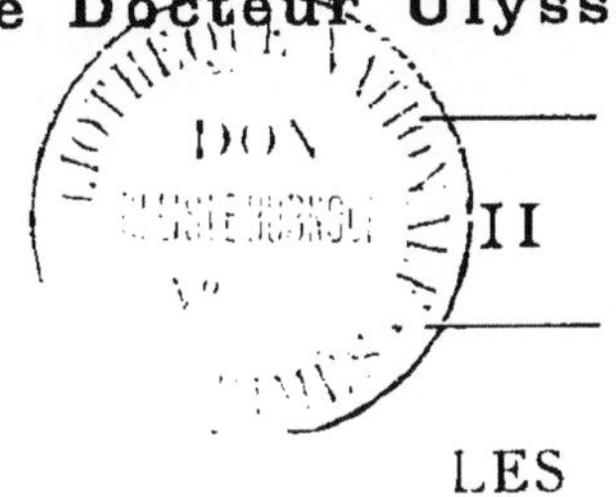

II

LES

RUES DE ROMANS

Fragments Historiques

LES CONSULS DE ROMANS

VALENCE	PARIS
Jules CÉAS & Fils	A. PICARD, Libraire
Imprimeurs.	82, rue Bonaparte.

1900

HISTORIQUE

DES

RUES DE ROMANS

Les premiers habitants du lieu où est aujourd'hui Romans fixèrent leurs demeures sur le flanc du coteau de Chapelier, au sommet duquel s'élevait alors une chapelle dédiée à saint Romain. Ce quartier resta assez peuplé jusqu'en 1588, époque à laquelle le besoin de découvrir les abords de la citadelle que l'on construisait nécessita la démolition de deux cent soixante-huit maisons (1). Toutefois des habitations ne tardèrent pas à se grouper autour du monastère et de l'église de Saint-Barnard, puis à former un village, un bourg et une ville qui grandit sous la protection alors puissante des moines et de l'archevêque de Vienne

---

(1) Le rôle de la taille pour l'année 1366 compte et désigne dans ce quartier quatre-vingt-dix-neuf chefs de famille, imposés à la somme totale de cent florins (700 fr. environ, valant 3.500 fr. de nos jours).

Avant la confection du cadastre de 1590, les rues de Romans ne portaient point en général de noms particuliers. Leur nomenclature systématique est même très récente. Au XIIIe siècle, en 1279, la plupart des voies de communication n'étaient désignées que par le quartier où elles se trouvaient ou par celui auquel elles aboutissaient. On disait d'une maison qu'elle était située en Chapelier *(in Chapelesio)*, près de la Pêcherie *(apud Piscariam)*, à la boucherie *(in Macello)*, proche le Mont-Ségur *(juxta Montem Securum)*, aux environs de l'Aumône de Sainte-Foy *(circa Helemosinam Sanctæ Fidis)*, près de la Fontaine Couverte *(apud Fontem Copertum)*.

NOMS DES RUES DE ROMANS TELS QU'ILS SONT INSCRITS

DANS LE REGISTRE DE LA TAILLE LEVÉE EN 1366.

In Chapellesio,	En Chapelier.
In Regalibus,	Aux Réaux.
In Pagania,	A la Pavigne.
In Burgo Sancte Fidis,	Au Bourg de Sainte-Foy.
In Paylleriaco,	En Pailheret.
In Villa Nova,	A la Ville neuve.
In Bovaria,	A la Bouverie.
In Monte Chaurello,	A Montchorel.
In Porta Fera,	A la Porte de fer.
In Bastida,	A la Bastide.
In Macello,	A la Boucherie.
In Saunaria,	A la Saunerie.
In Sarraylleria,	A la Sarraillerie.
In Pelliceria,	A la Pellisserie.
In Rivo Tortorelli,	Au Ruisseau de Tortorel.
In Scoffaria	A la Mégisserie.

et in Payroleria,	A la Pérollerie.
In Carreria Naudisie,	A la rue Naudine.
In Carr. Garinoni Fabri,	A la rue de Garin Fabre.
In Fonte Coperto,	A la Fontaine-Couverte.
In Piscaria,	A la Pêcherie.
In Trivio Algodorum,	Au carrefour des Algods.
In Lecureta,	A l'Ecurète.
In Carreria Helemosine	A la rue de l'Aumône.
et Vallis Lose,	A la rue Vallouse.
In Puteo de Tor Maurin	Au puits de la Tour Maurin.
et in Scala,	A la rue de l'Echelle.

Beaucoup de noms de rues ont disparu et ont été remplacés. Tels sont ceux des rues *Longue, Droite, Grande, Franche, Solero,* des *Ormes,* des *Couteliers,* de *Leycurèle,* de *Marin Gillamar,* de *Garin Fabre,* de *l'Aumône,* du *Temple,* de la *Croix Richa,* de la *Fontaine d'Arlia,* des *Malots,* de la *Lanterne,* de la *Roue,* de la *Fusée,* de *Sainte-Barbe,* du *Cloître,* des *Boucheries,* des *Pélissons,* etc., etc.

Avant 1815, les rues de Romans n'étaient désignées par aucune inscription. Les maisons avaient leurs numéros sur des plaques de fer-blanc estampées, en une seule série de 1 à environ 1,200 ; on en voit encore quelques rares spécimens (1). En 1821, les noms des rues et les numéros des maisons furent inscrits avec une peinture jaune sur un fond noir; en 1862, blanche sur bleu de ciel. Cette dernière opération fut dirigée par un jeune agent-voyer aussi étranger à la ville qu'à son histoire. Beaucoup de noms de

---

(1) C'est en 1768 que remonte l'ordre de numéroter les maisons de Paris.

rues ont été estropiés, et parmi celles-ci, à l'encontre de toute tradition et même de raison, plusieurs ont été absorbées en une seule : fautes qui n'ont pas toutes été corrigées dans la révision faite en 1886. Dans notre voyage à travers les rues de Romans, notre intention, pour conserver d'intéressants souvenirs, est de prendre en général pour guide la division des quartiers et la désignation des rues et des places telles qu'elles sont arrêtées dans la délibération du Conseil municipal du 9 juillet 1820, en y ajoutant les voies de communication créées depuis cette époque.

Malgré plusieurs offres et projets, le premier plan de la ville de Romans n'a été commencé qu'en 1817 par M. Bonnet, géomètre, et terminé en 1821 par M. Morel, géomètre du cadastre. D'après ce travail, la ville comprenait alors, dans le périmètre du mur d'enceinte, 170 rues, dont 37 culs-de-sac, 42 places, 12 fontaines, 7 puits, 7 cours d'eau apparents ou couverts, 8 portes ou brèches, 14 ports d'arrivage à l'Isère et 4 quais sur la Savasse. Le nombre des rues doit être aujourd'hui à peu près le même, car si d'un côté la construction du faubourg de Jacquemart a augmenté ce nombre, de l'autre celui-ci a été réduit par la fusion de plusieurs rues et par la suppression de quelques autres.

Par délibération du Conseil municipal du 9 juillet 1820, les rues furent réparties en cinq classes, non comprises celles de la grande voirie, suivant leur largeur, de trois à cinq mètres : 23 de première classe, 33 de deuxième, 33 de troisième, 39 de quatrième et 16 de cinquième.

La ville fut en outre divisée en sept principaux

quartiers : 1° *Sud-Ouest* ou *Clérieu* ; 2° *Nord-Ouest* ou *Pavigne* ; 3° *Nord* ou *Jacquemart* ; 4° *Ouest et Centre* ou *Terreaux* ; 5° *Sud* ou *Grand' Place* ; 6° *Nord-Est* ou *Cordeliers* ; 7° *Est* ou *Saint-Nicolas* ; à quoi on doit ajouter aujourd'hui au *Nord*, la *Gare*, au *Sud*, les *Quais*.

1ᵉʳ QUARTIER

Cette partie de la ville est peu peuplée, mais elle est riche en souvenirs.

Faubourg de Clérieu (1). — Pendant plusieurs siècles on ne vit hors la porte de Clérieu que quelques usines, la plupart appartenant au Chapitre de Saint-Barnard, établies sur le cours du ruisseau de la *Martinette*. Les consuls achetèrent une vigne hors de cette porte, le 10 juin 1420, de Guillaume Barbier, pour le prix de 24 florins. Au-dessous il y avait un pré, où se faisait le jeu de l'arbalète et où sont, depuis 1807, un lavoir et des bains publics. On y voyait une grande pièce d'eau, des *neis*, où l'on faisait rouir le chanvre et *neiser* des bois de travail.

A droite, en sortant de la ville, est un moulin à farine qui dessert au bureau de bienfaisance une rente de 19 hectolitres de froment, laquelle a été fondée, le 30 août 1443, par Anne Fenouilhet en faveur de l'Aumône de Perrot de Verdun. Cette usine a été successivement possédée par Raynaud des Raynauds, Jean Pélissier dit Laubat, M. de

---

(1) Et non *Clérieux* avec un *x*, que ne justifie pas le nom primitif *Cleriacum*.

Saint-Sauveur, M. Descombes, M. de Lolle, enfin par M. de Sieyès, qui l'a vendue. Elle était dans état de vétusté lorsqu'elle a été détruite par un un incendie le 27 décembre 1881.

La route de Tain a été élargie en 1835 dans cette partie du faubourg et un pont a été construit sur le torrent de la *Savasse*. En 1750, on ne comptait dans cette rue que vingt et une maisons, dont cinq servaient de cabaret. De nos jours, il y a soixante-quinze maisons et seulement quatre cafés, et une auberge qui fut incendiée le 2 avril 1814 par les obus des Autrichiens et qui avait alors pour enseigne : *A l'arrivée de Chanos, Curson et autres lieux*.

A 500 mètres à l'ouest, Romanet Boffin, riche marchand de Romans, tige d'une famille qui a fourni trois avocats généraux au Parlement, fonda en 1515, un *Calvaire*, le premier qui ait été érigé en France, avec une église et un couvent pour des Franciscains. Tous ces édifices furent saccagés, en 1562, pendant les guerres de religion et, en 1792, pendant la Révolution. Devenu bien national, le couvent fut vendu à trois Chartreux de Bouvantes, qui le léguèrent en 1818 aux hospices de Romans. Il a été cédé et vendu, en 1821, sous certaines réserves, au diocèse qui y a établi un grand séminaire.

La PRÊLE est un vallon traversé par le torrent de la *Savasse*, sillonné par plusieurs cours d'eau et dont le nom vient d'une plante qui croît dans les terrains marécageux. L'abondance des eaux, la tranquillité, la salubrité même de ce quartier, qu'aucune épidémie n'a jamais ravagé, y ont attiré plusieurs industries qui, dès le moyen âge, jouissaient d'une grande prospérité. C'étaient et ce sont encore des tanneries (1), des mégisseries, des teintureries, des fabriques à travailler la laine et le fer, moudre les grains, écraser les écorces, fouler les draps, ourdir la soie, tourner les métaux, etc. Les mêmes avantages y ont en outre suscité la création de divers établissements, dont nous allons rappeler le souvenir par une revue sommaire.

La Savasse pénètre dans la ville par une ouverture ménagée dans le rempart et nommée la *Brèche*. Ce passage avait été soigneusement fortifié et défendu par des tours et des bastions. Un canal démesurément large et profond, construit aux frais communs du département, de la ville et de l'hôpital, contient le torrent, et, quand il coule, le conduit à l'Isère.

En procédant par ordre topographique, du nord au sud, on remarque un grand jardin traversé par une branche de la *Martinette* et qui sert à des lavoirs et à des étendages. Il fut acquis en 1626 de M. Vincent Servonnet par les religieuses de Sainte-Claire, qui s'y rendaient, à travers la rue, au moyen d'une galerie couverte.

La rue SAINTE-CLAIRE, prolongement de celle des *Chauchères*, est bordée au midi par les anciens bâtiments de ce couvent, aujourd'hui converti en tannerie. Du côté opposé court le petit ruisseau appelé le *Pelaya*. Deux maisons marquées, l'une du monogramme J.H.S., et l'autre d'un dauphin,

---

(1) Cette industrie possède 2,500 mètres cubes de fosses, occupe 400 ouvriers et produit pour plus de 1,500,000 francs de cuirs tannés et mégissés.

rappellent que la première fut au XIIIe siècle l'habitation de l'abbesse de Vernaison et que dans la seconde le dauphin Humbert II séjourna, le 29 avril 1338, chez un bourgeois nommé Jacques Coyratier. Raoul de Louppy, gouverneur du Dauphiné, habita la même maison.

La rue et la fontaine ROCHEFORT doivent leur nom à Artaud de Rochefort, personnage important qui vivait au milieu du XIIIe siècle.

Dans la rue des CHAUCHÈRES, dont le nom patois indique qu'il y avait autrefois des foulons pour les draps, existe le moulin des *Deux portes*, vendu en 1619 à l'Aumône générale par noble Jean Luc, dont le souvenir est conservé par un brochet sculpté ; à l'extrémité sud est l'ancien moulin de Gilliers, aliéné par l'hôpital en 1849.

La fontaine *Fontesort*, nommée dans une ancienne charte *Fons Thesauri*, la fontaine du trésor, se trouve, par suite de l'exhaussement du sol, en contre-bas du niveau de la rue de près de deux mètres. On voit autour quelques vestiges des murs de la première enceinte et de la porte *Solers*.

Exactement en face est le *Moulin neuf*, ainsi nommé parce qu'il a été entièrement reconstruit en 1729, à la suite d'un incendie. Cette usine, dont il est fait mention dès le XIIe siècle, a été léguée le 18 juin 1655 aux Orphelins de la Charité par M. Pierre Richard, visiteur général des Gabelles.

On traversait naguère la *Savasse* près de son confluent sur un pont à plein cintre bâti en tuf, appelé *pont des Orphelines* et anciennement *pont Malet*, du nom d'un propriétaire voisin. Cet édifice avait été construit en 1424 au moyen d'une cotisation faite entre les habitants du quartier et un secours de la ville. On l'a reconstruit en fer en 1880. Après le pont, la maison isolée ayant pour enseigne au *Café champêtre* fut achetée avec le jardin sur le bord de l'Isère, pour en faire une materie, le 14 octobre 1598, par les consuls, au prix de 300 écus et 8 écus d'étrennes. Cet établissement si utile a été revendu aux enchères 2,200 livres, le 20 février 1791.

L'habitation qui vient après et s'étend à l'ouest le long de l'Isère fut acquise le 30 juin 1639, au prix de 1,200 livres et 2 pistoles d'étrennes, par Mmes de Claveyson et de Loulle dans le but d'y établir un *Séminaire* de filles orphelines. Cette institution ayant été réunie à l'Hôpital général, la maison fut évacuée le 2 mai 1744 et vendue le 30 juin suivant pour la somme de 2,000 livres.

Vis-à-vis l'ancien établissement des Orphelines débouche la rue MONTOLIVET qui mène au *Mont des Olives*. La station de piété de ce nom avait été érigée par Romanet Boffin qui, dans ce but, avait acheté de Pierre Humberton et de sa femme Catherine Barbarèze une partie de la côte de Chapelier, sous le cimetière de Saint-Romain.

Au sud-ouest, dans l'angle formé par l'Isère et la Savasse, s'élève par une pente rapide la *Côte de Chapelier*, que couronne l'esplanade de *Saint-Romain*, noms qui viennent d'une très ancienne chapelle dédiée à ce saint, et qui a été le siège d'une paroisse jusqu'en 1790. Par le Concordat de 1346, le dauphin Humbert II avait choisi cette position avantageuse pour y bâtir un château-fort. En 1588, Balthazar de Flotte, baron de la Roche, gouverneur de Romans, fit construire au même lieu une citadelle avec six bastions, laquelle fut assiégée le 19 octobre 1597 et ensuite démolie par les Romanais. Sur les ruines de cette forteresse s'éleva, en 1610, un couvent de Capucins qui a subsisté jusqu'à la Révolution et a été vendu par la nation en 1797 à plusieurs particuliers. Deux inscriptions, gravées sur deux pierres des remparts, rappelaient la fondation de ce couvent. Elles ont péri dans les ruines de ces murailles qui se sont écroulées le 10 avril 1879. Voici le texte de l'une de ces inscriptions :

> CETTE PLACE, JADIS CITADELLE,
> FVT DONNÉE PAR MESS. DE LA VILLE
> DE ROMANS, SOVBS LE BON PLAISIR
> ET AVTHORITÉ DV ROY AVX PÈRES
> CAPVCINS QVI Y PLANTÈRENT LA
> CROIX LE JOVR DE TOVSS^ts 1609.
> A LA LOVANGE DE DIEV SOIT !

Un peu au nord et au levant se trouvaient l'église et le cimetière de Saint-Romain. Cet édifice, qui au V° siècle avait remplacé un temple païen, avait été lui-même plusieurs fois ruiné : d'abord en 729 par les Sarrasins, lorsqu'ils remontèrent l'Isère pour aller chercher un refuge dans les Alpes, et ensuite en 1562 par les Huguenots, qui s'en étaient emparé pour y faire leurs exercices. L'église de Saint-Romain, vendue en 1792, a été démolie et son emplacement ainsi que celui du cimetière ont été renfermés, en 1810, dans le clos de l'hôpital.

L'établissement le plus important du quartier de la Prêle est sans contredit l'hôpital de la Charité, dont l'enceinte, contenant environ six sétérées (deux hectares), a été achetée par les Consuls de Barthélemy-Charles Quintin, par acte du 13 février 1642, moyennant la somme de 3,200 livres et 100 livres d'étrennes, fournies par Melchior de Gillier, premier maître d'hôtel du roi, à la condition qu'on placerait ses armes sur la porte d'entrée de la maison. Le 26 août 1669, l'hôpital de la Charité fut remis avec tous ses revenus à l'ordre de Saint-Jean de Dieu, dont une rue rappelle le souvenir. L'hôpital de Sainte-Foy, en 1811, et l'hôpital général, en 1831, ont été réunis à cet établissement qui renferme tous les services de l'Assistance publique et donne l'hospitalité à plus de 200 personnes. Cet établissement a été complété par la construction, en 1887, d'un beau bâtiment qui occupe le côté sud de la rue de la Charité.

Le jardin potager situé à l'ouest de l'hôpital, après avoir appartenu à Madame de Saint-Sauveur, à M. d'Honneur, trésorier général, fut acquis de l'héritière de ce dernier, M\ue{lle} Hélène Nayme, le 22 janvier 1821, pour le prix de 24,000 fr. Il a une contenance de deux hectares.

2e QUARTIER

Tour Saint-Georges. — Elle faisait partie de la seconde enceinte et face à la *Salle de l'Eperon*. Elle a été démolie avec le mur d'enceinte en 1834 et ses fondements ont été arrachés en 1869, juste cinq siècles après sa construction ; elle était ronde et portait l'inscription suivante gravée sur une pierre :

  † ANNO DÑI
  M CCC LXIX
  A XV JORS
  DE MAR FV FVNDE
  CITI TOR.

Elle avait été réparée en 1584, aux frais de l'abbaye de Bongouvert.

La MONTÉE DES MASSES a été pratiquée dans le fossé de la seconde enceinte. Elle a été améliorée à plusieurs reprises, mais considérablement élargie et abaissée en 1879. C'est alors qu'on l'a décorée de trottoirs et de deux rangées de vernis du Japon, et enfin augmentée d'un escalier par lequel on accède au quartier de la Martinette.

PORTE DE CLÉRIEU, dite anciennement *des Réaux*. — Elle était percée au pied d'une tour carrée, couronnée de créneaux et de machicoulis. Malgré son aspect monumental, que reproduisent exactement les armes de la ville, elle a dû être sacrifiée aux exigences de la circulation qu'elle gênait par l'étroitesse de son ouverture. Un peu plus bas se trouvait ce qu'on appelle la fausse porte, masquée par un mur crénelé.

RUE DES MOULINS. — Elle descend de la rue de Clérieu vers le lit de la Savasse. Par son nom, elle rappelle les usines du Chapitre. Un bâtiment, récemment construit et deux fois incendié en peu de temps, renfermait une machine à vapeur.

RUE DES RÉAUX. — Lors de l'édification de la

seconde enceinte, on fut dans la nécessité de creuser une profonde tranchée pour former les fossés des nouveaux remparts. Avant ce travail, l'eau de la Martinette coulait directement de la Salle de l'*Eperon* dans la rue des Réaux (*in Regalibus*), ainsi nommé à cause du droit de *régale*, que le Chapitre exerçait sur le cours d'eau qui faisait mouvoir les usines établies le long de cette rue, laquelle était fort déclive et se prolongeait jusqu'à la Savasse. On voit dans un rôle établi le 4 des nones de février 1279, par le sacristain Pierre de Quint, les redevances que les propriétaires des moulins, au nombre de six, payaient au Chapitre pour le béal et non pour les maisons.

Les Chartreux de Bouvantes achetèrent de Willelme, veuve d'Aymon Meyer, par acte du 30 juin 1259, au prix de 70 livres, une maison qui leur a servi de station et de lieu de dépôt jusqu'à la Révolution. En 1285, Didier, meunier de Romans, légua à ces mêmes religieux une maison située rue des Réaux, près du ruisseau de ce nom, c'est-à-dire dans la partie qui porte le nom de rue de la Savasse. Cette maison a été vendue comme bien national.

PLACE DE LA PAVIGNE. — La Pavigne est un des plus anciens quartiers de Romans. Il en est fait mention longtemps avant qu'elle fût comprise dans la seconde enceinte des murs. L'étymologie de son nom (*Payna, Pagania*) indique qu'elle était habitée par des *Pagani*, des cultivateurs, aussi appelés *affanateurs*.

La place de la Pavigne est petite (50 mètres sur 17), mais elle est surabondamment percée par la rue du même nom, par celle de *Bonnevaux*, du

Refuge, du *Goubeau*, de *Chaumas*, de l'*Escot* et par les côtes *Durand* et de la *Pavigne*. Elle est agréablement rafraîchie par une fontaine décorée d'une haute pyramide en pierre de Crussol et ombragée par des marronniers de la plus belle venue. En 1515, un chanoine panetier de Saint-Barnard fit une fondation pour une station, le jour de la Fête-Dieu, sur la place de la Pavigne, pendant laquelle on disait trois fois le verset : *O Jésus !* Pendant une de ces stations et du haut d'un perron qu'on voit encore, un ministre calviniste fit, dit-on, un prêche à la foule, à la suite duquel deux chanoines et d'autres personnes subitement converties aux nouvelles doctrines, ne rentrèrent pas à l'église avec la procession. En expiation de ce scandale, le Chapitre fit ériger sur le lieu même où il s'était passé, une colonne surmontée d'une croix de fer. Cette croix a été remplacée par une autre en fonte, placée plus sur le bord de la terrasse.

Rue de Bonnevaux et non de *Bonavaux*. — Ainsi nommée de l'abbaye qui y possédait une maison (1), elle aboutissait à la porte de même nom, appelée plus anciennement porte des *Donzelles*. Cette porte était percée au pied d'une tour ronde et un peu déjetée par suite, dit une légende, d'un coup d'épaule du diable pressé de s'enfuir devant un prêtre qui portait le Viatique à un malade.

---

(1) Pierre de Conquiers, bourgeois de Romans, donna aux moines de Bonnevaux un certain emplacement à Romans, l'an 1198, avec l'approbation d'Aynard, archevêque de Vienne et en présence de onze témoins, dont André, abbé de Léoncel.
(*Cart. de Bonnevaux*, 1888, ch. 68).

RUE PARADIS. — Le Chapitre de St-Barnard
possédait, depuis un temps immémorial, une
maison et un jardin appelés dérisoirement le
Paradis, parce que c'était la prison où l'on enfermait les personnes coupables appartenant à
l'Eglise. Le bedeau était le geôlier de cette prison
et recevait un tiers de gros par jour pour la
nourriture de chaque détenu.

Le dauphin Humbert II étant devenu co-
seigneur de Romans, la prison publique fut
établie dans la forteresse de Mont-Ségur. La
maison dite le Paradis fut vendue et devint une
habitation particulière, qui appartenait vers la
fin du XVII° siècle à une pieuse et charitable
fille, nommée Clémence Bouvier. Celle-ci, par
acte du 18 septembre 1700, en disposa en faveur
de la Compagnie de *Bon Secours* pour servir de
Refuge à des filles repenties. Par lettres patentes d'octobre 1740, les biens de cette confrérie
ayant été réunis à l'hôpital général, cette maison
fut utilisée pour diverses bonnes œuvres. En
1813, Mlle Edwige Duvivier y plaça le berceau
de la Congrégation de Sainte-Marthe. En 1820,
les Frères de la doctrine chrétienne tinrent
l'école dans l'ancien Refuge, qui fut démoli en
grande partie en 1842 et fit place à une large
voie de communication qui a retenu le nom de
rue *Paradis*; le reste de l'édifice a été vendu
7,500 fr. au profit de la ville.

RUE DU GABEAU. — L'étymologie du nom de
cette rue, *Gabeau* (mare), rappelle le mauvais état
de son pavé.

COUR et RUE DU BOUC et non du *Bout*. —

Elles ont été formées sur l'emplacement du *Courtil du Bouc*, dont il est question dans un acte de 1281.

Rue Gay. — Ainsi nommée parce qu'elle était voisine de la tour du *Papegay* (perroquet), lequel oiseau servait de but au jeu de l'arquebuse.

Impasse Aymond. — Ce nom rappelle le souvenir d'une très ancienne famille de Romans, qui a fourni des dignitaires à l'Eglise, des officiers à la cour et des fabricants de bas.

Rue Marot. — Elle était dans le voisinage de la tour appelée Marot, d'où son nom.

Rue des Creux ou des coquilles de noix, dite ainsi de la principale occupation à laquelle se livraient naguère les habitants de cette rue.

Rue Rebatte et non *Rebattet*, ainsi nommée en souvenir de Didier Villars, dit Rebatte, marchand drapier, fils d'un *affanateur* de la Pavigne. C'était un homme de bien, fort riche (*valde opulentem*), qui fonda en 1421 l'hôpital de Pailherey, dont ses descendants furent longtemps les recteurs.

Il existe dans cette rue une ancienne maison accostée d'une tourelle en saillie, qui appartenait au siècle dernier à la famille Duportroux. En 1813, un incendie s'étant déclaré dans cette maison, deux jeunes soldats de passage à Romans périrent dans ce désastre.

3ᵉ QUARTIER

Rue Bonjour. — Cette petite rue, qui va de la place de Jacquemart au Cours, figure dans les plus anciens actes sous le nom de *Violo Bonjour*. La partie des bâtiments de l'ancien hôpital de Sainte-Foy, situés dans cette rue, ont servi au logement de la brigade de gendarmerie à cheval, de 1817 à 1841.

Rue des Etables. — Les habitants de cette rue trouvant que ce nom les humiliait en rappelant la destination présente ou passée de leurs maisons et leur portait préjudice, obtinrent en 1869, que la rue des Etables s'appellerait désormais *rue du Cours*, auquel elle aboutit. Le 8 juillet 1884, un incendie y a réduit en cendres quatre maisons.

Place Jacquemart. — Elle tire son nom de l'automate qui frappe les heures sur la cloche de l'horloge, placée en 1425, dans une haute tour carrée qui faisait partie de ce qu'on nommait les vieux murs et au pied de laquelle s'ouvrait la porte dite de l'Aumône. Elle renferme une horloge qui vient d'être remise entièrement à neuf, avec des cadrans transparents éclairés au gaz la nuit. La façade nord offre, en outre, un cadran barométrique et une boule dont les faces azur et or indiquent les phases de la lune La façade sud porte une table en marbre sur laquelle est gravé un méridien astronomique.

La place Jacquemart a 205 mètres de longueur et 30 de largeur. Ce terrain représente l'espace qu'occupaient le mur, le fossé et le chemin de ronde des anciens remparts. Par une incurie inconcevable, il resta pendant plusieurs siècles couvert de ruines et de fondrières. En 1765 seulement on démolit les vieux murs de l'ancienne *porte de l'Aumône*, on combla les fossés et, sur la place nivelée, on planta vingt tilleuls avec des bornes en pierre pour les protéger.

Nommée *cours Dedeley* le 2 février 1790, et *cours de la Fédération* le 12 novembre 1792, cette place servit de lieu de réunion pour les nombreuses prestations de serment qu'on exigea pendant la Révolution. Le 22 septembre 1793, sur la demande de la Société populaire, on y brûla le drapeau rouge et une certaine quantité de titres féodaux, parmi lesquels figurait, on ne sait pourquoi, le registre intéressant de la compagnie des Chevaliers de l'Arquebuse. Vers la même époque, on y donna des repas publics auxquels chacun apportait son plat. Le 1er mai 1812, un drame lugubre s'accomplit sur la place de Jacquemart : trois condamnés pour vols et assassinats y expièrent leurs crimes ; des soldats portugais formaient la haie. Au mois d'avril 1814, la paix y fut proclamée par les troupes autrichiennes. Aujourd'hui cette place offre une assez belle fontaine en Crussol ornée de dauphins en fonte.

Le MARCHÉ AUX CHEVAUX a été établi sur l'emplacement qu'occupait la forteresse de *Mont-Ségur*, construite en 1282 pour servir de refuge aux Chanoines en cas de révolte des Romanais. Celle-ci servit ensuite, en 1343, de prison publique; mais le Chapitre en nommait le gouverneur. En 1572, le contre coup de la Saint-Barthélemy s'y fit sentir : sept calvinistes « des plus obstinés » y furent massacrés par des gens « étrangers et masqués ».

Après la démolition de cette forteresse, en 1835,
la ville décida de faire construire de nouvelles
prisons. Dans ce but, elle acheta des hospices, au
prix de 8,500 fr., la chapelle et le cimetière de
l'ancien hôpital de Sainte-Foy, couvrant un
espace de 19 centiares. Le département, qui d'abord devait payer la moitié de la dépense, se
contenta d'allouer la somme de 10,000 fr. En
1873, on construisit trois chambres de sûreté et
la prison fut supprimée et convertie en une école
laïque pour les jeunes filles.

RUE JACQUEMART, anciennement de l'*Aumône*.
— Les deux côtés de cette rue appartenaient à
l'hôpital de Sainte-Foy, qui datait du XIIe siècle.
Les maisons placées au levant ont été construites en 1620 vers le nord, et en 1723 vers le midi.
Le côté opposé, où se trouvaient les salles des
malades, n'a été rebâti qu'en 1778. De tous ces
bâtiments, l'hôpital ne possède plus que les
maisons situées en entrant dans la rue : à droite
celle occupée par un café, à gauche les bâtiments loués à la gendarmerie et à deux marchands. Le reste a été vendu à diverses époques,
et en grande partie cédé en 1817 et en 1841 à la
Congrégation de Sainte-Marthe.

C'est dans la rue de Jacquemart, au moment
où il sortait de l'hôpital de Sainte-Foy, que le
trop célèbre baron des Adrets fut arrêté, le 10
février 1563, sur l'ordre du prince de Condé, par
Montbrun et Mouvans.

A gauche de la porte d'entrée du couvent de

Sainte-Marthe, au niveau de l'imposte, existe une pierre encadrée d'une moulure qui portait autrefois les armes de la ville de Romans. La pose de cette pierre bien innocente (*insontem lapidem*), le 27 avril 1779, donna lieu à une enquête, à une expertise, à un long procès et à la publication de plusieurs factums assez piquants, le Chapitre prétendant que la ville n'avait pas le droit de placer ses armes sur un établissement de fondation ecclésiastique.

RUE SAINT-VALLIER. — Elle existait sous ce nom dès le XIIe siècle. Elle était en 1470 le dernier lambeau du manse de la Bouverie et des immenses propriétés possédées au Xe siècle par les seigneurs de Clérieu et qui, à cette époque, cernaient Romans de tous côtés. La famille de Poitiers de la maison de Saint-Vallier, pour se décharger d'une rente de 40 florins qu'elle devait aux Frères Mineurs (Cordeliers), leur donna, par acte du 19 juin 1488, toutes les maisons qu'elle avait dans la rue de Saint-Vallier. Plusieurs de ces maisons furent, par la suite, cédées au couvent de Sainte-Ursule et, en 1792, vendues à divers particuliers.

PLACE SAINTE-URSULE. — Elle a été faite en 1793 sur l'emplacement du jardin et de la cour du couvent de ce nom, dont les bâtiments formaient les côtés nord et sud. Elle a, depuis quelques années, été considérablement abaissée pour favoriser l'accès de l'esplanade.

Le couvent de Sainte-Ursule fut fondé à Romans en 1608 par deux sœurs, Jeanne et Angèle Michel. Il était destiné à l'instruction gratuite des filles. Cependant on y admettait une vingtaine de pensionnaires payantes. Cette Congrégation, qui portait aussi le nom de collège, était fort prospère lorsqu'elle fut dissoute en 1790.

PLACE DE LA BOUVERIE. — Le manse de la Bouverie était situé sur le plateau au nord de la ville. L'abbaye de Saint-Barnard en fut dépouillée à la suite de l'expédition de l'archevêque Sobon en 930. Ce fait donna lieu à plusieurs actes de restitution, de 1030 à 1135, de la part des seigneurs de Clérieu.

Par une coïncidence assez difficile à expliquer, la place de la Bouverie, où se trouvaient des étables, parties du manse de ce nom, a été jusqu'à ces derniers temps le marché aux bœufs. C'était un endroit fort incommode, car, outre le défaut d'espace, on n'y avait accès que par un passage voûté, sorte de couloir dans lequel deux bœufs avaient peine à passer de front. Ce passage a été démoli et le marché a été transporté derrière les prisons, sur l'emplacement de l'ancien cimetière de Sainte-Foy.

RUE MONTCHOREL. — Elle est, au sud, parallèle à la place de Jacquemart. On la trouve désignée dans le registre de la taille levée en 1366. Elle était autrefois habitée par des praticiens tels que MM. Bon, Macaire, Bret, etc.

CÔTE BONNOT. — Elle aboutie à une petite place où se trouve une assez vaste maison qui a appartenu à la famille Bonnot, d'où sont sortis deux hommes célèbres sous les noms de Mably et de Condillac. C'est là qu'est mort. le 20 septembre 1768, étant maire de Romans, M. François Bonnot, frère aîné des précédents, ancien grand prévôt de la maréchaussée de Lyon. J.-J. Rousseau passa chez lui un an, en 1741, en qualité de précepteur. Cette habitation, devenue la propriété de l'hospice, a été occupée pendant trente ans par M. Antelme, médecin distingué, et vendue en 1824 pour le prix de 8.200 francs. Après avoir servi de filature pour la soie, elle a été acquise par M. P.-E. Giraud, ancien député, qui l'a mise généreusement, en 1843, à la disposition de la ville pour servir de salle d'asile et l'a ensuite léguée, en 1883, sous cette condition.

RUE DES BOUCHERIES. — Dans toutes les villes importantes, chaque industrie était jadis exercée, concentrée et même parfois cantonnée dans un quartier particulier, soit à cause des avantages qu'y trouvaient les artisans groupés en corporation, soit par suite des prescriptions de la police locale. De cet usage, la plupart des rues reçurent les noms des professions qui y étaient exercées.

La rue des Boucheries, dont le nom a disparu dans la dernière et inintelligente inscription, mérite cependant une note avant que son souvenir soit éteint.

Le service de la boucherie s'exerçait autrefois sous l'autorité du Chapitre et la surveillance des syndics de la ville, conformément à des règlements sévères. Dans les statuts accordés en 1342 par le Dauphin Humbert II, il est dit que les animaux doivent être amenés à la grande boucherie vivants, sains et sur pieds (*propriis pedibus ambulando*), excepté les bêtes fauves, dont

la chair sera salée et non corrompue. Il était
défendu aux bouchers de mettre en vente des
viandes préparées par insufflation et autres faux
procédés, de tromper sur le poids et la qualité,
et enfin, de crainte du feu, de faire fondre les
suifs et les graisses dans l'enceinte des vieux
murs.

Suivant un droit féodal, confirmé par la
Charte delphinale de 1348, le Chapitre s'attribuait les langues des bœufs et les nombes (lombes)
des porcs que l'on tuait les lundis et les mardis.
Le chapelain des hebdomadiers de semaine perce-
vait deux langues de bœuf le samedi. Chaque
année les bouchers venaient, pendant le Carême,
à l'Hôtel-de-ville, soumissionner la fourniture de la
viande suivant un tarif valable pendant toute l'année Les prix ordinaires de la fin du dernier siècle
étaient de deux sols et demi la livre de viande de
bœuf et trois sols la livre de viande de veau. Les
droits d'octroi étaient fixés à cinquante sols pour
un bœuf, vingt sols pour un veau, vingt sols
pour un porc, cinq sols pour un mouton, etc.,
non compris les droits au profit du roi établis
par l'édit de février 1714, qui doublaient à peu
près ceux de l'octroi.

Conformément au règlement de police sur la
boucherie établi le 2 juillet 1470, il était interdit
de mater les animaux, de vendre et d'acheter de
la viande ailleurs que dans la boucherie publique
de la ville. Les bancs et les étaux appartenaient
à des particuliers qui les louaient aux bouchers,
en payant une redevance au sacristain du Chapitre. Par ordonnance de la cour de Romans
du 9 août 1486, il fut prescrit de construire un
égoût pour conduire à l'Isère les immondices pro-

venant de la boucherie. On compléta l'organisation de ce service public par la création d'une materie dans un lieu retiré et pourvu d'eau, en achetant, le 14 octobre 1598, une maison et un jardin sur le bord de l'Isère au prix de 300 écus et 8 écus d'étrennes.

La rue de la Boucherie est nommée, au XIIIe siècle, *in Macello*. Elle avait peu d'étendue : bornée au levant par la rue de l'*Armillerie*, au couchant par celle du *Fuseau*. La montée voisine, appelée par corruption du *Muzet*, devrait porter le nom de côte du *Macel* (*Costa* ou *Clivus de Macello*), c'est-à-dire *Côte de la Boucherie*. Au-dessus, à l'angle occidental de la rue et de la côte, se trouvait une maison dont le rez-de-chaussée servait de corps de garde, que la ville a vendu, le 19 septembre 1790, à Pierre Gérente, pour la somme de 480 livres, plus une rente de 30 livres servie au Chapitre et peu après supprimée comme entachée de féodalité. Sur cette petite place dite du Corps de garde, il y a eu longtemps une boulangerie-auberge, qui avait pour enseigne : *A l'Aigle d'or*.

RUE DU FUSEAU, plus anciennement *de la Roue*. — Elle doit ce nom à une maison qui date du XIIIe siècle, et qui offre, à la partie inférieure du bandeau d'appui, un boudin régnant sur toute la façade et terminé en pointe effilée à ses deux extrémités : ce qui le fait ressembler à un fuseau. Cette maison est construite en beaux et solides matériaux. Elle servait autrefois à la fabrique des draps, ce qui ferait soupçonner que la sculpture que l'on remarque sur sa façade n'a point été faite sans intention.

Il y a eu dans cette rue un couvent de l'ordre de Sainte-Claire. La maison qu'il occupait depuis 1805 avait appartenu au chanoine Machon. Elle a été rasée en 1834, dans la prévision d'élever sur son emplacement une halle au blé. Quoique approuvé le 9 août de cette même année par le Conseil municipal, ce projet n'a pas eu de suite.

En 1393, Pierre Gibelin vendit sa maison, située rue du Fuseau ou de la Roue, à messire Bodoyn, au prix de 400 florins. Elle fut revendue, en 1477, à Antoine Girin, prêtre.

Rue de l'Armillerie. — Elle s'étend aujourd'hui de la rue de l'*Ecosserie* à la côte des Cordeliers, après avoir absorbé la rue *Saint-Roch*, où se trouve, d'un côté la maison de M. P.-E. Giraud, ancien député, achetée en 1729 de M Féréol D'Honneur par M. Antoine Giraud, avocat, et de l'autre côté on voit dans le mur de soutient du jardin de l'ancienne habitation de la famille Duvivier, les arceaux en pierre des magasins d'Antoine Guérin, tige de la famille de Tencin.

Dans la rue de l'Armillerie on remarque le portique de l'ancien Hôtel-de-ville, qui a été construit en 1567 et réparé en 1726. Au-dessous du fronton sont des écussons qui portaient les armoiries de France et de Dauphiné et celles de la ville de Romans. On y voyait la fameuse devise, extraite du poète Ennius : Moribus antiquis stat res Romana virisque, qu'un intendant ombrageux fit effacer en 1679, mais qu'un magistrat plus raisonnable permit de rétablir. L'Hôtel-de-ville avait été légué aux Consuls, en 1374, par un généreux concitoyen, Perrot de

Verdun. Il fut vendu aux enchères le 20 février
1791 pour le prix de 9,025 livres. Il a, depuis,
servi de salle de spectacle, d'habitation particulière et est aujourd'hui occupé par une brigade
de gendarmerie à pied.

PLACE DE LA FONTAINE-COUVERTE. — C'est à
la lettre un *trivium* formé par l'aboutissement
de trois rues. Elle mérite aujourd'hui son nom,
car elle est recouverte par une voûte au-dessus
de laquelle on a mis une borne fontaine.

Le 20 octobre 1785, un terrible incendie éclata
dans ce quartier. Un vent violent poussant les
flammes, menaça d'embraser la moitié de la
ville. Les suites furent désastreuses : deux maisons entièrement consumées et neuf ménages
complètement ruinés.

Les notables qui ont habité cette place sont :
Jean Sibilard, drapier et consul en 1374 ; Hector
Fromel, le chanoine Séverin Borel, Jean Nugues,
les Guilhon, etc.

CÔTE DE JACQUEMART. — Cette voie, dont
l'extrême inclinaison ne permet pas la circulation
aux voitures, portait anciennement le nom de
rue de l'*Aumône*, parce qu'elle menait à la
maison de l'Aumône ou hôpital de Sainte-Foy.

A l'angle nord-est, en face de l'horloge, est la
maison patrimoniale du général Bon. A l'angle
nord de la rue de l'Armillerie était la maison dite
de l'*Ange*, donnée aux pauvres de Romans, en
1564, par Antoine Gontier, marchand, et revendue par la ville, le 31 mars 1593, à François
Bourguignon, pour la somme de 1,001 écus. Elle
a appartenu à Jean-Antoine Bochard, à Etienne

Sibilat, à la famille Gaillard. Un peu plus haut et du même côté, sont deux maisons dont les façades accusent une date remontant au XIV° siècle.

Rue Duvivier. — Cette rue va de la côte Jacquemart à celle de l'*Echelle*. Au midi se trouve la vaste habitation de la famille Duvivier, qui a passé par héritage à celle de Pina et, par achat, à M. Antelme. Elle avait été construite sur les ruines des maisons de Catherine Vallier, veuve de Guillaume Lodot, châtelain de Peyrins, et d'Antoine de Monteil.

Place des Cordeliers. — Ce vaste emplacement, où se trouvent rassemblés la mairie, le collège, les tribunaux, la salle de spectacle, les bureaux de la poste et du télégraphe, était occupé, avant 1790, par le couvent, l'église, le jardin et la cour des Cordeliers : couvent qui datait de 1252 et avait été fondé par la famille de Poitiers. L'Hôtel-de-ville a été construit avec des matériaux provenant de la démolition, en 1802, de l'église des Cordeliers. Ce bâtiment, simple rectangle de 25 mètres de long, a été, il y a trente ans, élevé d'un étage et surmonté de deux pavillons. Il est resté de l'ancien établissement le grand escalier, un corps de logis occupé par le collège, deux pièces voûtées affectées à la justice de paix. Dans le vestibule du greffe, au-dessus d'une porte murée, est gravée l'inscription suivante inédite et même inconnue :

DEI GRATIA EX DEPERDITIS SACRARII
REBVS IN PRIORI SCHISMAT· BELLO· ET
EXPLETIS OLYMPIAD· DENIS PACTIONE

PVBLICA VTCVNQ· DAMNO PENSA-
TO· ÆDIFICIVM HOC PARTIM ET CL-
AVSTRI TECTA ANNO DOMINI M·
DC XIII· INSTAVRATA FVERVNT·

Traduction proposée :

« Par la grâce de Dieu. Parmi les édifices consacrés, ruinés pendant la guerre par les schismatiques et pendant la paix publique par un abandon de trente années, une partie de ce bâtiment et les toits du cloître ont été restaurés. L'an du Seigneur 1613. »

Une autre inscription placée sur le frontispice du couvent et dont M. Dochier a reproduit le texte dans ses *Mémoires* (p. 228), rappelait que les cellules avaient été rétablies en 1605.

Les trois élégantes maisons placées au midi de la promenade, entre la rue *Conquiers* et la montée des Cordeliers, ont été construites vers 1860 sur un terrain où se trouvait une filature de coton ayant appartenu à Louis Garnier et, en dernier lieu, aux frères Andrevon. En face, c'est-à-dire au nord, on vient de terminer un beau bâtiment destiné au service de la poste aux lettres et au télégraphe.

La salle de spectacle a été construite, par suite de la concession du Conseil municipal, votée le 9 septembre 1818, à une compagnie d'actionnaires de 1,200 mètres de terrain à prendre sur la promenade des Cordeliers, à charge de faire la reconstruction de la fontaine sur la grand'place, etc.

4me QUARTIER.

RUE DE LA BATIE. — Dans le rôle de la taille pour l'année 1366, cette rue est nommée *Carreria*

Bastidæ, parce qu'elle aboutissait à la *Bastide*, sorte de château fort à tourelles, qui était située un peu au-dessus de la maison du poids des farines, et destinée à défendre l'entrée de la ville par la rue de Clérieu Le quartier de la Bastide était anciennement habité par des gens riches qui y possédaient des jardins, tels que les Duport, les Audoard, les Veilheu, les Saint-Pourcin, les Chevrières, etc. Un peu au levant de la Bastide se trouvait l'hospice des religieux de Léoncel appelé la *Vieille Abbaye*. Cette maison fut accensée à perpétuité, le 3 décembre 1426, par l'abbé de Léoncel aux dames de Vernaison, moyennant une pension annuelle de deux florins d'or et soixante-deux florins d'introges.

En face de la Bastide et du côté du midi, se trouvait le *Château Gaillard* qui, avec le *Château Robert*, complétait la défense de ce point faible de la première enceinte et protégeait la *porte des Malots*. Au pied de l'ancienne Bastide, la ville fit construire en 1525 une solide maison pour servir à peser, moyennant salaire, les grains et les farines manipulés par les meuniers. En 1776, le produit fut de 854 livres 5 sols 6 deniers. Cette maison fut vendue par la ville 3,200 livres, le 20 février 1791. Néanmoins on continua à peser les farines dans un local réservé jusqu'en 1841, où cette précaution fut définitivement supprimée. Cette maison a été rasée en janvier 1882.

RUE DES TERREAUX. — Elle longe le monticule formé de terres rapportées pour combler le vide entre la *Porte-fer* et la Bastide. Les fossés profonds qui se trouvaient devant cette dernière fortification n'ont été remplis qu'au siècle dernier.

Dans ce lieu, Romanet Boffin, le fondateur du Calvaire, avait érigé, en 1517, au pied d'une ancienne tour ronde, une grande chapelle représentant le *Cénacle*. Endommagée pendant les guerres de religion, elle fut rétablie par les soins et aux frais de la veuve Anne Glenat et de Me Savoye, notaire. Le 7 juin 1584, Jean Magnat, syndic de l'église réformée, obtint de l'Assemblée municipale l'autorisation de prendre un emplacement pour y construire un temple (1).

Le 2 avril 1814, deux maisons des Terreaux furent incendiées par des obus lancés par l'artillerie Autrichienne.

Rue du Grotton. — Au-dessus de la maison du Poids des farines, au lieu dit *en Truc*, Romanet Boffin acheta, en 1516, quatre maisons en ruines. Il fit construire sur leur emplacement une belle chapelle rappelant la maison d'Anne, prince des prêtres. Il y adjoignit une petite grotte dite le *Grotton*, au-devant de laquelle on voyait un pilier surmonté de la statue d'un ange ayant une trompette à la main ; au-dessus étaient écrits ces mots : *Hic est fructus doloris*. On y arrivait, comme à Jérusalem, par une voie pleine d'immondices (*stercoraria*).

Dans le voisinage sont la place, la côte et l'escalier du *Grotton*, la rue, la côte et l'escalier

---

(1) Les travaux exécutés dans le mois de janvier 1882 pour l'amélioration de la montée du Poids des farines, nécessitèrent la démolition de la Chapelle du Cénacle et mirent à jour les fondations du mur de la première enceinte, le long des Terreaux, et celles d'une petite tour ronde. Celle-ci était en avant du rempart, à environ trente mètres plus bas que la chapelle moderne, qui ne datait que de 1821.

L'année suivante, la continuation des mêmes travaux a nécessité la destruction de la maison dite du Poids des farines.

des *Grottes*, dont les noms rappellent le monument de piété dont il vient d'être parlé. Le 10 février 1883, l'écroulement de deux très anciennes maisons de ce quartier a mis en évidence des fresques disposées en tryptique datant, dit-on, du XIIIᵉ siècle.

Rue Mistral. — Ainsi nommée d'une riche famille qui a fourni plusieurs chanoines. Laurent fut premier consul en 1592, Joachim devint marquis de Montmirail en 1710, et sa fille, Françoise-Gabrielle, épousa Laurent-Joseph Emé de Marcieu, gouverneur de Grenoble. Elle mourut dans cette ville en 1770, âgée de 72 ans.

Rue Lanterne. — Elle a été annexée à la rue *Pêcherie*. Elle devait son nom à une porte d'abord appelée des *Malots* (forgerons), laquelle, placée dans un passage obscur et difficile, était éclairée la nuit par une lanterne. Cette porte a été démolie en 1796 et la rue élargie.

Rue Pêcherie — Profitant des nombreuses sources qui fluaient dans les environs de l'église, le Chapitre de Saint-Barnard avait fait établir des viviers à poissons sur le lieu occupé aujourd'hui par la place du *Puits du Cheval*. L'exhaussement considérable du sol, nécessité par la construction du pont et le besoin d'espace pour élever de nouvelles habitations, fit combler le vivier et couvrir le ruisseau qui l'alimentait. La rue voisine prit le nom de *Pêcherie*, de sa situation près de l'Isère et de l'industrie qui y était exercée. Dans une charte du XIVᵉ siècle, on trouve citée « la maison où était la fontaine aux poissons. » Une ordonnance de police, du 24 mars 1457, obligea Balthazar du Préhumbert et Landrin, son gendre, propriétaires des fontaines à poissons, de permettre, moyennant rétribution modérée, aux marchands étrangers de déposer dans leurs réservoirs le poisson qu'ils apportaient pour être vendu.

RUE D'AMBÉZIEUX. — Cette petite rue a reçu le nom de M. Charles de Lacour d'Ambézieux, avocat, membre de l'Assemblée nationale, président du tribunal du district, décédé le 22 septembre 1792, dont l'habitation formait le côté méridional de la dite rue

PLACE DU PUITS DU CHEVAL. — Elle a été formée par suite de la démolition de la maison Juveneton. Elle doit son nom à un puits légendaire, d'abord nommé *Puits commun*, lequel a été avantageusement remplacé par une belle et abondante fontaine. La rue qui aboutit à cette place en venant des anciennes boucheries, s'appelait anciennement *rue des Faures*.

PORT RIVAIL, autrefois *Port Rostaing*. — Il doit son nom à un procureur qui demeurait dans le voisinage. Suzanne Rivail, fille de François, épousa, en 1742, le comte de Guibert, major au régiment d'Auvergne, mort en 1786, étant gouverneur des Invalides, à Paris. La construction d'un quai a fait de ce port une sorte d'impasse d'où l'on accède à ce quai au moyen d'un grand escalier.

RUE DU GAGA. — Elle va de la Pêcherie à

l'Ecosserie. Elle était autrefois très fréquentée et appelée *rue Mercière* ou *du Port*. Du côté du nord, une ancienne maison, aujourd'hui rebâtie, portait le nom de *Principat*. Elle appartenait, en 1460, à Antoine Forest dit Coppe.

Cette rue, dont la dénomination est d'un réalisme qui ne choquait pas nos ancêtres, est de nos jours suffisamment habitée et respectée pour qu'elle mérite un changement de nom.

PLACE DU PONT. — Un arrêt du Conseil, du 22 mars 1769, autorisa la démolition des maisons qui rendaient l'abord du pont très difficile. L'intendant accorda une somme de 12,000 livres, soit la moitié de la dépense. C'est par suite de cet élargissement de la voie publique qu'a eu lieu la construction des maisons Lacour et Louvier. A la suite vient la maison Bron, qui, pendant près d'un siècle, a servi d'hôtellerie, à l'enseigne de la *Coupe d'Or*. Enfin, en 1855, on rasa les maisons qui gênaient l'entrée du pont. Celles du côté gauche n'étaient pas très anciennes, elles avaient remplacé le *tinal* où le Chapitre faisait déposer son vin décimal.

RUE DE L'ECOSSERIE. — Ce nom est une altération de celui *in Scofferia*, que cette rue, qui aboutissait à la grande boucherie, portait anciennement, sans doute parce qu'on y préparait des peaux. Elle offre comme souvenir la vaste maison où l'on fabriquait les célèbres liqueurs des Sœurs Morel, et les anneaux auxquels on fixait les chaînes destinées à intercepter la rue les jours de danger.

5ᵐᵉ QUARTIER.

Place du Marché ou Grand'Place. — Elle
est située au nord de l'église Saint-Barnard et a
une longueur de 91 mètres et une largeur de 22
mètres et demi. Elle a longtemps servi de cimetière, sauf le milieu occupé par la route de
Valence à Grenoble. Un acte de 1261 a été passé
dans le cimetière, derrière les chapelles de Saint-
Jean et de Sainte-Madeleine, lesquelles étaient
placées à droite et à gauche de la porte dite de
Saint-Jean et contre l'église. Au XVᵉ siècle, on
y a célébré des fêtes et donné des tournois.

Les maisons du côté du Nord sont beaucoup
plus anciennes que celles du côté opposé. Néanmoins on a trouvé contre leurs fondations, il y a
peu d'années, des squelettes assez bien conservés.
En 1462, il n'existait contre l'Eglise que quelques
baraques ou éventaires en planches. Les Consuls
les firent enlever, parce qu'ils gênaient le marché. Mais, comme c'était une location fructueuse
pour le Chapitre, plusieurs délibérations capitu-
laires permirent à des chanoines de se faire construire des maisons dans cette exposition et d'en
louer le rez-de-chaussée à des marchands.

Sur cette place, nommée pendant la Révolution place de la Liberté (et aujourd'hui place de
la République), on dressa un grand mât, peint
aux trois couleurs, qui fut renversé le 23 novembre
1793 par un violent orage. On avait aussi planté
un autre arbre de la Liberté derrière la fontaine,
au lieu et place d'une croix de fer qui était entourée d'une grille. En 1599, en 1815 et 1816 des
fêtes furent célébrées sur cette place en l'hon-

neur de la paix : on y brûla des feux de joie, etc. La fontaine octogone en calcaire et à quatre jets d'eau a été érigée en 1825, aux frais et par les soins des actionnaires de la salle de spectacle, en compensation du terrain cédé par la ville.

RUE DU MOUTON. — Cette rue portait autrefois le nom de rue *Naudine* (*carreria Nundinæ*), parce qu'elle aboutissait au centre du marché (*nundinæ*). Elle était principalement habitée par des revendeurs et des marchands de volailles. Cependant, dans les registres des tailles du XIVᵉ siècle, on y voit mentionnés des habitants appartenant à la classe des rentiers. On remarque dans cette rue une maison construite au XIIIᵉ siècle, dont le second étage est éclairé par une belle fenêtre en ogive ; une autre maison, du côté opposé, remarquable par la solidité de sa structure, appartenait aux religieux de Saint-Antoine, à qui elle servait d'entrepôt pour leurs grains apportés de la Valloire. A l'entrée, les deux premières maisons sont reliées par un arceau.

PLACE DES CLERCS. — Située au levant de l'église de Saint-Barnard et incorporée aujourd'hui nominalement à la grand'place, elle reçoit la rue *Trois Carreaux* et est traversée du nord au midi par une large voie qui aboutit au quai.

Au XIVᵉ siècle, son côté méridional, composé actuellement de quatre habitations, était formé par le palais archiépiscopal, construit vers 1250 par l'archevêque de Vienne Jean de Bernin. Au XVIIᵉ siècle, les religieuses Ursulines avaient pour succursale ce qui restait de ce palais et particulièrement la chapelle de Sainte-Catherine, dont ont voit encore quelques restes sur le quai. Le tout fut vendu au commencement du siècle dernier, savoir : un tiers à M. Monier de Bellebat, un tiers à M. Belland et autant à M. Colet d'Anglefort. Au levant de cette place était un hôtel avec une haute tour carrée, que Graton de Clérieu céda par acte du 22 février 1323 à Aymar, comte de Valentinois, pour l'aider à payer sa rançon à Amédée de Savoie ; on la nommait la tour des Poitiers ; elle subsiste encore presque en entier. L'habitation actuelle offre une porte d'entrée à créneaux et un bel escalier à jour datant du XV° siècle. Le corps de logis en façade sur la place, couvert d'un toit conique, a été élevé par M. de Montélégier, qui le vendit et en céda le droit de rachat à M. Péronnier, curé de Saint-Barnard. Il appartient aujourd'hui à M. Marius Charvin.

Du côté du nord, Jean d'Hauterive possédait une maison que, par son testament du 25 septembre 1374, il légua à la communauté de Romans pour y établir le Consulat.

Par acte du 27 juin 1385, les coseigneurs de la ville achetèrent de Bernard Armanon, au prix de 160 florins d'or (5,600 fr.), une maison où fut placée la *Cour commune*, dont l'auditoire a servi pour la justice de paix jusqu'au commencement de ce siècle, où il a été converti en salle de café. A côté s'élevait la maison patrimoniale de la puissante famille des Forest, dit Coppe, qui vient de s'éteindre en la personne de M⸢me⸣ la comtesse d'Andigné, née Forest Blacons. Cette maison fut léguée à l'hôpital de Sainte-Foy, le 8 mai 1713, par Louise Charavit, veuve du médecin Chalamel, à la condition que Jean Antelme, chirurgien audit hôpital, en aurait la jouissance. Mais comme elle menaçait ruine et que ce dernier refusait de l'habiter, l'administration de l'hôpital la fit vendre aux enchères. Elle fut adjugée à M. Charles Chevalier, greffier en chef de l'Election, qui, en 1770, la fit reconstruire à peu près telle qu'elle est aujourd'hui.

La place des Clercs a été dégagée et élargie en 1845 par suite de la démolition d'une maison et de la chapelle de Saint-Michel.

RUE DES CLERCS. — Elle va de la rue *Merlin* à la place *Sabaton*, parallèlement à l'Isère. Comme son nom le fait pressentir, elle était principalement habitée par des gens d'Eglise et plusieurs maisons appartenaient à l'administration des *Grands anniversaires* et de la chapelle de Notre-Dame du *Clocher*. L'ombre constante des toits élevés des maisons de cette rue étroite la rendait en tous temps sombre et humide ; cela n'empêchait pourtant pas nos ancêtres, gens peu difficiles sur le confortable et peu regardant en fait d'hygiène, d'y élever des habitations d'une certaine importance. Il y avait aussi des usines mues par la chute du ruisseau le *Tortorel*, entre autres un moulin appartenant, en 1509, à Humbert Odoard. Ont habité cette rue le général Motte ; le chanoine du Port-Roux, maître de chœur ; le Bouthilier d'Arthan, lieutenant-colonel d'artillerie ; Raymond du Cheylas, conseiller au Parlement ; François Chaptal, maître en la Chambre des Comptes ; Pigeron, juge de paix ; Chastaing de la Sizeranne ; Jomaron de Montchorel, capitaine de dragons ; Jean-Baptiste Dochier, avocat, membre de l'Assemblée législative et du Tribunal de Cassation, maire de Romans ; Pierre Valencien, avocat, maire, juge de paix, etc.

RUE VALLOUSE (*Vallis losæ*). — Cette rue est ainsi désignée dès les temps les plus reculés. Perrot de Verdun y possédait plusieurs maisons, qu'il légua aux Consuls en 1374. A cette époque, Damien de Gottafred, chevalier, le plus riche ou du moins le plus imposé des contribuables de la ville, y avait son habitation. M. Dubu d'Acqueville, chef d'escadron, chevalier de Saint-Louis, y est mort en 1821, laissant veuve Constance Brenier de Monière.

La *place Vallouse*, formée par suite de la démolition de deux maisons, a, par un acte de reconnaissance un peu tardive, reçu le nom de place *Perrot de Verdun*.

RUE SERVAN. — Ce nom a été donné à une petite rue qui, de la place de la Fontaine-Couverte, débouche dans la rue de l'Armillerie, en face de l'habitation de la famille Servan de Boisset, qui a fourni plusieurs hommes célèbres : un avocat général au Parlement, un ministre de la guerre, un chanoine de Saint-Jean de Lyon. Cette maison appartient à M. Alphonse Nugues, dessinateur et archéologue distingué, dont un oncle a été général de division et pair de France, et le frère est général de brigade. Il y avait autrefois dans cette rue un édifice appelé la *Tour de Bocoyrons*.

Les rues PÉLISSERIE, SARAILLERIE et PÉROLLERIE rappellent, par leurs dénominations en langue vulgaire, qu'elles étaient habitées principalement par des fourreurs, des serruriers et des chaudronniers. Il n'en reste aujourd'hui que le souvenir.

RUE L'ABBÉ ou mieux *de l'Abbaye*. — Par arrêté du 16 novembre 1881, le Préfet a autorisé le Conseil municipal à changer ce nom en celui de *rue Mathieu de la Drôme*. Elle a été élargie en 1770 du côté méridional et en 1820 du côté opposé. Avant cette amélioration, cette rue, quoique très fréquentée, était extrêmement étroite et ses deux premières maisons sur la place étaient reliées par un arceau.

RUE SAUNERIE. — Comme ce nom l'indique, dans cette rue était l'entrepôt du sel. Les marchands *sallatiers* formaient une corporation appelée d'abord abbaye des Sauniers (*Abbatia Salsanorum*), dans laquelle on ne pouvait entrer qu'après une enquête et une cotisation de 20 florins.

Dans la maison portant le n° 11, qui a été construite par la famille Mallerargues, le Pape Pie VI passa la nuit du 13 au 14 juillet 1799. Elle appartenait alors à M. Charles Chabert, marchand de draps, ancien maire de Romans. Au n° 13 était la maison patrimoniale de la famille Devaloy. En face exista longtemps l'hôtellerie du *Chapeau rouge*, ayant appartenu à l'abbaye de Saint-Just. Il en est fait mention dans un roman intitulé : *Amé Verd*, attribué faussement à Walter Scott.

RUE MERLIN. — Ce nom a été donné à une petite rue, qui va de la place de l'*Etoile* à la rue des Clercs, en souvenir de la famille Raymond Merlin, qui y possédait une maison. Jacques Raymond Merlin, capitaine de cavalerie, chevalier de Saint-Louis, est mort dans cette rue, le 22 juillet 1756. La famille Thomé y habitait en dernier lieu.

PLACE DES PRINCES. — L'intendant de Grenoble ayant, par lettre du 6 janvier 1701, donné avis du passage à Romans des ducs de Bourgne et de Berry, avec une suite nombreuse, on constata que les voitures et les équipages de ces princes ne pourraient pas traverser la ville à cause de l'étroitesse qu'offrait le lieu où existait l'ancienne porte de Pailherey. L'ingénieur de la province reconnut la nécessité d'abattre trois maisons et la moitié d'une quatrième ; ce qui, vu l'urgence, fut immédiatement exécuté. La ville paya pour cette expropriation une somme de 6,790 livres aux propriétaires dépossédés, plus celle de 300 livres au Chapitre de Saint-Barnard pour le rachat des droits féodaux qu'il avait sur ces maisons, dont l'emplacement a retenu, du passage des petits-fils de Louis XIV, le nom de place des Princes. Elle quitta toutefois cette dénomination pendant la Révolution pour celle de *Place de l'Égalité*. Elle a été de nouveau élargie par la démolition, en 1884, de deux maisons, l'une au couchant et l'autre au levant. La Poste aux chevaux en occupait autrefois la moitié. On lui a donné récemment le nom de *Place Lally-Tollendal*.

PLACE SABATON. — Elle a reçu son nom d'un notaire qui exerçait au XVII° siècle. Elle a été créée par suite de la démolition, en 1814, de la maison Thomé, acquise par la ville au prix de 15,000 francs, pour permettre d'accéder au bac à traille établi pendant la reconstruction du pont. Au nord de cette place se trouvait l'école primaire communale de garçons placée, en 1840, dans la maison Allier, aujourd'hui délaissée comme impropre à cette destination.

Rue Gondoin et non *Gondrin.* — Elle aboutit à la vaste et belle habitation de la famille de ce nom, qui a fourni des officiers à l'armée et deux greffiers en chef au Parlement. Elle appartient depuis longtemps à la famille Giraud, et maintenant à M. Paul Giraud, conseiller à la Cour d'Appel de Lyon. Elle est occupée par une école libre congréganiste.

Rue Giraud. — Elle doit son nom à M. Paul-Gérard Giraud, négociant, maire de Romans de 1808 à 1814. Elle a été habitée par son fils, Paul-Emile, maire de cette ville de 1830 à 1835 et député de la Drôme de 1831 à 1846 ; c'est l'éminent auteur de l'*Essai historique sur l'abbaye de Saint-Barnard et sur la ville de Romans,* ouvrage couronné par l'Institut ; nous lui avons consacré une note dans le précédent volume.

Rue Courtin. — Elle a reçu ce nom de Nicolas Courtin, qui possédait le vaste tènement de maison et jardin où fut logée la brigade de maréchaussée envoyée par l'Intendant, en 1778. Cette habitation fut convertie en loge pour les Francs-Maçons au commencement de la Révolution, devint ensuite une habitation particulière, puis, en

1866, une école communale de garçons, enfin, en 1887, l'école supérieure de filles.

La rue Courtin était longée par le cours, aujourd'hui à sec, d'un ruisseau qui avait reçu le nom de *Tortorel*, nom qu'avait pris le *trivium* formé par la jonction des rues Courtin et Pérollerie. Ce quartier, aujourd'hui si délaissé, était jadis très animé et habité par la bonne bourgeoisie de la ville. Toutes les parades et démonstrations populaires ne manquaient jamais de s'y montrer et d'y faire, comme on dit, une grande station. Là s'élevait la statue du grand saint Pichon, dont le souvenir est rappelé par une petite niche en pierre de taille. Enfin, dans son roman sur le sultan Zizimi, Guy Allard fait défiler sous les croisées des belles dames du Tortorel le prince ottoman suivi de son *cadilecher*, de ses *capigis*, janissaires et esclaves, puis de quatre-vingt-deux nobles chevaliers dauphinois, tenants et assaillants, convoqués au tournoi qui devait se faire aux fêtes de la Pentecôte, dans la ville de Romans, pour la solennité des noces d'Antoine de Montchenu avec Louise de Clermont.

RUE DE LA TOUR MORIN. — Cette tour faisait partie de la première enceinte : elle existait encore en 1366. On voyait dans cette rue un puits appelé *Puits Morin*. Guiffrey Duplastre, notaire, habitait cette rue au XIV° siècle.

6° QUARTIER

COTE OU MONTÉE DES CORDELIERS. — Elle a reçu son nom du couvent qui était dans le voisinage et a été pratiquée dans le fossé des premiers remparts. Sa pente rapide a été beaucoup adoucie en 1853. On y remarque les anciennes maisons Deloulle, un moment le presbytère, légué par M. Plauche-Beaucaire, curé de Saint-Barnard, d'Honneur, Charles, Savoye et de Sainte-Ursule, expropriée en 1886 pour former l'emplacement d'une école de filles.

PLACE DES CORDELIERS OU DE L'HOTEL-DE-VILLE. — Elle représente le claustral d'un couvent de Frères Mineurs. Il y avait du couchant au levant une grande cour plantée d'ormes, l'église à droite, à gauche le cloître, le réfectoire, la chapelle des pénitents et le dortoir ; au fond la terrasse et le jardin. L'église et les bâtiments attenants furent rasés en 1802 et l'on construisit la mairie actuelle en conservant le grand escalier et le dortoir, qui a été utilisé pour le Collège. Le théâtre a été élevé en 1818 par une société d'actionnaires. La promenade des Marronniers qui est au midi, en contre-bas de celle des Cordeliers et qui faisait partie de l'ancien *Hôtel des Allées*, a été cédée à la ville, en 1848, par les religieuses de Sainte-Claire, moyennant le prix de 15,000 francs. C'est alors que le *vivier* a été comblé. Au commencement de 1882, on a construit un bâtiment pour le service de la poste et du télégraphe, qui abrite aussi la justice de paix et son greffe.

CHAMP DE MARS. — C'est une belle promenade plantée de plusieurs rangées de tilleuls et de platanes, et ornée d'un bassin et d'eaux jaillissantes. Elle a 175 mètres de longueur et 55 de largeur. Cet emplacement appartenait au couvent des Cordeliers et était autrefois couvert de vignes. Les travaux d'embellissement de cette promenade ont commencé en 1793 et ont été terminés en 1809. Le 12 juin de cette année, la ville donna en location au sieur Fière un emplacement pour y établir un café. Ce bail a été depuis converti en toute propriété, avec la clause d'entretenir la promenade.

RUE HAUTE-VILLENEUVE. — On appelait anciennement la Villeneuve toute la partie de Romans qui est située au levant du tracé de la première enceinte. Au nord de cette rue a existé un hôpital pour les indigents et les pestiférés, qui fut établi sur un terrain cédé au XIV⁰ siècle par l'hôpital de Sainte-Foy. Cette maison, dite le *Colombier*, fut vendue avec le cimetière attenant par les Consuls, le 15 novembre 1547.

Pendant les guerres de Religion, les protestants eurent leur temple dans la rue Villeneuve. Cette rue a été récemment élargie et nivelée, et pourvue d'une fontaine.

L'ESPLANADE OU PLACE D'ARMES est parallèle au Champ de Mars. Elle s'étend de l'est à l'ouest sur une longueur de 430 mètres et sur une largeur de 90 à 100 mètres. Elle a été formée par l'emplacement qu'occupaient les remparts et les fossés, et par plusieurs lots de terrains acquis par la ville de plusieurs propriétaires riverains.

A l'extrémité orientale de l'Esplanade se dressaient deux tours rondes, entre lesquelles s'ouvrait la porte dite de la *Bistour*. L'une d'elles, qui a longtemps servi de poudrière, n'a été démolie qu'en 1882, sur l'ordre du Conseil municipal, comme un souvenir odieux de féodalité, ce qui aurait bien étonné les Consuls qui l'avaient fait construire en 1366, précisément pour défendre la ville contre les prétentions féodales des seigneurs voisins.

C'est dans le fossé voisin qu'eut lieu, le 18 juillet 1769, le fatal duel entre le capitaine Suel-Béguin et le conseiller Raymond du Chélas.

RUE SAINTE-MARIE. — Le monastère de la Visitation, qui a donné son nom à cette rue, a été fondé en 1632, sur la demande de M. de Claveyson, gouverneur de Romans, et de Mme Renée du Peloux, sa mère, dans une vaste et ancienne habitation, dite du *Recteur*, donnée dans ce but par François de Gaste et Isabeau Livat, sa femme, qui y placèrent trois de leurs filles. L'église ne fut terminée et consacrée qu'en 1667. Après avoir été agrandi et approprié à sa destination, le couvent de Sainte-Marie devint, en 1791, propriété nationale. Cédé aux hospices de la ville par deux décrets de la Convention nationale, il ne reçut aucune destination. Il fut enfin, par décret impérial du 30 juillet 1804, restitué aux Dames de la Visitation, qui depuis cette époque y tiennent un pensionnat fort renommé.

RUE SAINT-JUST. — Fondée en 1349 par le Dauphin Humbert II, sous le vocable de Notre-Dame des Anges, à Saint-Just-en-Royans, l'abbaye cistercienne qui porte ce dernier nom fut saccagée et incendiée par les Huguenots ; elle fut transférée à Romans, en 1600, dans une vaste habitation achetée d'un avocat nommé Félix Guigou et qui portait alors le nom de *Beauséjour*. Le bâtiment conventuel fut construit soixante ans plus tard par l'abbesse Marnais de Saint-André. Devenu bien national, ce couvent fut, comme le précédent, donné aux hôpitaux de Romans. Après avoir reçu différentes destinations, et même servi de prison et de caserne, il fut, par décret impérial de 1804 et ordonnance royale de 1817, cédé à la Congrégation du Saint-Sacrement pour y établir sa maison-mère et une école gratuite de filles.

La ville possédait dans cette rue un jardin, qu'elle albergea le 15 janvier 1505, sous le cens de deux sols, à Claude Pichat ; elle albergea aussi un petit emplacement de seize pas de long sur cinq de large à Antoine Ollivier, tisserand.

Les rues PETITE-VILLENEUVE, PETIT-SAINT-JUST, BRUN et CHABALLET ont été incorporées au couvent de Sainte-Marie moyennant la cession d'un terrain pour l'élargissement de la rue Haute-Villeneuve.

RUE DU CHAPITRE. — Située au midi de l'abbaye de Saint-Just et dans une direction parallèle à cet établissement, cette rue portait dans le cadastre de 1590 un nom obscène qu'elle a même conservé sur le plan de la ville fait en 1821. Elle devait son nom à une de ces maisons de prostitution (*prostibularium*), dont la police était confiée à des gardes appelés *banniers*, qui exigeaient, au profit du Chapitre, de ceux qui fréquentaient ces lieux défendus (*loci vetiti*), une amende, plutôt qu'un salaire, de trois sols six deniers le jour et

sept sols pendant la nuit. L'adultère payait
soixante sols, à moins qu'il ne fût prouvé qu'il
ignorait que la femme fût engagée dans les liens
du mariage. L'article XXVIII des privilèges accordés par le Dauphin Humbert II aux habitants
de Romans, le 27 février 1342, édicte d'une manière très détaillée les peines encourues par
ceux qui commettent des attentats aux mœurs.
Le 13 mars 1485, la ville fit l'acquisition, moyennant six sols de pension, de la maison dite le
B....., laquelle avait été achetée, le 28 octobre
1481, par Nicolas Berger de Nicolas Gueymard,
religieux Cordelier, au prix d'une pension de
huit gros et de cinq sols de cens au profit d'Antoine Faure, qui avait la directe féodale sur cet
immeuble. Les Consuls vendirent cette maison
mal famée, le 8 janvier 1489, sous une rente qui
fut cédée aux pauvres, sans doute en expiation
des outrages qu'on y avait fait aux mœurs.

7° QUARTIER

RUE PAILHEREY. — Le faubourg de Pailherey,
dont l'étymologie rappelle que les maisons étaient
couvertes en chaume, existait depuis longtemps
avant qu'il fût compris dans le périmètre de la
seconde enceinte. Au XIIe siècle, les hospitaliers
de Saint-Paul y possédaient une habitation avec
chapelle, sous le cens de six écus, laquelle
donna lieu, en 1178, à un règlement avec le Chapitre de Saint-Barnard. On croit qu'elle occupait la maison qui a appartenu à M. Degros de
Conflans, maire de Romans de 1825 à 1830, puis
à M. de Sallmard. En face était une hôtellerie

dite du *Griffon* et en dernier lieu du *Lion d'Or*. Dans la même rue, on doit signaler la maison de M. Félix Nugues, construite par M. Hector Berlhe, l'*Hôtel de l'Europe*, élevé par M. de Bourchenu, la maison bâtie au xvi° siècle par Jean Thomé, remarquable par ses nombreuses sculptures ; enfin l'église de Saint-Nicolas, dont certaines parties remontent au xiii° siècle. Dans cette rue ont habité le docteur Massot, Arnoulx Legentil, Pierre Enfantin, Alexandre Mortillet, Lally-Tollendal, etc.

Rue Chateau-Brunet. — Ce château était une tour qui défendait les approches de la porte de Pailherey. C'est dans cette rue qu'a été établi le premier café de Romans, à l'enseigne du *Café Dauphinois*.

Rue Besson. — Ainsi nommée d'Antoine Besson, qui fut consul au xvii° siècle. C'est donc à tort qu'on a dernièrement donné à cette rue le nom des *Jumeaux*, comme traduction du mot patois *besson*. Claude Besson était maître de la monnaie de Lyon en 1491.

Rue Fusterie. — Elle conduit de la place Sabaton à celle des Casernes, parallèlement à l'Isère. Elle tire son nom des magasins de bois (*fustum*) que le voisinage de la rivière y avait fait établir. On doit signaler dans cette rue une belle usine à soie qui portait avant la Révolution le titre de *fabrique royale*. Elle a été successivement possédée par MM. Enfantin, Jubié, Giraud, Hermille, Gaillard. Du côté opposé, on doit rappeler les maisons Charles (démolie en

1856), Régnier, Ramel, Seyvon, Francillon : cette dernière léguée à l'hôpital, en 1801, par le P. Romuald Vincent, ancien provincial des Frères de la Charité. Elle a été occupée par M. Destèque, ancien directeur de la verrerie de Saint-Louis et adjoint au maire de Romans de 1804 à 1815.

RUE DE L'INFIRMERIE. — Elle est située entre la rue Pailherey et le quai. Elle rappelle l'ancien hôpital de Rebatte, qu'elle limitait au couchant.

On trouve dans le même quartier les rues de *Chinard*, de *Romeyer*, de *Condillac*, de *Tencin*, de *Filleprin*, de *Mussellon*, qui doivent leurs noms aux notables romanais qui les ont habitées autrefois.

RUE SAINT-ANTOINE. — Dans cette rue, qui va de la rue Pailherey à celle du Chapitre, se trouve une belle habitation appartenant à la famille Chaptal, qui l'a héritée de Gabriel-Arnoulx Legentil, savant jurisconsulte, qui fut deux fois maire de Romans et mourut dans ses fonctions le 28 décembre 1824. La famille Legentil, aujourd'hui éteinte, a fourni plusieurs notaires.

RUE DU VIEUX JEU DE PAUME. — Le jeu de paume, fort pratiqué par nos ancêtres, se tenait dans la maison de Raymond Guillaud. L'abbaye de Saint-Just possédait dans cette rue une maison qui fut vendue, le 20 septembre 1791, au prix de 3,575 livres, au profit de la nation.

RUE CONQUIERS. — On croit que le territoire

occupé par la ville de Romans portait primitivement le nom de Conquiers (*Ager Conquarensis*). Il existe dans la banlieue un petit domaine qui porte le nom de *Conquiers*. C'est dans cette rue peu fréquentée que se trouvait le bureau de la loterie royale.

IMPASSE COGNE. — Ce nom provient de Jean Cogne, notaire, décédé en 1663, ou de Jérôme-Etienne Cogne, lieutenant-colonel de la Vieille Garde, officier de la Légion d'honneur, né à Lens-Lestang en 1775, mort à Romans en 1836, qui a habité quelque temps cette impasse. Les quatre ou cinq maisons qui bordent cette petite voie offrent un certain intérêt historique local. Celle qui forme l'angle occidental avec la rue Pailherey a été possédée par M. Ennemond Revol, ancien magistrat, maire de Romans de 1800 à 1805 ; vient ensuite une vaste et belle habitation formée, vers la fin du xvie siècle, par Antoine Guérin, juge royal, et par son fils Henri, également juge royal, et qui a successivement appartenu à M. de Delay de la Garde, fermier général, payeur des rentes de l'hôtel de ville de Paris, puis à son fils, M. de Delay d'Agier, qui, étant maire de Romans, y fut arrêté, en vertu d'une lettre de cachet, dans la nuit du 10 au 11 juillet 1788 : ce qui ne l'empêcha pas de devenir chevalier de Saint-Louis, membre de l'Assemblée nationale, du Conseil des Anciens, sénateur, pair de France, comte de l'Empire, etc. Cette habitation fut achetée par M. Simon-Laforest, après qu'il eut épousé Madeleine Collion, veuve Grand, mère du général Championnet ; enfin, par M. Louis Johannys, chirurgien. Après la mort de ce dernier, elle fut morcelée et acquise en partie par les religieuses de Notre-Dame de Bon-Secours. Au fond de l'impasse est la maison Delacour, léguée, en 1701, à la famille de ce nom par l'abbé de Lesseins, sacristain du Chapitre de Saint-Barnard. La maison située au levant a appartenu à Pierre Bon, à Pierre Valencien, avocat, maire de Romans, et en dernier lieu à l'abbé Morel, curé de Saint-Nicolas.

Rue du Puits ou du Puy. — Ce nom provient ou de ce qu'il y avait autrefois un puits dans cette rue, ou parce qu'il s'y trouvait la demeure de la famille du Puy, de Peyrins, qui à longtemps possédé à Romans le gros poids des marchands. Quoiqu'il en soit, elle fait communiquer la rue Pailherey avec la promenade des Cordeliers. Il y avait un arc de triomphe érigé, en 1701, à l'occasion du passage des ducs de Bourgogne et de Berry, et qui a été démoli en 1883. On voit dans cette rue l'ancien hôtel de Gillier, vendu révolutionnairement en 1797 et où la poste aux lettres a été tenue jusqu'en 1825. Les principaux habitants de cette rue ont été Jomaron, Guillaud, notaire, Joseph Sablières, médecin, Joseph Bon, avocat, Lombard-Morel, Viennois, médecin.

Rue de Lesseins. — Elle aboutissait à l'*hôtel des Allées* et son nom a été donné en souvenir de Charles de Lionne, abbé de Lesseins, sacristain du Chapitre de Saint-Barnard et gouverneur de Romans, mort en 1701. L'hôtel des Allées a, de toute ancienneté, appartenu à la famille de Clavéyson. Henri, archevêque de Lyon, régent du Dauphiné, y établit le siège de l'administration de la province en 1343. Charles, premier Dauphin de France, y reçut les hommages de la noblesse en 1349. Cette belle habitation passa par héritage dans la famille d'Hostun et ensuite dans celle de Lionne. Après la mort de l'abbé de Lesseins, en 1701, l'hôtel des Allées fut mis en vente et possédé successivement par MM. Duvivier et Bernon de Montélégier et enfin, en 1835, par la communauté de Sainte-Claire.

Voici la description de cette habitation avant cette dernière époque. Au fond de la rue du Puy était la première porte, à plein cintre, surmontée des armoiries du propriétaire. A gauche s'étendait le potager ; devant se trouvait l'arc de triomphe. Sur un pont de pierre on traversait un canal profond alimenté par les sources du *Vivier* ; à droite était un labyrinthe, puis un pavillon couvert en ardoise, qui servait de salle de spectacle. Un petit parterre était devant le château, dont la façade, précédée d'un perron, regardait le midi. Enfin, au couchant, il y avait une grande promenade ombragée par plusieurs rangs de marronniers, avec une sortie sur la rue Conquiers.

Faubourg de Saint-Nicolas. — Le nom de ce faubourg vient d'une chapelle située au milieu d'un quartier presque entièrement habité par des gens de rivière. Au levant, il y avait, le long de l'Isère, un terrain avec de belles eaux. Au commencement du XIII° siècle, les Frères Mineurs y établirent leur maison, puis les religieux de Saint-Ruf un prieuré de leur ordre. Ce même clos, après avoir longtemps servi pour le blanchiment des toiles, a été consacré, en 1869, à un orphelinat de jeunes filles sous le vocable de *Nazareth*. Un peu plus au nord, sur l'ancienne route de Grenoble, existaient les fameux ormes de Saint-Paul, sous lesquels, le 6 février 1347, fut brûlée vive Isarde de Baux, parente de la Dauphine, pour avoir assassiné, le 10 juin précédent, son mari, Ponce de Malvoisin.

La première pierre de la porte de Saint-Nicolas fut posée le 27 février 1357 en grande pompe par Bernard, évêque de Ferrare, délégué du Pape. Après la construction de la seconde enceinte, les Consuls firent plusieurs acquisitions pour dégager le libre accès de la ville. Dans ce but, ils achetèrent de Jean Veilheu, chanoine, deux setérées de terre pour le prix de 25 florins. Les premières constructions du faubourg de Saint-Nicolas datent de 1643; plusieurs maisons qui avaient été bâties près des remparts furent démolies en 1570, par ordre du Roi, et la muraille fut exhaussée, à cette époque, d'une toise. Au bas de la *margillière* du prieuré de Saint-Ruf était un pré joignant le rempart et appartenant à l'abbé de Saint-Antoine, qui le vendit au Chapitre. Les gouverneurs de la ville s'emparèrent de ce pré au nom du Roi, comme étant une dépendance des fossés. Le sacristain de Saint-Barnard eut la jouissance de la *garenne* jusqu'à la Révolution. Elle fut affermée, en 1790, pour le prix annuel de 96 livres et vendue, en 1796, 6,000 livres au sieur Dépit.

La nouvelle route, construite en 1720, était naguère bordée du côté du nord de plusieurs fours à chaux. Elle servait de but de promenade aux personnes malades de la poitrine qui éprouvaient un soulagement en respirant les vapeurs carboniques qu'exhalaient les pierres calcaires désagrégées par le feu. Plus haut, du même côté, s'élève l'usine à gaz qui, depuis 1844, fournit l'éclairage de la ville et du Bourg-du-Péage.

Plusieurs cabarets offraient des enseignes parlantes : ici, Bacchus à cheval sur un tonneau, le verre en main, avec un tricorne énorme, une queue en trompette et une bedaine au vent ; là, une cruche inépuisable lançant un jet de bière qui retombe complaisamment dans un verre, etc.

8ᵉ QUARTIER

Rue du Faubourg de Jacquemart. — Le vaste terrain, aujourd'hui presque entièrement couvert d'habitations, qui s'étend sur le plateau, au nord de la ville, faisait partie du clos de l'Aumône, donné, vers la fin du xıᵉ siècle, à l'église de Saint-Barnard par Tothaldus et son frère Hugo. La moitié de ce clos forma le Champ de la Bolie, vulgairement dit la *Bauille*. Placé entre trois chemins, à proximité de la ville, il était ravagé par les soldats de la garnison qui venaient y faire l'exercice. Pour tirer quelque produit de ce champ presque banal, l'hôpital, à qui il appartenait, y fit établir un réservoir à sable alimenté par la *Savasse*.

La rue actuelle du Faubourg de Jacquemart a été formée par l'ancien chemin de Peyrins, qui a servi de lit au torrent jusqu'en 1829, et par 814 mètres de terrain que l'hôpital abandonna gratuitement, en 1836, pour l'élargissement de cette rue.

Les premières maisons de ce faubourg furent construites en 1618 ; il en existait six en 1750, dont trois servaient de cabaret. Mais après la démolition des remparts, en 1834, et la vente par lots du Champ de la Bolie, ce nouveau quartier prit un rapide accroissement. De tous côtés se sont élevés de grands ateliers, de belles habitations, d'élégantes villas, et les noms de *Magenta* et *Solférino* donnés aux nouvelles rues rappellent l'époque récente où elles ont été ouvertes; en conséquence elles sont assez heureuses pour n'avoir pas d'histoire.

Cette prospérité inouïe, commencée par les larges indemnités accordées aux propriétaires en partie expropriés, cette animation, cette bruyante et fructueuse activité sont produites et entretenues par le voisinage du chemin de fer, dont le premier départ de Romans à Valence s'est effectué, sans cérémonie d'inauguration, le 9 mai 1864.

Les Quais sur l'Isère

Le projet de contenir l'Isère et de préserver la ville contre les débordements de cette rivière torrentueuse, a souvent préoccupé l'administration supérieure et le Conseil municipal.

Le Juge, le Courrier et les Consuls visitèrent les bords de l'Isère pour aviser les fortifications qu'il conviendrait de faire, afin de fermer à l'ennemi l'accès de cette rivière. Le 9 septembre 1513, Jean de Poitiers, gouverneur du Dauphiné, chargea Charles de Chaste de l'exécution de ces travaux et d'établir trois ports le long de la rue de la Fusterie. Le même gouverneur prescrivit aux habitants de se fournir d'armes offensives et défensives, et pour le fourbissement des harnais de guerre, leur permit de construire une meule près de la tour de l'Acque, au saut du *Guébier*.

Au commencement du XVIII° siècle, en construisant les casernes, on fit une portion du quai le long du quartier de Saint-Nicolas. Dans l'assemblée des notables, tenue le 3 octobre 1773, il fut résolu de faire lever le plan et de dresser le devis pour la construction d'un quai le long de l'Isère. Mais, faute de fonds, ce projet fut ajourné.

Enfin, à la suite de la grande inondation du mois d'août 1854, on songea sérieusement à élever des moyens de défense contre le débordement accidentel des eaux. Déjà un commencement assez informe de digue avait eu lieu en 1849, pour faire communiquer le port Merlin avec le port Sabaton. Les nouveaux travaux, sur un plan grandiose, commencèrent en 1860 et furent terminés en 1868. Les quais actuels ont 750 mètres de longueur sur une largeur moyenne de 9 mètres. Leur construction a coûté 304,000 francs, non compris une dépense de 118,324 francs pour achats de maisons et indemnités à des propriétaires, dont un tiers par la ville et deux tiers par l'Etat.

Maintenant nous allons rappeler les souvenirs les plus saillants qui se rapportent à cette partie de la ville.

En marchant du couchant au levant, on voit d'abord une tour carrée, dont le pied baigne dans l'eau et qui termine le rempart. Une note rappelle qu'en 1367 on plaça un tronc de chêne dans

ses fondations. Viennent ensuite les quatre ter-
rasses superposées de l'ancienne *Maison du Roi*,
résidence du gouverneur de la citadelle, laquelle
maison, démolie, par ordre du Parlement, en
1597, fut reconstruite plus tard et devint une
habitation particulière, qui a successivement appartenu aux familles de Gaste, Garagnol, Enfantin, Laporte, Récamier. A la suite se développe
l'ancien *Séminaire* des filles orphelines, vendu
en 1744. A l'angle formé par l'Isère et la Savasse,
il y avait une tour très élevée nommée de *Loche*,
qu'on utilisa plusieurs fois pour y attacher la
corde ou traille du bac dont on se servait quand
le passage sur le pont était interrompu.

Sur l'emplacement de l'*Abattoir*, que l'on vient
de terminer, se trouvait, au XIII° siècle, un tènement contenant un moulin, une maison et un
jardin qui appartenaient à l'abbaye de Vernaison, dont la vente, en 1352, donna lieu à une bulle
du Pape Urbain V et à une sentence du vice-
légat d'Avignon. Après diverses vicissitudes et
aliénations, cet immeuble était possédé, au siècle
dernier, par M. François Faure et Madeleine
Charbonnel, sa femme, qui en firent don, en 1775,
à l'hôpital général. Vendus à la ville, en 1831,
pour y établir une caserne, les bâtiments de cet
hôpital étaient, en 1340, l'habitation de Humbert
Colonel, chambellan du Dauphin et châtelain de
Pisançon. Après avoir longtemps servi de collège, cette propriété fut achetée, en 1739, de
M. Gumin d'Hautefort, conseiller au Parlement,
au prix de 5,500 livres, par l'Aumône générale
pour y fonder un hôpital. On trouve ensuite une
ruelle nommée des *Teintures*, à cause des teintureries qui, de tout temps, ont existé dans ce lieu

abondamment pourvu d'eaux. Mais le souvenir historique le plus important et le plus digne d'être conservé est celui qu'a laissé dans ce quartier le Dauphin Humbert II. Ce prince n'avait point de demeure à Romans en 1338, quand il vint dans cette ville prêter hommage au Chapitre de Saint-Barnard pour la seigneurie de Pisançon. Il fut alors obligé de prendre son logement à la Prêle, chez Jacques Coyratier. Afin d'éviter à l'avenir une semblable gêne, il fit l'acquisition de deux maisons : l'une, le 9 octobre 1342, de Françoise de Moras, veuve de Guillaume de Chaussenc, et l'autre, l'année suivante, de Berton de Maloc. Ces maisons formaient un tènement entre le pont, l'Isère et la rue Pêcherie. C'est là que Humbert II résidait pendant ses séjours à Romans. Il y signa, le 14 mars 1349, le *Statut delphinal*, dernier témoignage d'affection pour ses sujets, et le tranport du Dauphiné à la couronne de France, dont l'acte fut juré et scellé le 30 du même mois dans l'église de Saint-Barnard, en présence de nombreux prélats et seigneurs. Ce souvenir est assez considérable dans l'histoire de Romans pour avoir mérité d'être perpétué par une modeste inscription portant : *Quai Dauphin*.

Le pont sur l'Isère a 128 mètres de longueur; il a été endommagé et rompu, soit par les eaux, soit par la main des hommes, en 1209, 1281, 1370, 1397, 1651, 1814. Il a été entièrement restauré et élargi en 1856. Entre la rivière et l'église il existait un cloître, bas, étroit, datant du XI⁰ siècle. Il a été complètement rasé pour l'établissement du quai. A la suite se trouvait un terrain appelé le *Merlet*, qui a servi de cimetière.

On y remarquait, avant la Révolution, un monument en marbre noir fermé par une grille, qui servait de tombeau à la famille de Lacroix. On y érigea, en 1820, une croix de mission entourée d'une grille en bois. Puis venait la *Chapelle de Saint-Michel*, démolie en 1845 ; enfin plusieurs édifices dont il a déjà été fait mention : la chapelle de Sainte-Catherine, les maisons des grands anniversaires, du chanoine Duportroux, du conseiller Raymond-Merlin, le port Sabaton, les casernes. Celles-ci ont été construites de 1720 à 1725 pour le logement de 500 hommes d'infanterie. Elles occupent l'emplacement où se trouvait l'hôpital de Notre-Dame de Pailhercy, fondé en 1421 par Didier Villars, dit Rebatte, marchand drapier, en faveur des pauvres et des pèlerins. Comme il comprenait un certain nombre de maisons indépendantes qui se prêtaient aux destinations les plus diverses, il reçut des pestiférés en 1455, le collège et les écoles grammaticales en 1561, le Parlement de Grenoble en 1597, le bureau de l'Aumône générale, et enfin fut réuni à l'hôpital de la Charité en 1649. Le quai Saint-Nicolas se terminait par la tour de l'*Acque*, laquelle, comme son nom l'indique, était construite dans l'Isère pour fermer l'entrée de la ville sur la rivière. Elle a été démolie lors de l'établissement du quai. En somme, la partie de la ville que baigne l'Isère s'étendait autrefois comme à présent du pont de Chapelier à la dernière maison proche le rempart de Saint-Nicolas, ou, comme on disait au XVe siècle : *Ab aristâ pontis Maleti usque ad domum Bonihominis.*

FRAGMENTS HISTORIQUES

SUR ROMANS

ORIGINE DU NOM DE ROMANS

L'étymologie du nom d'une ville jette toujours
une certaine lumière sur son origine. On trouve
des traces de cette préoccupation dans les écrits
les plus importants concernant la ville de Romans.

Le Bréviaire de Saint-Barnard et celui de Saint-
Antoine portent que le nom de Romans vient de
celui du propriétaire du sol sur lequel Barnard,
archevêque de Vienne, fit construire un monastère et une église. On y lit qu'une riche et noble
veuve nommée *Romana* donna un petit terrain
rempli de buissons et de broussailles, situé sur
le bord de l'Isère, et qu'en reconnaissance de ce
bienfait, le monastère et la ville furent appelés
Romans, du nom de la donatrice. Un Cartulaire
de Vienne dit que ces édifices étaient d'une si
grande beauté qu'ils égalaient ceux des Romains,
d'où vient le nom de Romans. Deux chartes du

Cartulaire de Saint-Barnard, du temps de Léger, archevêque de Vienne (XIe siècle), font dériver ce même nom de Romans de ce que cet établissement avait été mis par son fondateur sous la juridiction immédiate de Rome. A en croire le savant Bullet, cité par M. Dochier, Romans serait composé de deux mots celtiques : *Ross*, bruyère, et *man*, homme, c'est-à-dire habitant des bruyères (1). M. Giraud se range à la version des Bréviaires de Saint-Barnard et de Saint-Antoine; il pense que le monastère a pris le nom du propriétaire sur le terrain duquel il a été bâti ; que ce nom n'est pas *Romans* comme on l'a supposé jusqu'ici, mais *Rotmans*, ainsi qu'on le trouve écrit dans les Cartulaires de Saint-Hugues de Grenoble, de Saint-Victor de Marseille et de Saint-Barnard, et que ce n'est qu'au XIe siècle, lorsque les idées de liberté romaine, de juridiction immédiate de l'église de Rome se sont produites dans l'abbaye, qu'une modification a été apportée à ce nom, et Romans a été substitué à Rotmans. Enfin, d'après quelques étymologistes modernes, le nom de Romans, *villa de Romanis*, est une transformation de celui de Saint-Romain, *Sancti Romani*, que portait une chapelle érigée sur le coteau de Chapelier : transformation qui est arrivée dans beaucoup d'autres localités de France où, d'après les dictionnaires géographiques, neuf villages s'appellent *Romain*, quarante-huit *St-Romain*, deux *Roman*, six *Saint-Romans* et enfin quatre *Romans*.

---

(1) Jean-Baptiste BULLET, académicien de Besançon, mort en 1775, auteur d'une *Histoire* et d'un *Dictionnaire de la langue celtique*, 1754-60, 3 vol. in fol.

LE COTEAU DE CHAPELIER

Ce coteau s'élève par une pente rapide au sud-ouest de la ville, dans un angle formé par le torrent de la Savasse et l'Isère. C'est l'éminence la plus rapprochée de l'endroit où, profitant de l'abaissement des rives, les voyageurs, presque tous marchands, qui suivaient la petite route de l'Allobrogie, franchissaient la rivière. Ce lieu, avant la fondation de Romans, était, sinon peuplé, du moins très fréquenté. Sur le sommet du coteau qui domine ce passage, on avait, suivant l'usage, érigé un petit temple, probablement dédié à Mercure. Plus tard, à la place du monument païen, s'éleva une chapelle dédiée à saint Romain, laquelle fut détruite en 739 par les Maures, lorsque, cherchant un refuge, ils brûlèrent tout ce qui se trouvait sur leur passage depuis le Rhône jusqu'aux Alpes. Après ce désastre, l'édifice religieux fut relevé de ses ruines et devint le centre d'une paroisse assez étendue, qui a subsisté jusqu'à la révolution.

Le coteau de Chapelier est couronné par une esplanade, d'où l'on domine la ville et la rivière. En vertu du concordat passé le 31 juillet 1344 avec le pape Clément VI, le dauphin Humbert II choisit cette position avantageuse pour y faire construire un château-fort. Dans son testament fait à Rhodes, le 19 janvier 1347, Humbert donna à la Dauphine, sa femme, ce château, qui du reste n'a jamais été achevé (1).

---

(1) Dans le Compte des dépenses de Humbert II pour l'année 1352 figure une somme de 61 livres 3 deniers 3 pictes, pour la construction de certains édifices au château de Chapelier à Romans.

Sur la même esplanade, le baron de la Roche, gouverneur de Romans, fit élever une citadelle avec six bastions, qui fut rasée en 1597. En 1609, on construisit sur l'emplacement de la citadelle un couvent de Capucins, dont les bâtiments existent encore, à l'exception de l'église, démolie en 1796.

Pendant la révolution, l'esplanade de Saint-Romain servit plusieurs fois de théâtre à des fêtes patriotiques. Dans une de ces réunions eut lieu un événement qui n'eut toutefois pour conséquence que des dégâts matériels. Une grande estrade en planches s'écroula sous le poids et l'agitation de la foule qui s'y était entassée. La tribune des musiciens qui dominait les autres gradins et qu'elle aurait écrasés dans sa chute, resta heureusement debout.

Le coteau de Chapelier a été le premier centre de l'agglomération romanaise ; il est même resté fort peuplé jusqu'à la fin du XVIe siècle. Il formait la population principale d'une paroisse.

Il est fait mention du quartier de Chapelier dans les plus anciennes chartes. Quoique le centre de la ville eut été déplacé par la fondation du monastère de Saint-Barnard et que ce quartier se trouvât placé hors des murs de la première enceinte, il avait conservé une population relativement importante, que retenaient probablement les nombreuses usines et fabriques placées dans le voisinage.

Le rôle pour la levée de la taille de l'année 1366 désigne 89 contribuables en Chapelier (*in Chapeleysio*), taxés ensemble à la somme de 100 florins, 11 gros : ce qui faisait une moyenne supérieure d'un tiers à celle des autres cotisés de la ville et indiquait par conséquent une aisance plus grande chez les habitants de ce quartier. Mais le baron de la Roche ayant fait démolir, en 1588, deux cent quatre-vingt-huit maisons pour découvrir la citadelle, le coteau de Chapelier fut mis à nu et n'a plus été repeuplé.

L'ÉGLISE DE SAINT-ROMAIN

Le document le plus ancien où il soit fait mention de l'église de Saint-Romain est une charte du Cartulaire de Saint-Barnard, à la date présumée de 995, qui porte la restitution de cette église par Sylvion de Clérieu à la basilique de Saint-Pierre de Romans. Depuis cette époque jusqu'en 1790, elle fut le centre d'une paroisse plus étendue que peuplée, qui avait pour limites : au nord, la rue et le chemin de Clérieu ; au midi, l'Isère, et qui s'étendait, à l'ouest, jusqu'aux Granges.

Elle était aussi le siège d'une institution charitable extrêmement ancienne, connue sous le nom d'*Aumône de Saint-Romain*, parce qu'on y faisait, le jour de Notre-Dame-de-Mars, une *donne*, ou distribution de vivres aux indigents.

Dès le commencement des troubles pour cause de religion, les huguenots s'emparèrent de l'église de Saint-Romain et y firent leurs exercices sous la protection d'hommes armés, puis l'incendièrent en 1567. Réparée imparfaitement, elle tombait en ruines à l'époque de la révolution. Le dernier curé, M. François Delacour, en avait déjà fait abattre le clocher quelques années auparavant. Enfin cette église fut démolie entièrement en

1811 ; son emplacement et celui du cimetière de la paroisse furent enfermés dans le clos de l'hôpital.

Il y a eu plusieurs saints du nom de *Romain*. Celui qui a donné son nom à la chapelle bâtie sur le coteau de Chapelier, et ensuite à la ville de Romans, n'est pas, comme on l'a dit, saint Romain, martyrisé à Antioche le 17 novembre 303. C'est, croyons-nous, saint Romain qui, après avoir habité Lyon, devint un des premiers abbés de Saint-Claude ou Condat, et y mourut environ l'an 460, à l'âge de 70 ans. Il avait aussi donné son nom à Saint-Romain-d'Albon et au monastère de Romain-Motier, dans la Suisse Romande. Toutefois ce monastère, comme celui de Romans, attribua son nom (*Romanum monasterium*) à la liberté romaine, que lui avait concédée, en 753, le pape Etienne II.

PREMIÈRE ENCEINTE DE LA VILLE

Pour châtier l'insubordination des moines de Saint-Barnard, Sobon, archevêque de Vienne, vint, en 930, avec une petite armée attaquer l'abbaye de Romans. Les bâtiments furent dévastés, l'église incendiée et les biens partagés entre les compagnons d'armes de ce belliqueux prélat. Après cet événement désastreux, dont le souvenir est conservé en termes amers dans le Cartulaire, le Chapitre, qui avait remplacé la communauté des moines, songea à entourer la ville de murailles pour la protéger contre les attaques de ses ennemis ; mais il dut ajourner ce projet et s'occuper du plus pressé, qui était de reconstruire les édifices ruinés et de récupérer les propriétés et les droits dont l'abbaye avait été dépouillée à la suite de l'expédition de Sobon. On ne put jeter les fondements de la première enceinte qu'en 1130 et encore de puissants voisins, les seigneurs de Clérieu, de Peyrins et d'Albon, s'opposèrent-ils à la continuation des travaux. Silvion de Clérieu donna son consentement en 1132 ; malheureusement l'année suivante, Guigues Dauphin, pour des motifs trop longs à rappeler, emporta la ville d'assaut, la saccagea et brûla même l'église. Enfin, grâce à l'influence dont disposait le Chapitre par l'alliance de quelques-uns de ses membres avec les plus grandes familles du pays, il obtint par plusieurs traités la liberté de poursuivre la construction des remparts. Ainsi le 9 janvier 1134, par la médiation d'Amédée, comte de Genève, et de plusieurs autres seigneurs, le Dauphin confirma aux chanoines, moyennant 1400 sols viennois, tous les dons que ses ancêtres avaient faits à l'église et la permission de clore leur ville. Raymond François de Peyrins donna, en 1138, le même consentement, qu'il renouvela en 1160.

Toutefois il est juste de reconnaître que les entraves mises à la clôture de la ville de Romans n'étaient point un simple abus de la force, ni dénuées de fondement. Cette opposition puisait sa raison dans le grand intérêt qu'avaient les seigneurs des environs, dont les possessions s'étendaient sur les deux rives de l'Isère, à conserver libre et ouvert le passage de cette rivière, où le Chapitre ne prélevait pas encore les droits de *pontonnage*, qui lui furent concédés en 1157 et 1214 par les empereurs d'Allemagne.

Quoiqu'il en soit, les travaux marchèrent lentement et la clôture de la ville ne fut terminée qu'en 1164. Cette première enceinte, dont il ne reste plus aucune trace, partait du port Sabaton sur l'Isère, remontait au nord, à la place des Princes, où était une porte donnant sur le quartier extérieur, appelé *Pailheray*, et que protégeait une fortification connue sous le nom de *Château Brunet*. Le mur suivait la montée des Cordeliers où il était renforcé par la *tour Morin*. Arrivé sur le plateau de Jacquemart, à l'endroit où s'éleva plus tard la forteresse de *Mont-Ségur*, il faisait un angle et se dirigeait à l'ouest. Après la tour dans laquelle fut placée au XVe siècle l'horloge publique, il y avait la *porte de l'Aumône* (1). L'enceinte longeait la place de Jacquemart, au bout de laquelle était la *porte de Fer*. Elle descendait ensuite vers le sud, en longeant les *Terreaux*, jusqu'à l'angle formé par la maison du Poids des farines, sur l'emplacement de laquelle s'élevait la *Bastide*, fortification importante qui, avec le *château Gaillard* ou *Robert*, situé en face, défendait le passage de la rue de Clérieu. Cette rue pénétrait un peu plus bas dans la ville par la porte des *Malots*, appelée ensuite porte *Lanterne*, de l'espèce de lumière qui éclairait la nuit cette entrée étroite et difficile. Le mur descendait le long de l'escarpement de la Presle et, après un cour trajet, offrait en face du pont de Chapelier une porte dite de *Fontesort* ou de *Solers*. De ce pont, nommé aujourd'hui des Orphelines, une

____

(1) Cette porte était percée au pied de la tour : on en voit parfaitement les traces, ainsi que les rainures de la herse. Elle débouchait exactement en face de la Côte de Jacquemart, alors nommée rue de l'Aumône.

courte muraille terminait l'enceinte au sud-ouest,
au confluent de la Savasse où s'élevait la tour de
l'*Oche*, au sommet de laquelle on attachait le
câble du bac pour traverser l'Isère, lorsque le passage du pont était intercepté. La rivière formait
une clôture naturelle, et l'entrée du pont était
défendue par une porte fortifiée placée au milieu
de l'édifice. Le périmètre de la ville était alors de
1370 mètres, dont 900 de murs et 470 de rivière.

Le 14 octobre 1327, on établit un droit sur les
denrées, les marchandises et les salaires pour
réparer ce qu'on appelait déjà les *vieux murs*.
Mais trente ans après, la construction d'une nouvelle enceinte fit abandonner l'ancienne, qui n'offrait plus au siècle dernier que quelques restes
aux lieux où s'élevaient les portes de Pailherey,
des Malots et de Fontesort.

SECONDE ENCEINTE DE LA VILLE

Le mauvais état des anciens murs et la nécessité de comprendre de nombreuses habitations
dans un nouveau périmètre de fortifications, firent
sentir le besoin de construire une enceinte beaucoup plus étendue que la première. Si cette construction ne rencontra pas l'opposition de puissants voisins, elle souleva de vives contestations
de la part du Chapitre, qui prétendait se soustraire à une lourde dépense.

Sur la demande des chanoines et des habitants
de Romans, le pape Innocent VI délégua Bernard, évêque de Ferrare, pour procéder à l'inauguration de la nouvelle enceinte. Le 27 février
1357, après une messe du Saint-Esprit célébrée

dans l'église de Saint-Barnard, ce prélat se rendit, à la tête d'une nombreuse procession, vers la porte de Saint-Nicolas, où il posa la première pierre des nouveaux remparts. Cette solennité se termina par un repas porté au couvent des Frères Mineurs, où résidait l'évêque de Ferrare. La dépense, payée par Jean Odoard, trésorier de la ville, s'éleva à 7 florins 3 gros, équivalent à 57 fr. de notre monnaie.

Le 13 octobre 1358, le Dauphin ordonna de fortifier Romans, et que les ecclésiastiques et autres privilégiés paieraient leur part de ces travaux. Guillaume de Vergy, gouverneur du Dauphiné, choisi pour arbitre par les chanoines et les habitants, décida, le 8 octobre 1359, que le Chapitre fournirait la chaux, entretiendrait les portes, les ponts-levis, les degrés, etc., et que les Romanais pourvoiraient au reste de la dépense. Le 23 février 1361, il concéda, pour faire face à ces mêmes nécessités, divers tributs sur les denrées, les marchandises, les profits et les chambrières. Le 21 février 1362, le même gouverneur remplaça la fourniture de la chaux par 400 florins d'or, ordonna que les chanoines paieraient 1,000 florins pour la construction de 1,000 toises de murs et autorisa la ville à s'imposer pendant plusieurs années un octroi sur l'entrée du vin. Enfin, en présence du comte de Poitiers et de Raoul de Louppy, on passa le prix fait de ces constructions. Le 20 mars 1366, le juge royal désigna cinq commissaires spéciaux et directeurs des travaux. Dans le courant de l'année 1371, la ville paya pour cette dépense une somme de 495 florins. Le 1er juin 1375, le gouverneur nomma Aymon d'Anglier capitaine général de Romans, avec la charge de présider aux fortifications de la ville. La sentence arbitrale du cardinal Anglicus, rendue le 16 mars 1377, assura cette œuvre par l'établissement, pendant vingt ans, d'un octroi sur le vin et par une subvention annuelle de 80 florins à la charge du Chapitre.

Cette seconde enceinte représentait un arc de cercle de 1,840 mètres de développement, dont la corde était représentée par l'Isère sur une longueur de 650 mètres. Elle était percée de sept portes fortifiées, dont quelques-unes avaient un aspect monumental : c'étaient les portes de *Saint-Nicolas*, de la *Bistour*, de l'*Aumône* ou de *Jacquemart*, de *Bonnevaux* ou des *Donzelles*, de *Clérieu* et de *Chapelier* (1), plus une ouverture dite la *Brèche*, pour le passage du torrent de la Savasse. Ces murs étaient flanqués de vingt tours, de dimensions et de formes différentes. Les unes : *Saint-Georges* (2), les deux *Bistours* et l'*Acque* étaient rondes, les autres, celles de la *Fleur-de-lis* ou *Pape-Gai*, de la *Rose*, de *Marot*, de *Quinçonne*, etc., étaient rectangulaires. Les murs, précédés d'un fossé à talus de 25 à 30 pieds, sur lequel s'abattaient des pont-levis, avaient 30 pieds d'élévation, étaient couronnés de créneaux et percés de meurtrières. Les portes, construites en pierres de taille avec guérites et machicoulis, se terminaient par un toit conique. Les tours étaient percées, à leur base, d'une embrasure ronde en dedans et évasées à l'exté-

---

(1) Guillaume Gardon porte la dépense d'un chêne, acheté le 2 mars 1363, pour placer dans les fondements de l'angle de la porte de Chapelier.

(2) Construite en 1369 ; ses fondations ont été arrachées en 1869.

rieur. Plus larges que profondes, elles étaient ouvertes du côté de la ville et élevées de deux étages marqués par un arceau. Elles communiquaient par une porte voûtée avec le chemin pratiqué sur le rempart, auquel on accédait à l'aide d'escaliers de pierre ou d'échelles mobiles.

Le territoire de Peyrins, qui enserrait Romans de tous côtés, ne permit pas d'abord d'étendre au loin les glacis et autres dépendances des remparts. La ville fut obligée plus tard de faire différentes acquisitions de terrain pour pouvoir communiquer extérieurement d'une porte à l'autre. Ainsi elle acheta, le 26 août 1358, à Jean Péager, moyennant le prix de deux florins, un sentier de six pieds de large, le long des fossés, pour aller de la Porte de Saint-Nicolas à celle de la Bistour. La largeur de ce chemin fut portée à 15 pieds en 1495, par suite de l'acquisition d'un terrain, faite de Jean Veilheu, chanoine de Saint-Barnard. La ville acheta, le 7 mars 1437, à Lantelme et Geoffroi Marchand, pour quelques arrérages de tailles, un passage communiquant de la porte de l'Aumône à celle de Bonnevaux, etc.

La démolition de ces vieux remparts commença en 1832. Par mesure hygiénique, on pratiqua d'abord huit ouvertures de trois mètres cinquante de largeur, ensuite on abandonna ces murs à qui voulut les démolir pour en avoir les matériaux. Il en reste aujourd'hui environ un quart au levant et au couchant de la ville, et une tour qui sert de poudrière, mais destinée à disparaître. Le rempart qui clôt le cimetière au levant s'est écroulé le 10 avril 1879 ; ce qui restait a été démoli le 23 du même mois.

LE MONT-SÉGUR

L'histoire de Romans nous montre, dès les temps les plus reculés, les habitants de cette ville en luttes sans cesse renaissantes avec le Chapitre ; ce sont ou de sourdes hostilités ou des révoltes quelquefois triomphantes, mais presque toujours annulées et souvent sévèrement réprimées.

A la suite d'une sédition pendant laquelle les Romanais avaient commis beaucoup de dégâts dans l'église et de grands outrages envers les chanoines et leurs partisans, une sentence rendue le 29 juillet 1282, sous la médiation du prince de Salerne, autorisa le Chapitre à construire, sur la partie la plus élevée de la ville, une forteresse pour lui servir de refuge en cas de rébellion de la part des habitants. On donna à cette citadelle le nom significatif de *Mont de Sûreté*. Par suite du traité de pariage avec le dauphin, du 31 juillet 1344, elle devint la prison publique. Le Chapitre en nommait le châtelain et le geôlier.

Durant les guerres de religion, chaque parti y enfermait tour à tour ses adversaires. Le 21 septembre 1572, le contre-coup de la Saint-Barthélemy se fit sentir dans Romans. Un dimanche, des gens inconnus et masqués envahirent la prison et, avec la connivence du capitaine de service, y tuèrent sept religionnaires « des plus obstinez. » Les autres prisonniers, au nombre de trente-trois, avaient été relâchés après leur abjuration. Cette violence regrettable fut vivement blâmée par le baron de Gordes, lieutenant-général de la province, qui ordonna une enquête contre les coupables.

Par acte du 12 février 1624, Bonne de Castaing, veuve de noble François Coste, fonda, pour les dimanches et fêtes de l'année, une messe qui serait dite dans la chapelle de la prison de Romans par les RR. PP. Cordeliers. Elle assura cette fondation au moyen d'une pension de 45 livres et le don des objets nécessaires pour le service divin.

De cette prison sortirent, pour aller à l'échafaud, le 21 avril 1801, Anne Darlet, couturière, convaincue de vol et d'incendie, et, le 1er mai 1812, Périer, boucher, Jacquier, meunier, et Alex, fileur de laine, condamnés pour vol et assassinats.

La forteresse de Mont-Ségur était très élevée. Elle mesurait 55 mètres de longueur du levant au couchant et 15 de largeur. Les murs étaient mal bâtis, irréguliers, sans autre ouverture qu'une petite poterne placée au midi. Il y avait dans l'intérieur une cour longue et étroite, sur laquelle toutes les pièces prenaient jour. Cette masse disgracieuse fut entièrement rasée en 1835 et 36, pour faire place au Marché-aux-Chevaux.

LE FAUBOURG DE CLÉRIEU

La vaste étendue de terrain au couchant de la ville, incorporée par l'édification des nouveaux remparts, permit aux habitants de construire de nouvelles habitations, suivant les besoins de l'augmentation de la population ; aussi ne vit-on pendant plusieurs siècles hors de la porte de Clérieu que quelques usines établies sur le cours du ruisseau de la Martinette. Les consuls achetèrent une vigne hors de cette porte, le 18 juin 1420, à

Guillaume Barbier, pour le prix de 24 florins. Au-dessous, il y avait, entouré d'un mur percé de meurtrières, dont on voit encore les restes, un pré où se faisait le jeu de l'arbalète et où sont, depuis 1807, des bains publics ; il appartenait à l'aumône de Perrot de Verdun, et fut loué, le 5 février 1534, moyennant une rente de deux setiers de seigle. On y voyait de grandes pièces d'eau, des *neis* où l'on faisait rouir du chanvre et *neiser* des bois de travail.

Commencé seulement en 1648, le faubourg de Clérieu prit un développement remarquable, qui malheureusement ne s'est pas soutenu et que tend à empêcher la configuration du sol et la diminution du mouvement commercial sur la route de Tain, depuis l'ouverture du chemin de fer. En 1750, on y comptait vingt-une maisons, dont cinq servaient de cabarets ; de nos jours il y a soixante-quatorze maisons et seulement deux cafés et une auberge. Celle-ci, avant sa reconstruction, avait pour enseigne : *A l'arrivée de Chanos, Curson et autres lieux*. Elle fut incendiée, le 2 avril 1814, par les obus des Autrichiens. A l'extrémité de ce faubourg se trouvent le Calvaire et l'ancien couvent des Récollets qui, depuis 1821, sert de grand séminaire.

En 1835, la route départementale fut élargie et rectifiée, et l'on construisit un pont sur la Savasse.

LE FAUBOURG DE SAINT-NICOLAS

Le nom de ce faubourg vient d'une chapelle située au milieu d'un quartier principalement

habité par des gens de rivière, lesquels, en 1283,
se mirent sous la garde du Dauphin, obtinrent sa
protection moyennant une pension d'une obole
d'or et lui rendirent hommage en 1314. Au levant,
dans la campagne, il y avait, le long de l'Isère,
un terrain avec de belles eaux. Les Frères Mineurs y établirent une maison, puis les religieux
de Saint-Ruf un prieuré de leur ordre. Ce même
clos, après avoir longtemps servi pour le blanchiment des toiles, vient d'être consacré à un orphelinat de jeunes filles. — Un peu plus au nord
existaient les fameux ormes de Saint-Paul, sous
lesquels, le 6 février 1347, fut brûlée vive Isarde
des Baux, pour avoir assassiné, le 10 juin précédent, son mari, Ponce de Malvoisin, seigneur de
Pennes.

Après la construction de la seconde enceinte,
qui sépara le clos de Saint-Ruf de la ville et en-
ferma tout le quartier de Pailherey, les consuls
s'occupèrent de dégager l'accès de la porte de
Saint-Nicolas. Dans ce but, le 22 août 1495, ils
achetèrent à Mre Jean Veilheu, chanoine de Saint-
Barnard, deux setérées de terre entre le chemin
de Saint-Paul et les fossés de la ville, pour le
prix de 25 florins. Les mêmes acquirent, le 30
juin 1505, de Jean Roux, un petit passage près
de la porte et en dedans des murs, sous les introges de 12 *scabellani* et la cense de 3 deniers.
Par transaction du 20 août 1500, Jean Feugier,
muletier, avait reconnu à la ville le droit de chemin de la porte de Saint-Nicolas à celle de la
Bistour. Enfin les consuls achetèrent, en 1625,
à Claude Buissonnier, un jardin pour faire la
place qui est devant la porte. Il y eut, en 1837,
pour fixer les limites de cet emplacement, un pro-

cès avec le sieur Collin, chaufournier, qui eut gain de cause.

Pour se soustraire au paiement des octrois et au logement des gens de guerre, des habitants désertèrent la ville et essayèrent d'appuyer leurs constructions contre les remparts ; mais des lettres patentes de Henri III, du 3 juillet 1570, prescrivirent la démolition de tous les bâtiments faits par des particuliers trop près de la ville, au préjudice des habitants ou des privilèges des marchands. Les premières maisons du faubourg Saint-Nicolas datent de 1643. Le sieur Châtillon jeta les fondements d'un cabaret en 1646. Jean Allier et Guillot se mirent à débiter de la viande sans payer des droits. Ce n'est que par une ordonnance ministérielle du 1er avril 1803 que les faubourgs de Romans furent compris dans la démarcation de l'octroi.

Au bas de la margillière du prieuré de Saint-Ruf était un pré joignant les remparts et appartenant à l'abbé de Saint-Antoine, qui le vendit au Chapitre. Ce dernier l'albergea à Guillaume Robert, le 28 août 1493. Les gouverneurs de la ville s'emparèrent de ce pré au nom du roi, comme étant une dépendance des fossés; mais ils firent de vains efforts pour ôter au sacristain la *Garenne* dont il jouissait. La Révolution fut plus forte : le 20 juin 1790, le conseil municipal retira au sacristain la jouissance si souvent contestée de la Garenne, l'afferma 96 livres par an et enfin la vendit, en 1796, pour 6,000 livres au sieur Dépit.

LE MAS DE LA BOUVERIE

Lorsque le flot envahisseur des bandes sarrasines eût été arrêté au nord de Lyon et ensuite refoulé vers les Alpes, les terres, laissées vacantes par suites des désastres de la guerre, furent occupées par les hommes qui en avaient chassé l'ennemi. Alors, autour du lieu où, peu après, fut fondée l'abbaye de Saint-Barnard et la ville de Romans, s'établirent : au levant, les Clermont ; au nord, les Bérenger ; au couchant, les Clérieu.

Cependant quelques parcelles de terre étaient restées en la possession d'hommes libres : telles furent celles données par la veuve *Romana* à l'archevêque de Vienne, Barnard, et le champ légué par la famille de *Rotboldus* à l'église pour la fondation de l'hôpital de Sainte-Foy, dit alors la *Maison de l'Aumône.*

Dans la division territoriale des Gaules, l'emplacement de Romans était compris dans l'*Ager Conquarensis*, dont le souvenir est conservé par le nom de *Conquiers* donné à une rue de la ville et à un domaine de la banlieue.

Le terrain ou mas de la *Bouverie* (*Bovaria*), situé au nord de la ville, faisait partie du lot échu au seigneur de Clérieu, dans le partage que l'archevêque Sobon fit des terres de l'Abbaye de Saint-Barnard, après la conquête et le sac de cette église vers 930.

Ce n'est qu'après une possession séculaire que cette puissante famille se décida à remettre progressivement les droits qu'elle avait sur le mas de la Bouverie, et même sur le clergé et les habitants de Romans. (*Cartulaire de Saint-Barnard*, charte n° 52 bis).

En effet, à la prière de Fida, son épouse, et de son fils nouvellement élu abbé de St-Barnard, Guillaume de Clérieu abandonna solennellement, le 22 novembre 1025, les droits dont il vient d'être parlé dans l'acte même d'investiture de son fils. Ensuite, sous l'inspiration de Guy, archevêque de Vienne, il consentit à ce que le mas de la Bouverie revînt à l'église après sa mort (Ch. n° 190).

Adon, son frère et son héritier, ne remplit pas cette promesse ; mais Guillaume, fils de ce dernier, se montra plus généreux. Il rendit ce mas et pria Guy et les chanoines de le garder. Enfin, en 1130, Silvion de Clérieu, par la médiation d'Amédée, comte de Genève, renonça à ses prétentions sur la Bouverie et ratifia les dons que ses prédécesseurs avaient faits à l'Abbaye (Ch. n° 277).

Ce mas de la Bouverie, qui avait si souvent donné lieu à des débats entre le Chapitre de Saint-Barnard et les seigneurs de Clérieu, et dont ceux-ci s'étaient montrés si difficiles à se dessaisir, était situé sur le plateau, au nord de Romans, et pouvait être considéré comme un faubourg de la ville *(suburbium)*.

C'est sur ce terrain qu'ont été bâties, au xie siècle, l'église et la maison de l'Aumône ou hôpital de Sainte-Foy, et progressivement la rue de Jacquemart et le faubourg du même nom, jusqu'à la limite indiquée aujourd'hui par la rue dite *Chante-Cigale* (1). En outre, on voit par la charte n° 200 du Cartulaire (commencement du xiie siècle), qu'Armannus Rotboldus, déjà nommé, donna à l'église de Romans, pour le canonicat de son fils Boniface, la moitié des dîmes du *Chasse*, et Ugo, son frère, abandonna à la même église,

---

(1) Actuellement appelée *rue Guillaume*.

pour prix de sa sépulture, la moitié d'un champ où est construite la maison de l'Aumône, confinant : au levant, le chemin de Saint-Jean-d'Aultavéon ; au couchant, celui de Peyrins ; et de bise, un sentier ou chemin à talon *(via parvula per crepidinem Tori)* aujourd'hui *rue Guillaume.* C'est ce qu'on nomma le Clos de l'Aumône, qui était une partie du mas de la Bouverie, lequel s'étendait du nord au midi, depuis ce dernier sentier jusqu'au fond de la place de la Bouverie (385 mètres), et de l'est à l'ouest, de la rue de *Saint-Vallier* à la rue Bonjour (185 mètres).

Ce vaste terrain, quadrilatère irrégulier d'une superficie d'environ sept hectares et demi, fut divisé en trois zones par suite de la construction successive des deux enceintes de la ville, et se composa dès lors de trois tènements : celui du nord, *extra muros,* forma le Clos de l'Aumône ; le deuxième, limité par les deux murailles, renfermait l'hôpital et ses dépendances, l'église et le cimetière de Sainte-Foy ; le troisième tènement s'étendait transversalement de la rue de l'*Echelle* à la rue Montchorel (143 mètres), entièrement concédé et couvert d'habitations. Ces limites sont indiquées par les anciens plans et terriers et par les reconnaissances des propriétaires payant des pensions à l'administration hospitalière, savoir : treize maisons dans la rue Bonjour, huit dans la rue de Saint-Vallier, neuf sur la place de Jacquemart, dix à la Bouverie et dix dans la rue de Montchorel.

Après la construction des premiers remparts, le terrain de la maison de l'Aumône s'étendait encore d'une seule pièce de l'extérieur de la ville jusque dans la campagne.

Les constructions de la seconde enceinte s'élevèrent sur un sol appartenant à l'hôpital, comme le prouve, au surplus, la rente que la ville paya jusqu'à la Révolution pour l'abandon de l'emplacement de la porte de Jacquemart. Dans une délibération du bureau de l'hôpital du 20 mars 1581, il est décidé que la ville étant en retard pour l'acquit des 4 deniers de cens et d'un écu 5 sols de pension, qu'elle devait pour le plassage de la porte de Jacquemart, le portier serait désormais chargé de ce payement.

Après la construction de la seconde enceinte, le clos de l'Aumône laissa pour souvenir : 1° la place de la Bouverie ; 2° le champ de la Bôlie, vulgairement appelé de la *Bauille*.

Par une coïncidence assez difficile à expliquer, la place de la Bouverie, partie sud du mas de ce nom, était entourée d'étables et a servi jusqu'à ces derniers temps de marché aux bœufs. C'était un lieu fort incommode ; car, outre le défaut d'espace, on n'y avait accès que par un passage voûté, sorte de couloir dans lequel deux bœufs avaient peine à passer de front.

Ce passage a été démoli et le marché a été transféré derrière les prisons, sur l'emplacement de l'ancien cimetière de Sainte-Foy.

La moitié environ de la partie extérieure du mas de la Bouverie ou clos de l'Aumône, située au levant, vers le chemin de Genissieux, fut aliénée par albergements à une époque fort ancienne. Le dom recteur de l'hôpital de Sainte-Foy, considérant que dans ce clos se trouvaient des parties de terre stérile qu'il était avantageux d'accenser, en céda la moitié (environ dix setérées) à Berton Dumas, dit de Maloc, moyennant le cens de dix-neuf setiers et demi (16 hectolitres 58 litres) de seigle et neuf gelines (poules). Mais le dit Maloc, trouvant cette redevance trop élevée, rendit cette terre par acte du 18 mars 1374.

Revenant à cette intention de se décharger du soin de cette terre et d'en tirer un revenu quelconque, le dom recteur fit plusieurs lots d'une contenance totale de onze sétérées (3 hect. 65 cent.) qu'il parvint à alberger à cinq particuliers, moyennant sept setiers de seigle de rente et un sol de cens.

L'autre partie du clos de l'Aumône forma le champ de la Bôlie, vulgairement appelé de la *Bauille*. C'était un terrain d'environ neuf sétérées (3 hect.), situé entre les chemins de Peyrins, de St-Jean d'Aultavéon et de Chante-Cigale, aujourd'hui entièrement couvert d'habitations.

Placé entre trois chemins, à proximité de la ville, la Bôlie était journellement ravagée par les maraudeurs, foulée par les oisifs et les soldats de la garnison qui venaient y faire l'exercice.

En effet, par un acte du 22 octobre 1660, les consuls avaient acheté un terrain de vingt-quatre pas de largeur sur soixante de longueur, soit environ 1,652 mètres, à prendre sur le fonds de l'hôpital, le long des fossés de la ville, au prix d'une rente de 3 livres 5 sols 4 deniers. On comprend que cet espace, tout à fait insuffisant pour exercer les soldats d'une garnison composée en moyenne de 400 hommes, était le plus ordinairement franchi dans tous les sens.

Enfin, pour obtenir quelque revenu de ce champ presque banal, que ne pouvaient défendre les barrières et les palissades, l'administration hospitalière fit établir le long du chemin de

Peyrins qui, comme on sait, servit jusqu'en 1829 de lit au torrent de la Savasse, une prise d'eau et un réservoir à sable, dont les charrois et la vente étaient faits par un agent de l'hôpital. Ce sable, assez recherché, servait pour la confection de la chaux à bâtir, pour garnir les allées des jardins, le pavage des rues, la litière des bestiaux, etc.

Une portion de ce tènement a conservé le nom de Chante-Cigale, de la contenance d'environ six sétérées (2 hect.). Il avait été albergé très anciennement pour une rente annuelle de six setiers de seigle (5 hect.), laquelle rente a été payée jusqu'en 1790, époque où elle a été abolie, comme entachée de féodalité : ce qui a été une véritable spoliation, car il n'y avait rien de féodal dans une redevance qui était le prix d'un albergement, c'est-à-dire d'une véritable vente.

Quoiqu'il en soit, ce champ, aujourd'hui clos Chante-Cigale, qui avait été primitivement aliéné moyennant une rente équivalente de nos jours à un capital de 1500 fr., a été estimé tout récemment par l'administration municipale à la somme élevée de 73,000 fr., dans le but d'y placer un établissement d'instruction supérieure de filles. Il va sans dire que les emplacements circonvoisins ont acquis une plus-value proportionnelle.

Sans doute, à cette époque reculée où la terre située à la porte de la ville s'aliénait à raison de 3 centimes le mètre carré, le produit, le revenu du sol étaient proportionnés à cette valeur. La pauvreté des laboureurs, la rareté du numéraire, le peu d'intérêt que les classes supérieures portaient à l'agriculture, rendaient impossible l'achat d'un cheptel et d'un outillage suffisants et l'entreprise de travaux d'amélioration, tels que la construction de bâtiments ruraux convenables, de fouilles pour découvrir et conduire des fontaines, alors que l'eau était aussi rare qu'indispensable pour l'exploitation agricole et l'élevage des bestiaux. En outre, l'absence de fourrages artificiels ne permettait pas l'entretien, en nombre suffisant, des bœufs, des chevaux et des mules, si nécessaires pour les travaux de la terre, les charrois et la production des fumiers. Enfin, la pomme de terre, cette ressource précieuse pour l'alimention des hommes et l'élevage de certains bestiaux, était inconnue. La nourriture avait pour base des légumes dont la récolte, généralement peu abondante, était souvent compromise par les intempéries et par la rareté de l'eau.

Néanmoins, tout ce qui faisait alors défaut à l'agriculture ne suffit pas à justifier la grande quantité de terres qui restaient en friche, quand on voyait tant d'hommes valides passant leur vie dans l'oisiveté et vivant d'aumônes. Le nombre de ces inutiles, charge et danger pour la société, était si considérable que le gouvernement, sous l'influence des économistes, s'occupa de la mendicité et chercha les moyens d'y remédier ; mais ce furent d'infructueuses tentatives, que la grandeur de la question et la pénurie du trésor ne permirent pas de résoudre. Par un édit du 18 juillet 1724, il fut alloué six sols par jour pour les mendiants détenus à l'hôpital de Sainte-Foy, où l'on avait fait disposer un lieu de correction pour les indigents de cette catégorie ; mais rien ne corrigea ces habitudes invétérées de fainéantise et de vagabondage, même les corrections corpo-

relles et la condamnation aux galères. De
guerre lasse, le ministre fit connaître qu'il supprimait l'allocation journalière de six sols, et le
bureau de l'hôpital décida la suppression de la
mendicité dans la ville et qu'il ne serait délivré
de secours qu'aux indigents qui, après examen,
seraient inscrits sur une liste.

C'est alors que furent créés dans tout le
royaume des hôpitaux généraux pour secourir
les vieillards, les infirmes et les enfants trouvés :
celui de Romans date de 1736.

Cependant il faut d'autres raisons pour expliquer comment, pendant de longs siècles, tant de
terres étaient en friche, quand l'insuffisance des
récoltes ne permettait pas d'avoir quelques réserves de blé pour parer à des disettes et même
à des famines pour ainsi dire périodiques. Cet
état de choses était trop général et a eu une
trop longue durée pour être regardé comme un
fait particulier et accidentel. On doit l'attribuer
à un manque de ressort, d'énergie de l'activité
humaine, qui avait sa cause dans l'absence d'un
stimulant personnel et d'un intérêt propre et de
famille, qui sont la conséquence de la propriété
et de la dignité humaine : le travailleur ne
retirant alors qu'une minime portion de ses soins
et de ses peines (1).

Quant au champ de la Bôlie ou de la *Bauille*
proprement dit, qui, à cause de sa proximité de
l'hôpital, était cultivé en réserve, il ne fut
aliéné que beaucoup plus tard.

---

(1) Le malheur des races latines est d'avoir été élevées à
considérer le travail comme un châtiment et par conséquent à le
détester et à l'éviter le plus possible.

L'angle sud-ouest, d'une superficie de 1,235 mètres carrés, fut adjugé par l'administration départementale, par suite de la loi du 23 messidor an XI (11 juillet 1794), qui disposait des biens des hospices, au citoyen Junillon, huissier, puis revendu à Louis Blanc, et en dernier lieu, au sieur Martin, qui fit élever sur cet emplacement une construction destinée à une auberge, dont la hauteur démesurée nuisait au champ de la Bôlie.

La commission administrative de l'hospice consentit, le 4 août 1833, à vendre au sieur Martin une parcelle de 14 ares 70 centiares, au prix de 3 fr. 50 le mètre carré : soit en tout 5,145 fr.

En sanctionnant l'aliénation précédente, une ordonnance royale du 8 mars 1835 ajouta l'autorisation de vendre aux enchères une autre portion de ce champ, de la contenance de 84 ares 18 centiares, sur la mise à prix de 13,550 fr. Cette vente fut faite en treize lots, en 1836, et produisit 14,640 fr. Enfin, la commission administrative décida, le 13 novembre 1836, la mise en vente du restant du champ de la Bôlie, dont la contenance était de 1 hectare 98 ares 34 centiares. Cette aliénation, autorisée par une ordonnance du 23 mai 1837, produisit une somme de 19,550 francs.

En résumé, le champ de la Bôlie, d'une superficie de 3 hectares 15 ares 31 centiares, rapporta à l'hospice 39,335 fr., non compris 814 mètres carrés cédés gratuitement à la ville pour l'élargissement de la nouvelle rue du faubourg Jacquemart, dénommée aujourd'hui *rue de la Gare*.

Cette générosité peu justifiée du bien des pauvres n'a jamais été autorisée, encore moins approuvée par l'autorité supérieure.

Maintenant nous allons établir aussi exactement que possible la valeur vénale que ce terrain
a successivement acquis dans le cours des ans :

1° Au milieu du XII° siècle, l'hôpital de Sainte-
Foy, pour la construction de la porte de Jacquemart, dite de l'Aumône, et de ses dépendances,
céda un terrain dont nous ignorons l'étendue, qui
fut estimé 4 deniers de cens et un écu 5 sols de
pension, soit environ un capital de 300 fr. de
notre monnaie.

2° Dans la seconde moitié du XIV° siècle, Berton
Dumas, dit de Maloc, albergea onze sétérées (3
hect. 65 cent.) au prix d'une rente de 19 setiers
et demi (16 hect. 58 cent.) de seigle et 9 gelines
(poules) : ce qui portait la valeur de cette terre à
environ 60 centimes le mètre carré. Mais, ce prix
étant trop élevé, l'acheteur rompit son marché
par acte du 18 mars 1378.

3° Six ans plus tard, en 1384, la même terre
fut albergée avec rabais, moyennant une rente
annuelle de sept setiers (6 hectolitres) de seigle,
soit en toute propriété environ six centimes le
mètre carré.

4° L'autre moitié du champ fut albergée à diverses époques à raison d'un setier de seigle de rente
pour chaque sétérée, soit la valeur de 9 centimes
le mètre carré.

5° La vente, faite à la ville en 1660, de vingt-
quatre pas sur soixante d'un terrain, le long des
fossés des remparts, soit une superficie de 1,642
mètres, en comptant le pas de 80 centimètres,
moyennant une rente en monnaie actuelle de 4 fr.
ou 80 fr. en capital, fait revenir le mètre carré à
15 centimes.

6° La vente, consentie en 1833 au sieur Martin,
porta le mètre carré à 3 fr. 50.

7° Les enchères donnèrent, en 1836, 1 fr. 72 le mètre et en 1837 seulement 1 franc, parce que la terre était plus éloignée de la voie publique.

Après l'établissement du chemin de fer (1854), ce même terrain a été revendu, suivant la situation, de 15 à 20 fr. le mètre carré.

Maintenant tout le champ de la Bôlie étant couvert d'habitations et d'usines, vaudrait des millions.

LE FAUBOURG DE JACQUEMART

Le vaste terrain, aujourd'hui presque entièrement couvert d'habitations, qui s'étend sur le plateau au nord de la ville et qui porte le nom de faubourg Jacquemart, faisait partie du *Clos de l'Aumône*, donné vers la fin du XIe siècle à l'église de Saint-Barnard par Rotboldus et son frère Ugo.

Les premières maisons du faubourg de Jacquemart furent construites en 1638 ; il en existait seulement six en 1750, dont trois servaient de cabarets. Mais, après la démolition des remparts, en 1834, et la vente par lots du champ de la Bôlie, ce quartier eut un accroissement rapide. L'hôpital abandonna gratuitement à la ville 814 mètres de terrain pour l'élargissement de la rue du faubourg et en fit ainsi une voie magistrale. De tous côtés se sont élevés de grands ateliers, de belles habitations, de coquettes villas, et les noms de *Magenta*, de *Palestro*, de *Solférino*, donnés aux nouvelles rues, rappellent l'époque de leur construction. Cette prospérité inouïe, commencée par les larges indemnités accordées aux propriétaires, cette animation, cette bruyante activité sont produites et entretenues par le voisinage du chemin de fer, dont le premier départ de Romans à Valence s'est effectué sans cérémonie d'inauguration, le 9 mai 1864.

L'ARSENAL DE LA VILLE

Dans un long mémoire publié en 1772 contre le Chapitre, les Consuls de Romans examinent une multitude de questions, entre autres celle de la date de l'invention de la poudre à canon. Ils font remarquer que les tours des remparts, fondées vers 1360, ont, à leur rez-de-chaussée, de larges embrasures pour recevoir de l'artillerie et que la construction de ces embrasures est aussi ancienne que les tours elles-mêmes : ce qui prouve, ajoutent-ils, que la seconde enceinte avait été construite après l'invention de la poudre et de manière à recevoir des pièces d'artillerie.

En effet, l'artillerie était en usage vers 1339. Perfectionnés, en 1354, les canons faisaient, dix ans après, généralement partie de l'armement de places.

Toutefois, la disposition des murailles de l'enceinte de Romans, leur élévation, leur peu d'épaisseur et les créneaux qui les couronnaient, tout rappelait l'ancien système de défense où l'on faisait usage des armes de trait. On en trouve la preuve dans l'inventaire suivant de l'arsenal de la ville, où l'on voit une grande proportion de ce genre d'armes, ce qui atteste que l'on comptait s'en servir longtemps encore au milieu du XVe siècle.

INVENTAIRE FAIT EN 1449 DU MATÉRIEL DE GUERRE DÉPOSÉ DANS PLUSIEURS CHAMBRES DE LA MAISON COMMUNE DE ROMANS.

(Traduction du latin).

Dix bombardelles (1), dont une de peu de valeur ;
Item. Quinze canons avec le bout en fer ;
It. Un autre canon avec le bout en bois ;
It. Deux couleuvrines (2) de cuivre ;
It. Plus, deux neuves enchassées ;
It. Onze grandes balistes (3) ;
It. Vingt autres balistes ;
It. Une baliste de peu de valeur ;
It. Six armures ;
It. Un bouclier en fer pour combattre à pied ;
It. Un armet (4) pour combattre à pied ;
It. Onze cadenas avec leurs clefs pour les chaînes de la ville ;
It. Un écu de fantassin ;
It. Un instrument en forme de tenailles pour lever les pierres et les autres matériaux pour maçonner ;
It. Un gros pal de fer dont on se servait pour planter les pieux dans la construction des tours ;
It. Seize caisses de sapin pleines de vire- tons (5) et de garots (6) ferrés et non ferrés ;

---

(1) Pièces d'artillerie avec lesquelles on lançait des pierres.
(2) Pièces d'artillerie plus longues que les canons ordinaires.
(3) Machines à lancer des traits.
(4) Sorte de casque.
(5) Gros traits d'arbalète, ainsi nommés parce qu'ils *viraient* en l'air au moyen des ailerons qui les garnissaient.
(6) Gros traits de forme carrée employés pour arbalète.

It. Sept bancs ou *plots* pour supporter les bombardes ;

It. Une certaine quantité de pierres (1) pour charger les bombardes et les canons ;

It. Trois armures de peu de valeur ;

It. Huit bancs pour les grosses balistes ;

It. Deux grands bancs de sapin ;

It. Une chaire de sapin faite pour notre seigneur le Dauphin ;

It. Quatre caisses de sapin pleines de viretons et de garots, tant ferrés que non ferrés ;

It. Deux balles pleines de garots ferrés et non ferrés ;

It. Une grande quantité de bois pour confectionner des viretons ;

It. Un sac de poudre pesant, avec la toile, trois quintaux et soixante-quinze livres ;

It. Un autre sac de poudre pesant, avec la toile, un quintal et six livres ;

It. Deux autres balles pleines de garots et de viretons, tant ferrés que non ferrés ;

It. Deux caisses de sapin pleines de garots et de viretons, tant ferrés que non ferrés ;

It. Dix-huit arcs de balistes en corne, qui sont chez maître Henri pour y adapter des porte-traits ;

It. Deux bancs à vis pour tendre les grosses balistes ;

It. Un autre banc appelé *pleyon* ;

It. Un grand coffre de sapin, dans lequel maître Henri met sa farine ;

It. Vingt-quatre échelles grandes et neuves pour le service des tours et des murailles de la ville ;

---

(1) C'étaient des projectiles que l'on employait le plus communément alors pour le service de la grosse artillerie.

It. Une vieille échelle ;

It. Quatre *bataffos* ? ;

It. Deux grilles ou herses de sapin neuves et ferrées, dont l'une appartient à la porte de l'Aumône et l'autre à celle de Clérieu.

N. B. — La ville louait en outre à des particuliers des magasins pour y déposer les pièces de charpente et autres gros matériaux pour le service des remparts et des bâtiments.

NOTICE

SUR

LA CITADELLE DE ROMANS

SUIVIE DE

LETTRES INÉDITES D'HENI III ET DE LA VALETTE

On a beaucoup écrit, mais il reste encore beaucoup à dire sur les guerres de religion en Dauphiné ; car, malgré la foule de ses écrivains, le XVIe siècle est resté l'un de ceux pour lesquels la science historique a le moins fait. Faute de n'avoir pas suffisamment exploré les archives locales, les historiens n'ont pas retracé d'une manière claire et complète les événements de cette époque si agitée et si funeste à notre pays.

La ville de Romans, alors centre populeux et riche, place de guerre importante, fut successivement occupée par différents chefs de partis, qui y dominèrent à l'aide de bandes étrangères. Ses registres municipaux ont conservé le souvenir de ces temps malheureux. Ils contiennent un grand nombre de lettres, de documents et de délibérations qui font connaître bien des faits, en rectifient ou en complètent beaucoup d'autres. Toutefois, dans ces guerres fratricides, la plupart des chefs n'étant conduits que par des mobiles peu avouables, qui naturellement ont laissé peu de traces, la vérité ne sera jamais complètement connue. Tous prétendaient agir au nom et pour le service du roi, alors même qu'ils désobéissaient à ses ordres et que, ambitieux et sans principes, ils ne combattaient que pour leurs intérêts. Il existait aussi entre eux une sorte d'entente en dehors et au-dessus de tous les partis. Ainsi, à Romans, les mêmes gouverneurs et juges royaux conservèrent leurs fonctions sous les catholiques et sous les protestants.

L'édit de juillet 1587, qui réunit le roi à la Ligue, fut non seulement une solennelle déclaration de guerre aux huguenots, mais encore une cause de division parmi les royalistes. De La Valette et d'Epernon, estimant leurs services mal récompensés, signèrent, le 14 août, avec Lesdiguières, une union offensive et défensive. De La Valette fit nommer gouverneur de Romans, où dominait l'esprit de la Ligue (1), Balthazar de Flotte, baron, puis comte (2) de La Roche, lequel était en outre chevalier de l'ordre de

---

(1) Si, malgré sa constante fidélité à la royauté, Romans entra dans le parti de la Ligue, ce fut par réaction contre les calvinistes, qui, durant leur domination dans cette ville, avaient pillé et ruiné tous ses établissements religieux et hospitaliers.

(2) Les lettres du roi et tous les documents officiels donnent à de La Roche le titre de *baron* jusqu'en 1590, époque où il prit celui de *comte*, par suite de la mort de son père, Jean de Flotte, qui avait eu pour femme Antoinette, comtesse de Montauban. — Voyez *Le comte de La Roche*, par M. J. ROMANS, (*Bull. de la Soc. d'Archéologie de la Drôme*, t. XVI, p. 390).

Saint-Michel, capitaine de cinquante hommes d'armes et bailli de Saint-Marcellin. Quelque antécédent fâcheux entachait sans doute sa réputation, car les autorités de Romans protestèrent contre sa nomination, rappelant leur fidélité envers le roi et alléguant l'inutilité d'une dépense aussi considérable que celle occasionnée par la présence d'un gouverneur dans leur ville. La Valette prit la défense de son protégé, et, dans une lettre datée de Valence, du 18 novembre 1587, il assura les consuls qu'ils auraient toute occasion de se louer du baron de La Roche, et que, s'il arrivait autrement, « il prendrait ce tort comme fait à lui-même » : engagement téméraire que son auteur n'eut garde de tenir lorsque les événements eurent justifié les appréhensions des Romanais.

Dans le commencement de son séjour à Romans, de La Roche vit son autorité limitée par les catholiques ligués. Dans la crainte d'être dépouillé de sa charge, il s'entendit d'abord avec Aymar de Poisieu, seigneur du Passage, qui commandait à Valence (1). Ensuite il s'aboucha à Serres, de nuit et secrètement, avec Lesdiguières, qui était bien aise d'avoir quelqu'un à sa dévotion en ces quartiers, où il prétendait s'étendre un jour; il s'obligea à le protéger ouvertement, et lui donna trois cents hommes commandés par Artaud. Avec ce secours, de La Roche se rendit entièrement maître de Romans : il s'empara de la garde des portes et de la maison de ville, et imposa silence au Chapitre de Saint-Barnard,

---

(1) Ils étaient proches parents, Aymar de Poisieu ayant épousé Françoise de Flotte.

dont le pouvoir avait singulièrement décliné à la suite des guerres de religion. Le baron de La Roche choisit pour son habitation la maison de Jean de Gillier, malgré les protestations du propriétaire, qui, obligé depuis plus de vingt ans de loger plusieurs personnages, avait éprouvé de grands dégâts dans ses appartements et dans ses meubles. L'assemblée municipale engagea M. de Gillier à se prêter à la volonté du gouverneur, lui promettant de le dédommager par l'exemption des tailles.

Afin de mieux se maintenir dans son commandement et de mettre sa fortune à couvert, de La Roche résolut de construire une citadelle sur le même emplacement que le dauphin Humbert II avait choisi, en 1346, pour y bâtir un château-fort. C'était, sur le coteau de *Chapelier*, l'esplanade de Saint-Romain, limitée à l'ouest par le rempart, au nord et au sud par les rives escarpées de la Savasse et de l'Isère ; position militaire avantageuse, d'où l'on domine la ville et la rivière.

Les travaux commencèrent immédiatement et furent poussés avec une grande activité ; on démolit 268 maisons. La population de Romans et des environs, mise en réquisition, devait fournir deux cents travailleurs chaque jour ; tous étaient contraints de venir à tour de rôle, ou de se faire remplacer à raison de six sols par journée. La forteresse, avec ses six bastions, était terminée en 1588. Cette construction menaçante et onéreuse pour les Romanais donna lieu à des protestations de la part des autorités. Irrité de cette opposition et se sentant assez fort pour poursuivre ses projets, de La Roche exila Antoine Guérin, juge royal, Jean Montluel, procureur du roi, et plusieurs citoyens notables. Timoléon de Maugiron, qui exerçait les fonctions de lieutenant-général pendant la maladie de son père, vint à Romans pour s'éclaircir des desseins du baron ; mais il n'en put obtenir que les protestations d'usage, qu'il serait fidèle au roi et garderait cette ville contre ses ennemis.

M. de Rochechinard, premier consul, ayant été député par la ville de Romans aux Etats généraux de Blois, profita de son séjour à la cour pour faire connaître à Henri III la conduite tyrannique et suspecte du baron de La Roche. A la suite de cette accusation grave et fondée, il rapporta en toute diligence trois dépêches datées du 31 octobre 1588. La première était en forme de lettres-patentes, la deuxième adressée aux autorités de Romans, et la troisième écrite personnellement audit baron. Toutes lui prescrivaient de quitter son commandement, de faire sortir de Romans les gens de guerre qui y tenaient garnison, et de remettre la citadelle aux mains du juge royal et des consuls, pour qu'ils la fissent démolir avec les autres fortifications qu'on avait récemment construites sans l'autorisation du roi. « Ne voulant, ajoutait Henri III, autre forteresse peur son service dans ladite ville, que la fidélité et dévotion accoutumée des habitants. »

Ces ordres furent signifiés par MM. de Lestang, chevalier de l'ordre du roi, Ferrand, conseiller au parlement, et de Chevrières, avocat général du roi et maître des requêtes du duc de Mayenne. En outre, l'assemblée de la ville désigna, le 11 novembre, trois de ses membres et son secrétaire pour aller faire des remontrances au gouverneur et le requérir de se conformer aux ordres de Sa Majesté.

La lettre particulière d'Henri III, écrite à une époque où la royauté était plus honorée que redoutée, prévoit pour ainsi dire la désobéissance de de La Roche. Au lieu d'un simple ordre donné par un souverain à son sujet, par un chef à son délégué, ce sont des phrases verbeuses, tour à tour flatteuses et menaçantes, comme celles-ci : « A quoy vous ordonne très expressément sur « l'obeyssance que vous debvés, que vous ayez à « satisfaire sans y faire faulte ny difficulté, et « m'obeyssant en cest endroict, vous me donnerés « occasion de faire pour vous, quand la commodité « s'en offrira ; comme aussi faisant le contraire, « je y pourvoieray de sorte que vous cognoistrés « combien est grande la faulte a un subject de « contrevenir au commandements de son roy. »

De la Roche ne fut intimidé ni par les ordres du roi, ni par les sommations des commissaires. Oubliant ses devoirs, ses serments et même les convenances, il se maintint dans une attitude de désobéissance ouverte, et, comme pour braver l'autorité royale et celle des magistrats, il fit entrer dans Romans huit compagnies de gens de pied, et demanda l'argent nécessaire pour leur entretien aux consuls de la ville. Par une nouvelle lettre, à la date du 12 mai 1589, La Valette (1), qui dans toute cette affaire semble jouer un rôle peu loyal, recommande en termes assez embarrassés aux habitants de Romans de jeter un voile sur le passé, de vivre en bonne union avec leur gouverneur. Il assure que le sieur baron y est de son côté tout disposé, et s'offre

---

(1) Il fut blessé, le 11 février 1592, au siège de Roquemaure et mourut à Fréjus.

lui-même à faire tout son possible pour leur soulagement et leur repos.

N'ayant aucun moyen pour résister, le conseil municipal délibéra, le 2 juin, de se soumettre, et de profiter de ces bonnes dispositions pour supplier le gouverneur de permettre le retour des personnes qui, à l'occasion de la construction de la citadelle, avaient été obligées de s'éloigner de la ville. De La Roche y consentit : le juge royal et le procureur du roi reprirent leurs fonctions, et de meilleurs rapports s'établirent entre les autorités.

Le 25 mars 1589, le gouverneur prêta une somme de 1,000 écus à la ville, qui, de son côté, lui fit présent de deux tonneaux de vin blanc et de six fauteuils. La confrérie de *Bongouvert* offrit aussi, en 1590, à Mme Marthe de Clermont (1), à l'occasion de son récent mariage avec le baron de La Roche, une magnifique écharpe de soie cramoisie, garnie de dentelles et de franges d'or. Le prêt de 1,000 écus n'avait été consenti que pour un an. Le remboursement en fut plusieurs fois réclamé ; des poursuites eurent lieu contre les consuls qui avaient garanti cet emprunt ; l'un d'eux, Jean Thomé, fut même emprisonné. Ce qui n'empêcha pas la *comtesse* de la Roche d'emprunter aux consuls, le 20 novembre 1591, 200 écus, et le comte de prêter à la ville, le 21 décembre suivant, une autre somme de 3,000 écus, au denier 12, soit à 9 pour 100.

______

(1) Marthe de Clermont d'Amboise était fille d'Anne de Savoie, cousine du Duc. — Par un mariage secret, de La Roche avait épousé, à l'âge de 19 ans, Isabeau des Astars de Loudun, dont il avait eu plusieurs enfants, entre autres Balthazar et Scipion.

Henri IV créa de La Roche, en 1592, chevalier de son ordre et comte ; enfin, par lettres patentes du 14 août 1596, il le mit à l'abri de toute revendication, parce qu'il n'avait agi que d'après ses ordres.

Les sommes dépensées pour la construction de la citadelle ne furent point payées par le roi. Elles n'étaient pas encore liquidées en 1592. Le lieutenant du gouverneur écrivit aux consuls, le 23 mars, d'avoir à payer 700 et tant d'écus qui restaient dus aux entrepreneurs. La ville demanda une diminution d'un quart des tailles, comme dédommagement des frais qu'elle avait supportés pour le fait de cette construction.

Par ses rapports avec plusieurs mécontents, le comte de La Roche avait réveillé les soupçons de la population ; il chercha à se justifier par une démarche publique. Le 6 novembre 1595, il se présenta dans la maison du juge royal ; là, devant les consuls, les capitaines et autres notables de la ville, il repoussa hautement les soupçons injurieux et les bruits qui, disait-il, au préjudice de son honneur et de sa réputation, s'étaient répandus dans le public. Il termina en assurant qu'il était bon catholique, fidèle sujet du roi, et qu'il défendrait la ville dont il était gouverneur contre tous ceux qui voudraient agir contre sa sûreté ou les intérêts du roi. Le secrétaire de la ville, Ricol, dressa un procès-verbal de cette déclaration, à laquelle les événements devaient donner un si complet démenti, et qui même ne suffit pas pour désarmer l'opinion publique.

Henri IV, par une lettre du 1ᵉʳ octobre 1597, adressée aux consuls de Romans, précise mieux les faits. Il invite ces magistrats à veiller à la conservation de leur ville, « sur laquelle le duc de Savoye avait des desseins, et de la préserver de toute surprise ». Voici, en effet, ce qui s'était passé. Charles de Simiane, seigneur d'Albigny, fils de de Gordes, mais qui ne marchait pas sur les traces de son illustre père, avait sa compagnie de cavalerie en garnison auprès de Grenoble. Il s'entendit avec Charles-Emmanuel, duc de Savoie. Il fut envoyé à Romans pour ménager les intérêts et préparer les desseins que ce prince, suivant l'avis donné par Henri IV, avait sur cette ville. D'Albigny s'y établit pendant plusieurs mois et chercha, par de grandes libéralités, à capter la faveur populaire. Il réussit à corrompre la fidélité du comte de La Roche par la promesse de lui faire obtenir le gouvernement de la province, dont la conquête, disait-il, était assurée. De La Roche, se laissant aller à de perfides conseils et à une aveugle ambition, promit de livrer la citadelle de Romans à Charles-Emmanuel, dont il était grand-écuyer (1).

Charles de Simiane, sieur d'Albigny de Bully, de Montroman et de Cabanes, partit pour se mettre à la tête de 3,000 hommes de pied et de quelques cavaliers que devait lui fournir le duc de Savoie, qui, de son côté, comptait amuser Lesdiguières à Pont-Charra. Mais il avait affaire à un homme non moins rusé que puissant. Sibeud de Saint-Ferréol, lieutenant du gouver-

---

(1) Charles-Emmanuel, duc de Savoie, lui donna en mariage, le 26 février 1607, sa sœur naturelle Mathilde, marquise de Pianezze. Sur la plainte de Henri IV, il fut arrêté et on le trouva mort dans sa prison, à Turin, le 17 février 1608.

neur de Romans, avait été mis, au dernier moment, dans la confidence du complot, et on lui avait promis 20,000 écus pour son concours. Il en avertit aussitôt le gouverneur du Dauphiné et les officiers du Parlement. Lesdiguières envoya à Romans son brave lieutenant du Poët, avec 12 à 1,500 hommes, et alla, de sa personne, se saisir de Saint-Genis pour couper le passage à d'Albigny.

L'arrivée de du Poët et de sa troupe à Romans fut le signal de la résistance. Le dimanche 19 octobre 1597, à minuit, la chambre des vacations du Parlement (1), le juge royal, les consuls, Saint-Ferréol et une foule de bons citoyens se réunirent à l'Hôtel-de-Ville. Tous prêtèrent avec enthousiasme serment de fidélité au roi, et résolurent de commencer le siège de la citadelle. On envoya chercher des troupes de toute part, on fit venir des canons de Valence et on barricada les rues. Les habitants furent requis de fournir, suivant leurs moyens, pour le besoin de l'armée, des grains, du vin, du foin, de l'avoine, etc. On se battit pendant six jours, et la citadelle, contre laquelle on avait tiré un millier de boulets, capitula le 25, avec le consentement du maréchal d'Ornano et des conseillers du Parlement, aux conditions suivantes :

La citadelle sera remise entre les mains du maréchal et des officiers de la cour ; — les habitants qui s'y trouvent pourront se retirer dans leurs maisons ; — on leur rendra ce qui a été pris ou la légitime valeur ; — les gens du comte

---

(1) Cette Chambre s'était rendue à Romans à cause d'une maladie contagieuse qui faisait alors des ravages dans Grenoble.

et du sieur d'Albigny seront mis en liberté avec restitution de ce qui leur appartient ; — il est permis au comte et à son épouse (1), ainsi qu'à leurs domestiques, d'aller et de venir dans la ville ; — permission au comte de retirer toutes les assignations de la garnison ; — paiement entier de ce qui était ordonné pour la solde de 100 hommes de pied et état de gouverneur durant les 10 premiers mois de l'année, revenant à 466 écus 2/3 par mois ; — le comte se retirera vers Sa Majesté pour obtenir le rétablissement en sa charge, à moins que le maréchal et le Parlement pensent qu'il serait plus expédient de faire démolir la citadelle ; — le tout sous le bon plaisir du roi.

Si plusieurs articles de cette capitulation sont de nature à faire naître l'étonnement, on sera encore plus surpris en apprenant que le besoin d'oublier le passé a pu porter Henri IV à dire un jour au comte de La Roche qu'il était content de ses services : services, dans tous les cas, déshonorés par la désobéissance et la trahison !

Quoi qu'il en soit, le jour même de sa reddition, la forteresse fut remise à Aymar de Virieu et à Claude des Portes, conseillers. Saint-Ferréol, avec sa compagnie de cent hommes de pied, se chargea de la garde de Romans, dont l'année suivante il fut nommé gouverneur en récompense de sa belle conduite. Les consuls reçurent du maréchal de Lesdiguières, du premier président du Parlement et des commis des Etats, des

---

(1) Durant le siège de la citadelle, cette dame avait continué à résider dans la ville, où l'on avait eu pour elle les plus grands égards.

lettres de félicitation « sur l'heureuse issue advenue en ceste ville, qui avait échappé aux desseins et conspirations des ennemis du roi ».

Le lendemain, sur la convocation faite par le maréchal d'Ornano et les officiers de la cour, les juges, consuls et notables de Romans, assistés de plusieurs seigneurs des environs, s'assemblèrent à l'Hôtel-de-Ville. Ils rédigèrent une adresse pour demander la démolition de la citadelle, « en « considération de la fidélité et obéyssance en « laquelle les susdits habitants se sont toujours « comportés pour le service de S. M., sans avoir « jamais donné subject à la construction de la « susdite citadelle, construite sans authorité ou « pouvoir légitime, laquelle n'a tourné qu'à leur « ruyne et malheur, tel qu'il n'en fut jamais veu, « ouy et entendu en ce pays..... Qu'ils ne peu- « vent rien tant désirer que ladite citadelle estre « razée et démolye, comme lesdits habitants « offrent faire à leurs despens ».

En conséquence, de conformité à l'avis de Lesdiguières et à l'ordre du Parlement, la cita- delle fut rasée. Le peuple, suivant la remarque de M. Dochier, démolit avec plus d'ardeur qu'il n'en avait mis à construire. Les matériaux ser- virent pour les réparations de l'église de Saint- Nicolas, qui avait été ruinée par les protestants, et l'emplacement fut donné par la ville pour y établir un couvent de Capucins (1). La *maison du roi*, qu'avait bâtie et occupée le gouverneur,

---

(1) Le mur de clôture de la ville, du côté de la campagne, cons- truit après la démolition de la citadelle, s'est écroulé en grande partie le 12 avril 1879 ; le reste, qui menaçait ruines, a été immé- diatement démoli et reconstruit.

était encore debout. Un arrêt du 10 décembre 1597 ordonna que cet asile d'un traître serait démoli. Elle avait 19 toises de long et 3 de haut.

Pendant la trahison du gouverneur et encore après la capitulation de la citadelle, Romans fut dans une confusion extrême. Il fallut pourvoir aux besoins des troupes de toutes armes et de 2,000 volontaires accourus des villages voisins. Voici un résumé de ces dépenses et des comptes relatifs « à l'expugnation et razement de la « citadelle » :

Pour 3,090 quintaux de foin, à 33 sols les 100 livres.	1,030 écus.	
Pour 2,980 raz d'avoine, à 40 sols le raz	1,190 »	»
Pour 600 charges de froment, à 4 écus le setier.	2,400 »	»
Pour 432 charges de vin, à 3 écus la charge	1,296 »	»
Pour deniers comptants distribués aux gens de guerre, outre le pain et le vin	4,345 »	»
Pour une couleuvrine crevée audit siège (1)	800 »	»
Pour huit quintaux de poudre et mille boulets.	2,833 »	»
Pour remboursement des assignations de la garnison	1,500 »	»
A reporter	15,394 »	»

----

(1) La ville paya en outre les réparations faites aux roues et aux affûts de plusieurs canons endommagés pendant le siège, et la perte d'un mulet employé à porter une couleuvrine.

Report	15,394	écus.	
Pour vacations aux officiers des vivres	265	5ˢ	»
Pour frais de messagers et de démolition	700	1ˢ	6ᵈ
Pour frais de fournitures desdites avances.	395	»	»
Total	16,754⁶	6ˢ	6ᵈ

Sur l'ordre exprès du roi, la Chambre des comptes du Dauphiné homologua, le 16 février 1599, l'état des avances faites par la ville de Romans, et ordonna que le remboursement de la somme de 16,754 écus 6 sols et 6 deniers serait imposé sur le général des feux de la province, et payé aux consuls de Romans par le receveur du pays. Les habitants demandèrent en outre 8,444 écus et 20 sols « pour desgrevement et « remboursement de plusieurs sommes par eux « fournies, et pour foules par eux souffertes « durant ledit siège ; maisons ruinées, pipes, «. tonneaux, bois pour les barricades, nourriture « et médicaments pour les blessés ». Le Parlement n'alloua que 200 écus, et la ville fut dans l'obligation de s'imposer une contribution de 18 livres par feu pour combler ce déficit.

Pour perpétuer le souvenir du dévouement des Romanais et rendre grâces à Dieu du danger dont ils avaient été préservés, les magistrats résolurent de faire chaque année, le dimanche après le 25 octobre, jour de la reddition de la citadelle, une procession générale à laquelle on convoquerait tous les corps religieux. En 1634,

l'arrivée tardive des Cordeliers et des Capucins
à cette procession, et leurs efforts un peu brus-
ques pour reprendre leur rang, occasionna une
scène regrettable, que M. Dochier a pris soin de
retracer avec une malicieuse complaisance.

Après la reddition de la citadelle, de La Roche
se trouva en face des officiers des finances, qui
se montrèrent de moins facile composition que
les autorités. Les receveurs généraux de l'Extraordinaire firent un procès à Jean Magnat, qui
avait fait la recette et la dépense des sommes
employées à la construction de la citadelle. Ce
receveur produisit les quittances du gouverneur,
qui fut condamné à restituer 1,503 écus, par arrêt du 10 mai 1601. La ville de Romans, de son
côté, poursuivit de La Roche au sujet des dépenses qu'il lui avait imposées à l'occasion de la
même construction. Elle obtint un arrêt favorable
à sa demande le 6 juillet 1602. Mais, comme dans
toute cette affaire l'étonnement doit en égaler
l'obscurité, le duc de Lesdiguières, lui aussi, prit
en main les intérêts du comte de La Roche, pour
qui, disait-il, il avait beaucoup d'estime et d'ami-
tié. Il fit appeler à Grenoble les consuls de Romans, et, après les avoir reçus avec une grande
bienveillance, il les invita à ne pas donner suite
à l'arrêt qui abolissait la rente de 465 écus que la
ville devait à son ancien gouverneur, et à terminer ce procès à l'amiable. Les consuls refusèrent d'acquiescer à une proposition si contraire
aux intérêts qu'ils étaient chargés de défendre.

Nous terminerons en rappelant que le comte
de La Roche végéta pendant plusieurs années et
finit, longtemps après sa première trahison, par
perdre la vie sur un échafaud. Il fut décapité en

place de Grève, le 6 août 1614 (1). Ses biens furent confisqués pour crime de lèse-majesté au premier chef, par un arrêt de janvier 1632. Toutefois, Jean-Guillaume de Flotte, son second fils, obtint de rentrer dans l'hérédité paternelle à cause des substitutions et des fidéicommis faits par ses ancêtres.

En 1601, les consuls avaient été condamnés à restituer à Balthazar de Flotte, comte de La Roche, la somme de 5,580 écus, provenant d'un contrat de rente résilié par la cour. Cette rente avait été passée en 1592, au nom de la communauté, par Jomaron, Servonnet, Gade et Rolland, marchands.

I. *Lettre de M. de La Valette aux consuls et habitants de Romans.*

Messieurs, j'ay veu voz mémoires, lesquels je recognoiz contenir deux chefs principaux : l'ung la fidelité que vous avés toujours heue a notre Roy, l'aultre la despence que vous pretandés ce nouveau establissement vous apporter. Sur quoy, je vous direy pour le premier chef que je vous serey toujours bon tesmoingt de votre singuliere fidelité et affection. Tant s'en faut que je voulisse sur ce doubte vous donner ung gouverneur, c'est pour d'aultres considérations que je ne vous ay

---

(1) Marthe d'Amboise, sa femme, allant à Paris au secours de son mari, Prunier de St-André, premier président du Parlement, mû de pitié, lui donna une lettre de recommandation.

teues et des quelles je ne vous ferey redictes par
cest cy. Quand est de la despence, c'est chose
que j'espere regler de facon que cela ne vous vien-
dra a nulle charge : partant je vous prieray,
toutes passions cessant, de vous conformer en
cella a la voulanté du Roy en recepvant le baron
de la Roche pour tel qu'il plaist a sa magesté le
vous donner ; m'asseurant que vous aurés toute
occasion de vous louer de la nomination que je
luy ay faicte de luy, et quant il en arriveroit aul-
trement, je prendrois le tort qu'il vous feroit estre
faict à moy et non a vous aultres, a qui je ne
tairey d'avoir de l'obligation pour l'assistance que
m'avés donnée en ceste charge, pour revanche de
la quelle je vous demeure pour toujours le plus
parfaict et asseuré de voz amys. Sur ce je finirey
la presente en suppliant le Créateur de vous
avoir, Messieurs, en sa saincte et digne garde.

A Valence, le xviiie jour du mois de novembre
1587.

Votre parfaict amy,
La Valette.

II. *Lettre d'Henri III aux juge, consuls et*
habitants de la ville de Romans.

Chers et bien amez. Le tesmoignage que vous
avés toujours donné de votre fidelité dont nous
sommes tres bien informés, vous garantit en notre endroict de tout soubson que ayés aulcune
participation de voulanté aux choses qui ont passé
despuis quelque temps et passent encores en votre

ville contre notre intention ; au moyen de quoy, si nous sommes contraincts venir a la rigueur, nous ne l'estendrons contre ceulx que nous scaurons ne l'avoir merité, et aurons toujours le soulagement de votre ville en toute recommandation que nous pourrons. Nous avons faict bailler a votre premier consul, present porteur, la despeche qu'il a demandée, tant pour la descharge du baron de la Roche, s'il tient parolle, que pour la demolition de toute fortification qu'il a faict faire, ne voulant autre forteresse, pour notre service dans la dicte ville, que votre fidelité et devotion accoustumée.

Donné a Blois, le dernier jour d'octobre 1588.

HENRY.

REVOL.

III. *Lettres patentes du Roy pour la descharge de Monsieur de la Roche, touchant la dicte ville.*

Henry, par la grace de Dieu, roy de France et de Pologne, daulphin de Viennois, comte de Valentinois et Dyois, a notre cher et bien amé le baron de la Roche, cappitaine de cinquante hommes d'armes de noz ordinaires, commandant a present en notre ville de Romans, salut. D'autant que, pour la fidelité que nous ont toujours rendu noz subjects de notre ville de Romans, nous entendons nous reposer sur eulx de la garde et conservation d'icelle soubs notre obeyssance et les descharger, ensemble le pays, de la despence

qu'il convient faire concernant garnizon de gentz
de guerre : A ces causes, nous vous commandons
et tres expressement enjoygnons par les presentes que vous ayés, incontinant et sans delay, a
vous retirer et sortir de la dicte ville et faire
vuider hors d'icelle et de la citadelle, qui a esté
de nouveau construite. tous et chascungs les gentz
de guerre qui y sont, remettant, en ce faisant, la
dicte ville et citadelle en les mains des juge et
consuls d'icelle ville, lesquels demeureront chargés, comme nous les chargeons par les presentes,
de les bien garder pour notre service après la
delivrance que leur en aurés faicte, et vous en
aurés descharge et deschargeons sans que, a
l'occasion de la charge et gouvernement qu'il vous
en a esté cy devant commiz, vous puisse estre
aulcune chose imputée ny demandée a l'avenir,
promettant de bonne foy et parolle de Roy vous
en tenir a toujours et faire tenir quitte et des-
chargé partout ou il appartiendra, sans souffrir
que vous soiés pour ce regard inquieté ni molesté
en quelque sorte et maniere que ce soit, car tel
est notre plaisir.

Donné à Blois, le dernier jour du mois d'octobre
de l'an mil cinq cent quatre vingt huit et de notre
regne le quinziesme.

Henry.

Par le Roy daulphin,   Revol.

IV. *Lettre du Roy au baron de la Roche.*

Monsieur de la Roche, voulant soulager nos
peuples de despences, tant qu'il est possible, j'ay

advisé de commettre la garde de ma ville de Romans aux officiers, consuls et habitants sans y tenir garnizon ; sachant qu'ils s'en sont acquitté par le passé avec tant de soing et de fidelité, que j'ay occasion de m'en reposer sur eulx ; et vous ay, à ceste fin, faict despecher mes lettres patantes portant votre descharge et commandement de faire vuyder de la dite ville et de la citadelle les gentz de guerre qui y sont, remettre et laisser icelles places libres entre les mains des juge et consuls de la dicte ville. A quoy vous ordonne tres expressement, sur l'obeyssance que vous me debvés, que vous ayés a satisfaire, sans y faire faulte ni difficulté, et m'obeyssant en cest endroict vous me donnerés occasion de faire pour vous, quand la commodité s'en offrira : comme aussi faisant le contraire, je y pourvoieray de sorte que vous cognestrés combien est grande la faulte a ung subject de contrevenir aux commandements de son Roy. Priant Dieu, Monsieur de la Roche, qu'il vous ayt en sa saincte garde.

Escript à Blois, le dernier jour d'octobre 1588.

HENRY.

REVOL.

LA CITADELLE.

Les trois textes suivants sont extraits du *Mémorial*, etc. (1572-1608) d'Eustache Piémont, notaire à Saint-Antoine, mort au commencement du XVIIe siècle. M. Savigné, imprimeur à Vienne, possède une belle copie de ce Mémorial, qui avait été faite pour la bibliothèque de l'abbaye de St-

Antoine. Il existe en outre trois autres copies conservées, l'une à la bibliothèque impériale, l'autre à celle de la ville de Grenoble et la troisième aux archives de la Préfecture de la Drôme. M. Prudhomme, imprimeur à Grenoble, a entrepris la publication de cet intéressant manuscrit en l'accompagnant de notes instructives. Mais, au grand regret des amis de l'histoire de la province, il s'est arrêté dans son travail à l'année 1485 et à la page 200.

Eustache Piémont qualifie de comte, en 1588, Balthazar de Flotte, qui alors baron de la Roche, n'obtint ce titre nobiliaire qu'à la fin de 1590, par lettres patentes d'Henri IV. Nous faisons cette remarque parce qu'on en peut induire que l'auteur du Mémorial n'a pas rédigé ses annales au jour le jour, mais plus ou moins longtemps après les événements dont il s'est fait l'historien.

[Ces documents ayant été publiés par M. J. BRUN-DURAND, dans son édition des *Mémoires d'Eust. Piémond* (pp. 224-5, 334 et 425-9), nous croyons inutile de les reproduire.]

REVUE DE LA GARNISON DE LA CITADELLE
en 1592.

ROOLE de la monstre et reveue faicte en la cytadelle de Romans, le quatorzième jour de mars 1592, des cent hommes de guerre à pied, françois, en garnison soubs la charge et conduicte du sieur de la Sallette, leur cappitaine, servant d'acquit à M. Jean du Tremblay, conseiller du roy et thrésorier général de l'extraordinaire des guerres, pour leurs gages, solde, estats et appoinctements des mois de janvier et febvrier entiers, année présente, desquels cent hommes de guerre à pied, françois, les noms et surnoms s'ensuivent :

Noble Annibal de la Sallette, capitaine.	1
César de Saint-Ferriol, lieutenant .	1
Paul de Bollavin, enseigne . . .	1
Henric Arnoulx, sergent	1
Fourrier, tambours et fifre. . . .	4
Caporaux armés de corselets . .	2
Anspessades	4
Mousquetaires.	12
Caporaux morionnés.	2
Anspessades	4
Piquiers armés de corselets . . .	15
Harquebusiers morionnés	30
Autres harquebusiers	23
Nombre d'hommes.	100

Nous, Annibal de la Sallette, cappitaine et commandant de cent hommes de guerre à pied, françois, establis en garnison pour le service du roy dans la cytadelle de Romans, Jaques de Boolot, commissaire, et Charles Cluissant, controlleur extraordinaire des guerres, soubsignés, certiffions à tous qu'il appartiendra, scavoir Nous dict Annibal de la Sallette, cappitaine, avoir ce jourdhuy presenté et mis en bataille aus dicts commissaire et controlleur les d. cent hommes de guerre, lesquels ont faict service au roy durant les mois de janvier et febvrier entiers, année présente mil cinq cent quatre vingt et douze, pendant lesquels ils ont esté en garnizon en la d. cytadelle de Romans ; et nous dict Jaques de Boolot, commissaire, avons veu et visité par

forme de monstre et reveu les d. cent hommes
de guerre à pied, françois, qui nous ont esté présentés et mis en bataille par le d. sieur de la Sa-
lette, leur cappitaine, lesquels, après les avoir
trouvés en bon et suffisant équipage de guerre,
d'iceux pris et receu le serment en tel cas requis
et accoutumé, nous avons ordonné payement
leur estre fait par le d. sieur du Tremblay, thrésorier général de l'extraordinaire de guerre, par
les mains de M. Claude du Briors, thrésorier
provincial dud. extraordinaire du Dauphiné, de
la somme de huit cents escus pour leurs gages,
solde, estats et appoinctements des d. mois de
janvier et febvrier entiers, présente année, à savoir : au dict cappitaine, LXX écus XL sols : pour
le lieutenant, XXXVII écus XX sols ; pour l'enseigne, XXIII esc. ; pour deux sergents, chascun
XII esc. — XXIIII esc. ; — pour un fourrier, deux
tambours et un fiffre, chacun XI esc. XL s. —
XXVI esc. XL s. ; — pour deux caporaux armés de
corselets, chascun V esc. XL s. — XI esc. XX s. ;
— pour quatre anspessades, chascun X écus XL s.
— XLII esc. XL s. ; — pour douze mousquetaires,
chascun X esc. — CXX esc. ; — pour deux caporaux arquebusiers morionnés, chascun X esc. XI s.
— XX esc. XXII s. ; — pour quatre anspessades,
chascun IX esc. XX s. — XXXVI esc. XX s. ; — pour
quinze piquiers armés de corselets, chascun V esc.
XX s. — L esc. ; — pour trente arquebusiers morionnés, chascun VI esc. — CXX esc. ; — pour vingt
deux autres arquebusiers, chascun V esc. XX s.
— LII esc. XX s.

Et nous Sr Charles Cluissant, controlleur extraordinaire, certiffions qu'en notre presence tous
les sus d. cent hommes de guerre à pied, fran-

çois, ont esté payés de leurs gages, solde, estats
et appoinctements des mois de janvier et febvrier
entiers, année présente, par les mains de M^re
Claude du Briors, thrésorier provincial du d.
extraordinaire en Dauphiné, l'acquit du d. sieur
du Tremblay, thrésorier général, montant et arrivant tous les sus d. appoinctements à la d.
première somme de huit cents escus, de laquelle
ils et chascun d'eux se sont tenus contents et ont
quicté et quictent les sus d. sieurs du Tremblay
et du Briors, thrésoriers général et provincial.
En tesmoing de quoy, nous avons signé le présent roole au d. lieu et cytadelle de Romans, le
14 juin 1592.

La Sallette, Boolot, Cluissant.
(Copie conforme à l'original en parchemin).

COMPTES RELATIFS A L'EXPUGNATION ET AU
RASEMENT DE LA CITADELLE. 16 FÉVRIER 1599.

Etat des sommes de deniers que le Roi a or-
données à plusieurs particuliers pour leurs rem-
boursements de pareilles sommes par eux fournies
pour son service lors du siège de la citadelle de
Romans.

Premièrement.

Au sieur Estienne Rolland, pour
3090 quintaux de foin, à 33 sols le
cent. . . . .   1030 escus.

A Pierre Gondoin, habitant de
Romans, pour 2980 raz d'avoine, à
40 s.   1190   —
____

A reporter. . . . .   2220 escus.

Report. . . . . 2220 escus.

Aux sieurs Maron, Ricol, Milliard, Jomaron, Thomé et Leblanc, pour 600 charges de froment, mesure de Romans, à 4 escus le set[r]. 2400 —

Au dit Estienne Rolland, faisant pour plusieurs marchands de Montélimar et pour le dit sieur Maron, pour 432 charges de vin, à 3 escus la charge . . • . . . . . . 1296 —

Au dit sieur Blanc, 2400 escus fournis en deniers comptants et distribués aux gens de guerre, outre le pain et le vin . . . . 2400 —

À Pierre Lolive aussi 1945 escus de lui empruntés pour employer à l'effet que dessus . . . . . . 1945 —

A M. du Passage pour le radoub du canon de fonte d'une couleuvrine crevée au dit siège . . . . . . 800 —

A lui pour huit quintaux de poudre et mille boulets. . . . . . 2833 —

A M. de St-Féréol, gouverneur du dit Romans, pour semblable à lui reconnue lors du traité de la citadelle et ordonnée, attendu que par le dit traité M. le comte de la Roche eust permission de retirer à lui toutes les assignations de la garnison. 1500 —

Aux officiers des vivres, pour leurs vacations durant le dit siège, par taxes de Messieurs des Comptes . 265[6]. 5[s].

Aux habitants de la ville de Ro-

A reporter. . . . . . 15659[6]. 5[s].

Report. . . . . . 15659⁶. 5ˢ.

mans, tant pour les deniers par eux fournis à plusieurs messagers de pied et de cheval expédiés de toutes parts, de l'ordonnance de MM. de la Cour, pour assembler les troupes, serviteurs et sujets de S. M. pour la dite entreprise, comme aussi devers S. M. pour l'advertir du fait de la dite cour durant la dite expédition, et en après pour la démolition de la dite citadelle, résultant par plusieurs articles de compte . 700⁶. 1ˢ. 6ᵈ.

A MM. des Comptes, pour les frais des comptes pour fourniture des dites avances. . . . . 395 —

Total . . . . 16754⁶. 6ˢ. 6ᵈ.

Les dits habitants de la ville de Romans, en outre, demandent par ledit compte 8444 écus et 20 sols pour desgrevement et remboursement de plusieurs sommes par eux fournies et pour foules par eux souffertes durant le dit siège, maisons ruinées, pipes, tonneaux, bois pour les barricades, nourriture et médicaments des blessés, pour laquelle somme ne leur a été ordonné que deux cents escus, le surplus rayés pour la conséquence des fonds à prendre : lesquels 200 escus sur pareille somme restante des deniers empruntées de Pierre Clerc, ci-devant nommés et comptés.

MÉMOIRE DE CE QUI APPARTIENT AUX SIEURS BLANC, MILLIARD, MERLIN, SUR LA FOURNITURE DU SIÈGE DE LA CITADELLE DE ROMANS.

Pour 71 setiers froment que le dit sieur Blanc a empruntés au sieur Marron en son propre et privé nom, à 4 escus le setier . . . . . . 284 escus.

Pour 87 charges, un barral vin, à 3 escus la charge, 262 escus 30 sols : desquels le sieur Pierre L'Hoste, consul de Romans, a payé 10 escus, reste . . . . 162é. 30s.

Plus 72 setiers blé emprunté des sieurs Ricol, Milliard, capitaine Marron, au dit prix de 4 escus . . 288 escus

Il a été taxé au dit sieur Blanc pour son état de commissaire des vivres . . . . 33é. 20s.

Au dit sieur Milliard pour son état de commissaire . . . . 16é. 10s.

Au dit Merlin, garde des vivres. 16é. 10s.

Au dit sieur Blanc pour les sommes extraordinaires et aides employés, sans y comprendre ceux de la ville. . . . . 75 escus.

Comme aussi pour les frais extraordinaires sur le cahier taxé et modéré à . . . . 81é. 45s.

Comme aussi les déchets appartiennent aux dits officiers des vivres pour 93 quintaux de foin . . . . 31 escus.

28 raz d'avoine . . . . . . 11⁶. 12ˢ.
2000 pains et 5 setiers, réduits à
23 setiers . . . . 133⁶. 12ˢ.
En outre, il est dû au dit sieur
Merlin pour vin et argent fournis
du sien, comme se vérifie par l'état
de ce qu'il a reçu et fourni . . . 100⁶.47ˢ.6ᵈ.

Ensemble les frais des deux voyages qu'il a
faits et au dit sieur Milliard un autre à Grenoble,
qui leur seront taxés, n'étant au fait que dessus
comprises les taxations de Guillot, Blavier, Bourgeois, Duclerc et autres habitants de Romans.

Je soussigné, secrétaire du Roi en la Chambre des Comptes du Daulphiné, certifie à tous
qu'il appartiendra que M. Mᵉ Charles Veilheu,
conseiller du Roi, maître auditeur en la dite
Chambre, a remis rière la dite Chambre le
compte rendu par les consuls de la ville de Romans de la dépense par eux faite au rasement et
démolition de la citadelle du dit Romans, ce sei-
zième jour de février 1599.

Signé : JANON.

Les gens des comptes de Dauphiné, conseillers
du roi notre sire, à tous ceux qui ces presentes
verront, savoir faisons que, sur la requête pre-
sentée par les consuls de la ville de Romans ten-
dant à ce qu'il plaise à la Chambre vouloir
imposer sur le général des feux de la province
la somme de 16,754 écus à leur profit, à la quelle

a été taxé les frais et dépens par eux soutenus
pour l'expugnation et razement de la citadelle
du dit Romans, par la clôture faite par la dite
Chambre du compte et parcelle des dits dépens
le 14ᵉ d'aoust dernier, vû la clôture du compte de
la dépense susmentionnée et taxée par la dite
Chambre suivant les lettres patentes de Sa Majesté, dûment vérifiées du 14ᵉ d'aoust 1598, revenant à la somme de 16,754 écus, 6 sols, 6 deniers :
par laquelle clôture la dite Chambre ordonna
que la dite somme serait comprise et imposée
avec les premiers deniers qui s'imposeraient pour
les affaires du pays ; la requête présentée à la
dite Chambre par les dits consuls de la ville de
Romans, signée : Des Oches, consul de Romans ;
appointée le 10ᵐᵉ jour de février 1599, les conclusions du procureur général du roi du 11ᵐᵉ février du dit an, par lesquelles il n'empêche que le
tout soit montré au procureur des Trois Etats ;
autre décret de la Chambre sur icelle du dit jour,
par lequel est ordonné que le tout sera montré
au dit procureur des Trois Etats, et finalement
les conclusions prises par le dit procureur du
14ᵐᵉ février au dit an, signé : Servient, procureur des Etats. La Chambre, en entérinant la
dite requête et attendu l'expresse volonté du roi,
contenue aux dites patentes, a ordonné et ordonne que la dite somme de 16,754 écus, 6 sols,
6 deniers, sera imposée sur le général des feux
de la province et incorporée à l'imposition qui se
fait présentement pour les affaires du pays ; laquelle somme sera payée aux dits consuls de
Romans par le receveur du pays, et en acquit
d'icelui aux termes et conditions portées par déclaration de la dite Chambre. En foi de ce nous

avons fait mettre le sceau royal-dalphinal aux présentes données à Grenoble, au bureau, le 16ᵐᵉ jour de février 1599.

Par Messeigneurs,
POURROY.

LE JACQUEMART DE ROMANS
(NOTES HISTORIQUES)

La première horloge publique, avec un poids pour moteur, une pièce oscillante pour régulateur et un engrenage, fut placée en 1370, sous Charles V, sur la tour du Palais-de-Justice à Paris. Peu d'années après, les principales villes du Nord, se piquant d'émulation entre elles, décorèrent leurs Hôtels-de-Ville d'horloges monumentales, accompagnées d'automates et de carillons. Romans voulut aussi, à l'imitation des villes libres de Flandre, avoir son beffroi en rivalité avec le clocher du Chapitre.

Déjà cependant, le 13 janvier 1412, les consuls et les notables de Montélimar avaient décidé qu'on doterait leur ville d'une horloge publique. Ils chargèrent Jacques Marcha, maître horloger de Romans, du soin de cette construction, pour le prix fait de 100 florins. Ce fut encore un Romanais, Jean de Lauregua, qui fut chargé, moyennant 13 florins et 18 gros, de peindre magnifiquement le cadran de cette horloge. Le 11 juillet 1557, les Montiliens s'adressèrent à des ouvriers de Valence pour refaire le *reloge* de leur ville « à la forme d'icelluy de Romans ». Enfin, par la même occasion, ils voulurent embellir cette horloge d'un Jacquemart (1), « à l'instar de celle de Romans (2). »

Ainsi donc, dès 1412, Romans possédait des artistes habiles en plusieurs genres, et, plus tard, l'horloge et le Jacquemart de cette ville servaient de modèle et de type pour les cités voisines, de même que de nos jours ils excitent, sinon l'admiration, du moins la curiosité des étrangers.

Quoi qu'il en soit, les consuls de Romans voulant ériger dans leur ville un monument d'utilité publique *(horologium pro communi servicio totius oppidi de Romanis)*, résolurent de faire la chose grandement, « sans regarder à la dépense ». Dans ce but, ils s'adressèrent à un artiste célèbre de Fribourg, Pierre Cudrifin (3), qui ajoutait à son nom les titres suivants : *clericus, burgensis Friburgi, magister bombardarum et horologium*. Il vint à Romans, s'entendit avec les autorités, et de retour dans son pays, il écrivit aux bourgeois de cette ville, à la date du samedi après la Toussaint (4 novembre 1425), pour

---

(1) Jacquemart est évidemment un diminutif de *Jacques-Marteau*, Au moyen-âge on donnait le nom dérisoire de *Jacques Bonhomme*, aujourd'hui synonyme de niais et fort, au paysan, parce qu'il accomplissait avec résignation toute espèce de corvées, y compris celle de sonner les cloches, corvée dont notre Jacquemart s'acquitte toujours depuis 450 ans, avec une exactitude et surtout avec une vigueur remarquables pour un homme de cet âge ; et d'après un ancien dicton :

> Jacquemart est bien vieux ; il survivra peut-être
> A tous les monuments et gens qu'il a vu naître.

(2) De Coston, *Histoire de Montélimar*, dans le *Journal de Montélimar* du 1er septembre 1877.

(3) Il y a une localité du nom de Cudrifin dans le canton de Neuchâtel. Jacques Cullifrin, de Fribourg, vint en 1414 à Grenoble pour réparer l'horloge de la ville, au prix fait de trente florins.

leur demander les 50 écus d'or (1) qu'ils devaient lui envoyer à Genève à la foire de Saint-Simon et de Saint-Jude (28 octobre), en ayant grand besoin, et ajoutant qu'il travaille à force à l'horloge : « Sachez certainement que je laboure grandement à votre besogne » (2).

Cette horloge fut placée dans une tour carrée, aujourd'hui isolée au milieu d'une place (3). On l'appela le Jacquemart, du nom de l'automate armé d'un marteau pour frapper sur une cloche. Le 10 novembre 1453, le Dauphin (depuis Louis XI) accorda la faculté de faire une entrée par des degrés en dehors de la basse-cour de l'horloge, en construisant un mur pour empêcher l'évasion des prisonniers. En outre des cadrans pour marquer les heures, la tour portait sur ses quatres faces les armes de France, de Dauphiné, du Chapitre et de la ville.

L'œuvre étant faite et parfaite, il ne s'agissait plus que de satisfaire l'ouvrier. Le compte s'élevait à la somme importante de 500 florins d'or (4), c'est-à-dire à cinq fois autant que celle que la ville de Montélimar avait dépensée pour le même objet.

---

(1) Environ 600 francs de notre monnaie.

(2) Cette préférence des Romanais pour les instruments de précision fabriqués en Suisse (horloges, montres, pompes à incendie, etc.) s'est conservée jusqu'à nos jours.

(3) Cette construction terminait anciennement, à l'ouest, la forteresse de *Mont-Ségur*. Celle-ci avait été élevée après la grande révolte des Romanais, en 1280, pour servir de refuge au Chapitre. Elle devint ensuite la prison publique. C'était une masse informe, ayant 55 mètres de longueur sur 15 de largeur, qui n'a été démolie qu'en 1835. Sur son emplacement on a établi un marché aux chevaux.

(4) D'après le règlement de 1421, le florin fut établi à 14 gros, ce qui donne aux 500 florins la valeur intrinsèque de 3,657 francs, et en valeur relative environ 18,000 francs.

Le 29 juillet 1426, les chanoines de Saint-Barnard permirent aux habitants de Romans un octroi pour faire face aux dépenses nécessitées par l'établissement de l'horloge publique *(horologium pro communi servicio totius oppidi de Romanis)*, mais refusèrent d'y participer. D'où des discussions qui retardèrent le paiement de cette dette et qui donnèrent lieu à plusieurs arrêts de justice. D'abord, une ordonnance, à la date du 16 décembre 1427, de Jean de Schalone, sacristain de Die, official de Vienne à Saint-Donat, chanoine résidant à Romans, pour contraindre plusieurs habitants qui n'avaient pas payé la taille pour l'entretien de l'horloge ; puis une assignation aux consuls à Grenoble par Pierre Cudrifin, qui réclamait le paiement de son travail. Enfin, un arrêt du 27 janvier 1429 du gouverneur du Dauphiné, Raoul de Gaucourt, rendu en conseil à Grenoble, qui condamnait la communauté de Romans à payer, sous toutes les imputations légitimes, la somme de 500 florins d'or due à Pierre Cudrifin, bourgeois de Fribourg, pour prix d'une horloge faite pour la ville de Romans. Ce dernier étant mort peu après, ce ne fut que le 16 juillet 1431 que Jean Cudrifin, son frère et son héritier, reçut des consuls de Romans la dite somme de 500 florins ou de 300 écus d'or. La quittance fut passée dans la boutique de draperie d'Antoine de Manissy, l'un des consuls (1).

---

(1) [Depuis la rédaction de cet article, M. Paul MEYER a publié dans sa revue *Romania*, une notice intitulée : *Maître Pierre Cudrifin, horloger, et la ville de Romans (1422-1431)*, d'après les archives de la préfecture de Valence, qui complètent celles de la ville de Romans (1892, t. XXI, p. 39-49).]

La tour a toujours contenu trois cloches : une grande et deux petites. La première a été refondue. Les consuls firent, le 10 janvier 1544, avec Nicolas Dubois, « campagnyer » du lieu de Neuchâtel en Suisse, un traité pour la refonte de la cloche de la grande horloge de Jacquemart, de même grandeur qu'elle était de présent, moyennant 50 écus d'or au soleil, outre le métal nécessaire, qui fut livré par Robin, au prix de 18 livres le quintal. La cloche fut fondue dans un local de l'Aumône de Sainte-Foy, qui était très rapprochée du clocher. Elle a 1 mètre 30 de haut et 1 mètre 55 de large, et pèse 46 quintaux. Elle donne le *si* naturel de la clef de *fa*. Elle porte l'inscription suivante : *Maistre Nicolas du Bois me fit l'an mil V^cXXXXV. — Jesus Maria. Custodi nos Domine sicut pupillam oculi.* — Il y a, en outre, trois petits médaillons : la Vierge tenant l'enfant Jésus dans ses bras, S. Michel perçant le dragon, et un personnage vu à mi-corps, les mains liées.

Les inscriptions des petites cloches sont ainsi :

Petite cloche (sud-ouest) :

Christus rex venit in pace. Deus homo factus est. Christus nos salvet. Amen.

Petite cloche (sud) :

Christus vincit. Christis regnat. Christus imperat. Christus nos custodiat. Amen.

Ces deux petites cloches, de dimensions à peu près égales (60 cent. de haut sur 67 de diamètre) datent du XIIIe siècle, et peut-être du XIIe ; et sont, par conséquent, antérieures à la construc-

tion de l'horloge. Elles donnent : l'une, le *mi*
naturel, et l'autre, le *fa* dièze de la clef de sol (1).

En 1757, Quinson, artiste peintre, fit trois cadrans et une montre solaire à la tour de l'horloge.

Les trois cloches de Jacquemart ont toujours
fait entendre leurs joyeux carillons pendant le
passage des processions, dans toutes les fêtes
publiques et à l'occasion de l'arrivée des grands
personnages. Avant la Révolution, elles servaient
à annoncer la réunion du Conseil municipal, celle
des Pénitents, etc.

La flèche, élevée de 34 mètres, a été souvent
réparée, savoir : après les guerres de religion,
les soldats s'étant amusés à percer la toiture à
coups d'arquebuse ; en 1775, on dépensa 3,103
livres ; en 1812, 10,800 fr. ; en 1840, une plus
forte somme ; enfin, en 1877, 4,581 fr. pour la
réfection complète de la charpente et de la cou-
verture de la flèche (2).

Le 14 décembre 1792, sur la réquisition du
procureur de la commune, la ville fit enlever la
fleur de lis qui ornait la cime du clocher, par un
grenadier de la garnison, à qui on donna 150 livres pour cette opération dangereuse : un bonnet
de la liberté la remplaça. Sous le premier empire, on plaça au même endroit un aigle ; sous
la Restauration, une fleur de lis ; sous Louis-
Philippe, une boule ; aujourd'hui, il y a une simple pointe de paratonnerre, accompagnée d'une
girouette découpée en forme de lyre.

---

(1) A. LACROIX, *Bulletin de la Société d'Archéologie de la Drôme,*
t. IX, p. 450.

(2) A. NUGUES, *ibidem,* t. IX, p. 353.

L'état de vétusté et d'usure de l'ancienne machine de Pierre Cudrifin nécessite l'établissement d'une nouvelle horloge qui soit digne, par sa perfection, de régler les travaux et les plaisirs des habitants, et d'orner le monument le plus remarquable de la cité. Le Jacquemart, en effet, est si éminemment populaire qu'il a donné son nom à divers établissements, à une place, à une rue, à un faubourg. Plusieurs journaux satiriques se sont parés de son nom et de son effigie, et lui ont fait parler un langage plus réaliste que poétique ; car, ainsi que le latin, « le *patois* dans les mots brave l'honnêteté. »

Toutefois, notre Jacquemart a toujours eu une tenue correcte vis-à-vis des gouvernements existants, et toujours son habit de fer-blanc a été à peu près conforme aux idées du jour. Il était en garde national en 1789 ; en lancier polonais sous l'Empire, en troubadour sous la Restauration ; enfin, depuis 1830, en volontaire de 92, comme emblème légendaire du dévouement à la patrie. En somme, du haut de son clocher, il domine et protège la ville ; c'est une sorte de palladium, de génie tutélaire, de divinité indigète et topique (archéologiquement parlant), qui mériterait de figurer dans les armes de Romans, de préférence à cette tour banale que l'on voit également sur l'écusson de la plupart des villes de province.

Par délibération du 14 juin 1882, le Conseil municipal décida de traiter avec MM. Badier et Paulin, horlogers à Grenoble, pour la confection d'un mécanisme entièrement neuf, avec un cadran transparent, moyennant le prix fait de 7,010 francs, et de réparer complètement la tour, dépense estimée 5,600 fr.

LES CLOCHES DE SAINT-BARNARD.

Le dernier numéro du *Journal de Romans* (1) contient un article intitulé *les Cloches*, dû à la plume élégante et facile de M. Jean d'Aragon. Dans cette spirituelle causerie on trouve, à côté d'images agréables et d'instructives remarques, des principes évidents et des axiomes incontestables. Aussi, à tant d'éclatantes vérités, si j'ose opposer le fait suivant, ce ne peut être, bien entendu, qu'à titre d'une exception confirmant la règle.

Parmi les huit cloches (Sauveterre, Retourt, Seraut, Porte-Joie, Bonnatte, Bardine, Media et Tertia), mentionnées dans le statut du Chapitre de Saint-Barnard, de l'année 1472, le Porte-Joie (ainsi nommé parce qu'il ne sonnait que les jours de fête), fut cassé, en 1565, pendant les troubles de religion et comme on tenait, paraît-il, à conserver ce nom de bon augure, on appela aussi Porte-Joie une cloche que l'on fit faire en 1577. Enfin cette dernière se trouvant hors d'usage en 1776, on la refondit et on lui conserva le même nom, comme nous l'apprend l'inscription en six lignes qui l'entoure, et dont voici, pour celles de nos lectrices qui ne seraient pas familières avec le latin (2), la traduction littéraire :

« Cette cloche, hors d'usage, à cause d'un
« service de 199 ans, sans changer de corps ni
« de forme, a été rendue à sa première jeunesse
« par Nicolas Châtelain et Jean-Baptiste Duport,

---

(1) Du 17 avril 1870. — Le présent article de M. le Dr Chevalier parut dans celui du 24.

(2) Voir le texte plus loin, page 132.

« sous la direction et aux frais du Chapitre de
« Saint-Barnard, au mois d’octobre de l’an 1776.
« Mon très ancien nom de *Porte-Joie* m’a été
« conservé, et le nom nouveau de *Françoise-
« Amante* m’a été ajouté par messire François
« Bouvier-Desmaret, sacristain, chanoine théo-
« logal et prieur commendataire de Saint-Pierre-
« de Nantua, de l’ordre de Cluni, et dame Fran-
« çoise-Amante de Jarente, épouse de noble
« homme François de Jomaron de Montchorel,
« chevalier émérite de l’ordre militaire de Saint-
« Louis. »

Eh bien ! cette cloche « pesant quelques mille
kilos, » s’est « escamotée aussi facilement qu’une
muscade, » quoiqu’elle « porte sur sa robe de
« bronze les noms du parrain et de la marraine, »
ce qui « permet d’établir son identité. » Elle a
« changé impunément de clocher, » et s’est laissé
« benoîtement emporter » du clocher de Saint-
Barnard de Romans dans celui de Saint-Apol-
linaire de Valence, où elle est encore ; et, « après
avoir si souvent donné l’alarme pour les autres, »
elle est « restée muette pour elle-même. » Enfin,
« ce vol sur une grande échelle » n’a pas laissé
la moindre trace dans les registres de l’administration ni dans le souvenir de la population. On
ignore entièrement quand et comment il a été
commis, ce qui m’oblige de finir par un proverbe,
imitant au moins en cela M. Jean d’Aragon, dans
mon impuissance à pouvoir l’imiter en tout :

Le vrai peut quelquefois n’être pas vraisemblable.

Nous ne quitterons pas le chapitre des cloches,
sur lequel nous n’aurons guère l’occasion de revenir, sans donner ici, *ne varietur*, le signale-

ment de la seule cloche qui nous reste des cinq qui composaient l'ancienne sonnerie. On ne sait pas ce qui peut arriver, et « l'escamotage » de l'infortunée *Porte-Joie* doit nous rendre à bon droit défiants.

Conservé non sans peine, en 1793, à titre d'utilité publique, pour sonner le tocsin en cas d'incendie et pour convoquer les assemblées municipales et populaires, le *Gros-Barnard*, si remarquable par sa belle sonorité, pèse 72 quintaux et porte l'inscription suivante en vers français ou à peu près :

Pour les morts et les vivants mon son perce les airs ;
J'écarte de ce lieu la gresle et la tempeste ;
L'on connoit, à m'ouir, si, par mes tons divers,
Je sonne pour un deuil ou pour un jour de feste.
Du vieux et gros Barnard, ces deux antiques cloches,
Par mon poids, ma grosseur et par mon son j'ap-
                        [proche.
Comme à mes deux aînés on m'a donné le nom
Du glorieux Barnard, mon illustre patron.
Heureux si je puis, par le bruit de mon son,
De vos œuvres à mes airs faire un divin meslange,
Pour du grand saint Barnard publier la louange
Et mériter par là de porter ce beau nom.

            CHAMBON, *fondeur du Puy*, 1692.

A cette cloche qui, pendant plus d'un demi-siècle, composa à elle seule toute la sonnerie de la paroisse, la générosité des fidèles en a successivement ajouté deux autres d'un volume respectable : l'une, posée en 1849, s'appelle la *Romanaise* ; l'autre, nommée *Marie*, a été fondue en 1865. En sorte que l'on entend maintenant, les jours de solennité, le *trigualetum* ou triple carillon qu'aimaient tant nos ancêtres.

INSCRIPTIONS ET POIDS DES ANCIENNES CLOCHES
DE L'ÉGLISE DE SAINT-BARNARD.

Dans le procès-verbal dressé le 23 août 1779, à l'occasion de la bénédiction des trois dernières cloches de l'église de Saint-Barnard, il est consigné qu'elles sont la refonte, aux frais du Chapitre, de trois autres cloches dont l'une était cassée et les deux autres trop petites. Il est aussi rappelé que la même opération avait eu lieu, en octobre 1776, avec les cloches appelées Porte-Joie et Marie.

De plus, le Chapitre arrêta que les inscriptions, tant anciennes que nouvelles, des six cloches qui composaient la sonnerie de l'église, seraient enregistrées à la suite de la présente délibération, pour être ainsi transmises à la postérité.

PREMIÈRE CLOCHE.

Pour les morts et vivants mon son perce les airs, etc. (C'est le *Gros-Barnard*; voir ci-dessus, p. 129.)

DEUXIÈME.

Joie j'apporte par mon nom Porte-Joie,
Qu'est nom affable à l'œil de l'univers :
Le feu, tempeste, tonnerre loin envoie,
L'air pluvieux je fends avec les rais.
1577.

TROISIÈME.

O tu qui summos habitas Sanctissime cœlos,
   Sis nostrum robur, gloria, laus et honor,
Ut sonitu nostro populus tua sancta frequentet,
   In populumque ferum sancta synaxis eat.
     Sit nomen Domini benedictum.

Le xx novembre, je fus faite pour l'église Saint-
Barnard. 1618.   MARIE.

QUATRIÈME.

Centum sexaginta annorum diurno labore fracta, renascor anno 1750. Pellendi tempestates vis antiqua antiquum mihi retinuit nomen Sauve-Terre.

On m'a nommée Paule-Catherine; j'ai pour parrain Mre Paul-César Chabrières de la Roche, seigneur de Peyrins-Mours, président en la Chambre des Comptes; pour marraine dame Catherine de Fay de Veaunes, douairière de Mre Justin Duvivier, chevalier de l'ordre militaire de Saint-Louis, lieutenant-colonel de dragons.

Fait par Vastois, mᵉ fondeur à Grenoble. 1750.

CINQUIÈME.

Laudate Dominum in cymbalis bene sonantibus.
     Anno Domini 1622.

Ego nomine Retour huc ad laudem Dei erectus et decem post lustra quassatus, fusitus iterum, hic purior existo deliberatione et sumptibus Capituli.
     Anno Domini 1672.

SIXIÈME.

Jesus, Maria, Joseph. Marie-Françoise. 1737. Babaudi fecit.

Poids :

La première pèse .	7,200	livres
La deuxième — .	2,216	—
La troisième — .	1,700	—
La quatrième — .	1,110	—
La cinquième — .	408	—
La sixième — .	207	—

INSCRIPTIONS ET POIDS DES NOUVELLES CLOCHES.

DEUXIÈME.

(*1ʳᵉ ligne*) Senio confectam 199 annorum labore confractam, nec corpore, nec forma mutatis pristinæ juventuti reddiderunt — (*2ᵉ*) Nicholaus Chatelain, Joannes Baptista Duport, cura et impensis DD. de Capitulo S. Barnardi, mense octob. an. 1776. — (*3ᵉ*) Antiquissimum nomen PORTE-JOIE mihi retinuerunt, novumque FRAN-ÇOISE-AMANTE addiderunt dominus Franciscus Bouvier — (*4ᵉ*) Desmarest, sacrista canonicus theologalis, necnon prior commendatarius S. Petri de Nantuaco, ordinis Cluniacensis ; — (*5ᵉ*) DNA Francisca Amantia de Jarente, nobili viro Francisco Jomaron de Montchorel, militaris ordinis a Sᵒ Ludivico — (*6ᵉ*) Equiti emerito, desponsa.

TROISIÈME.

Laudo Deum verum, plebem voco, congrego clerum, defunctos ploro, pestem fugo, festa decoro.

Nata, anno 1618. N. Chatelain et J. B. Dupont, novam mihi dedere vitam, mense octobris anno 1776.

Antiquum nomen Marie mihi servaverunt D. Franciscus Bouvier Desmarest, sacrista canonicus theologalis nec non prior commendatarius Sancti Petri de Nantuaco, ordinis Cluniacensis, et Dna Francisca Amantia de Jarente, nobili viro Francisco Jomaron de Montchorel, militaris ordinis a Sancto Ludovico equiti emerito, desponsata.

QUATRIÈME.

Pellendæ tempestatis vis antiqua antiquum mihi retinuit nomen Sauveterre. 160 annorum diurno labore fracta, revixi anno 1750. Denique rupta renascor, anno 1779, sumptibus DD. de Capitulo Sancti Barnardi, pioque favore eorumdem dominorum, nec non reverendissimæ dominæ Gabrielæ Gastonæ de Beaumont, regiæ abbatiæ Sancti Justi de Romanis, ordinis Cisterciensis, abbatissæ.

CINQUIÈME.

Ecce novis pulso vestras concentibus aures,
  Ad fanum cives convoco læta pios.
Defunctos celebro tristis; si grando minatur,
  Festine sonitus fertur ad astra meus.

Ego nomine Retour, 157 annum agens, de novo conflata sum, sumptibus DD. de Capitulo Sancti Barnardi. Anno 1779.

SIXIÈME.

Ab anno 1737. Vocis amœnitate cara, sed corporis tenuitate nimis abjecta, nunc amplior existo, sumptibus DD. de Capitulo, anno 1779. Nomen matrinæ Gabrielæ Gastonæ lætanter suscipio. Utinam ad longos annos tanto possim nomine beari ! Utinam possit et matrina.

Poids :

La deuxième pèse .	2,290	livres
La troisième — .	1,615	—
La quatrième — .	1,300	—
La cinquième — .	936	—
La sixième — .	745	—

TOMBEAUX

QUI SONT DANS L'ÉGLISE DE SAINT-BARNARD
AVEC LE NOM DE CEUX A QUI ILS APPARTIENNENT

Le présent mémoire a été fait par Mre Beguin, maître de chœur, sur les titres qu'il a trouvés, au mois de juin 1772. Il est à noter que le dit Beguin fut nommé chanoine en l'année 1723, entra en résidence en 1728 et fut fait maître de chœur en 1752.

DANS LA GRANDE ÉGLISE

Le tombeau qui est à gauche, en entrant par la grande porte, appartient aux Lamarche. Le sieur

Gervason tient la maison sur laquelle est hypothéquée la fondation.

Les trois suivants en allant à la porte Saint-Jean appartiennent au Chapitre.

Celui de la chapelle Saint-Jean à M. Albanel, représenté par M. Dechatelier, qui demeure à Valence, et par acte reçu Me Blachette, le 28 décembre 1682, le Chapitre permit au dit sieur Albanel de faire ériger la dite chapelle sous le vocable de Saint-Jean-Baptiste, laquelle était sous celui de Saint-Crépin, et un tombeau pour y être inhumé et ses successeurs, moyennant 400 livres qu'il a données pour la bâtisse, et a fondé la dite chapelle d'une messe quotidienne; pour la rétribution de laquelle fondation il a légué la somme de 120 livres à prendre sur tous ses biens, et s'est réservé la nomination d'un chapelain.

Celui de la chapelle de Saint-François de Salles à M. Desalles, chanoine de Saint-Barnard, représenté par une descendante de la famille, qui demeure à . . . et qui est mariée à . . . ., tisseur de toile, et par acte reçu Me Blachette, le 5 octobre 1675, le Chapitre permit au dit sieur de Salles de fonder à la dite chapelle une messe basse journalière, pour laquelle il a légué la pension de 132 livres, à prendre sur son domaine situé à Saint-Romain-d'Albon, et le Chapitre lui a permis de faire construire un tombeau à la dite chapelle pour sa sépulture et celle de ses successeurs, etc. Les clauses contenues dans la dite fondation, tant celles qui concernent le Chapitre que le fondateur, étant trop longues à détailler.

L'on pense que le tombeau appartient au dit Chapitre, n'y ayant d'autres représentants que la femme du tisseur de toile.

Celui de la chapelle du Saint-Esprit, de même que la dite chapelle, appartiennent à M. Melchior de Gillier, seigneur de Lany, conseiller du roi et maître ordinaire de l'hôtel de S. M., lequel a fondé une messe journalière pour le repos de son âme et de celle de dame Marie Joly, son épouse. Il est dit par cette fondation que si sa famille venait à manquer, qu'il subroge et substitue au droit de présentation et nomination à la dite chapelle le Chapitre de Saint-Barnard.

M. le chanoine Enfantin a fait réduire la fondation à trois messes par semaine, ainsi qu'il résulte de l'ordonnance de M. l'Archevêque du 8 avril 1757.

Celui de Saint-Louis appartient à M. Thévenin, représenté par Mme Bijeard, sa fille, qui demeure à Valence, et par acte reçu Mᵉ Blachette, le 14 août 1677, le Chapitre permit au dit sieur Thévenin de faire construire la chapelle et le tombeau pour y être inhumé, de même que ses successeurs et ceux de sa famille, et se chargea de faire parer l'autel d'ornements honnêtes et accoutumés, de faire fermer la dite chapelle d'une ballustrade de fer et d'entretenir à perpétuité le tablement qui est dessus la voûte, égal à celui de la grande nef.

Celui de la chapelle de l'Annonciation appartient à M. de Loulle, représenté par son petit fils, prévôt du Chapitre de Crest et grand-vicaire de M. l'Evêque de Die. Le dit tombeau a été échangé contre celui qui est aux Cloîtres, vis-à-vis celui de la chapelle de Saint-Laurent, moyennant 300 livres, qu'il paya au maçon qui avait construit la chapelle et le tombeau, ainsi qu'il résulte de l'acte reçu Mᵉ Blachette, le 24 janvier 1692.

Celui qui est à la chapelle de Notre-Dame du Rosaire appartient au Chapitre, n'y ayant plus des descendants de la famille des Costain. Le 4 juin 1620, le Chapitre permit à Mme de Costain de faire changer l'autel, le remettre au milieu, faire démolir celui de la confrérie de Saint-Eloy, disant la dite dame que le Chapitre avait concédé la dite chapelle aux prédécesseurs de sieur Coste, son mari. L'endroit où est bâtie la dite chapelle était anciennement celle de Notre-Dame du Clocher.

AU SAINT-SACREMENT

Celui du chœur de la chapelle du Saint-Sacrement appartient au Chapitre, quoique MM. les co-curés veuillent se l'attribuer par une cession, disent-ils, qu'ils ont eue de M. Bodet de Beauregard. Le Chapitre ayant consulté M. Perrard, avocat au Parlement de Grenoble, il a été décidé que le dit tombeau ne pouvait être transféré à personne, et qu'il appartenait de droit au Chapitre.

Celui qui est au-dessous de la tribune du St-Sacrement, du côté du Merlet, appartient aux Boissaret, qui ont fait héritier l'hôpital général de Romans, auxquels par acte reçu Me Blachette, le 2 octobre 1686, le Chapitre a permis de faire construire un tombeau pour eux et les leurs.

Celui qui est au-dessus de celui des Boissaret, entre la chapelle Saint-Maurice et le mur du Merlet, appartient au Chapitre et est celui dans lequel l'on enterre les collégiés de l'église, à moins qu'ils n'élisent leur sépulture ailleurs ; on y a de même enterré un esclaffard de l'église, et le Chapitre décida verbalement que ceux du bas-chœur étant *de gremio*, auraient droit de sépulture dans le susdit tombeau.

Celui de Sainte-Anne appartient aux Dornans, représenté par madame Jomaron. On ne connait aucun titre qui lui en donne la propriété.

Celui qui est à côté du gros pilier du Saint-Sacrement, en allant à la sacristie et près de la grille, appartient au Chapitre.

Celui qui est vis-à-vis le placard dans lequel la Confrérie du Saint-Sacrement tient ses cierges, appartient au Chapitre.

Celui qui est au-dessous du tronc de la chapelle du Saint-Sacrement appartient au Chapitre.

Celui qui est près de la porte du Saint-Sacrement, en allant aux Cloîtres, appartient aux Flandy, représenté par Mlle Demarcoux, héritière de M. Ruel, procureur du roi en l'élection, qui, par son testament, élit sépulture dans le tombeau de ses prédécesseurs parents, appelés Flandy, dont il a droit, dit-il.

Celui qui suit, en allant de même aux Cloîtres, est le tombeau des Guignard, représenté par M. Suel-Lambert, la mère duquel était héritière du dit Guignard, que j'ai vu enterrer dans le dit tombeau, et toujours ouï dire qu'il lui appartient.

Celui qui suit, toujours en allant aux Cloîtres, près de la porte de la basse-cour de la maison du Chapitre, appartient aux Bourgeois, représenté par M. Chabalet, le père duquel était héritier d'une Bourgeois, femme du sieur Gelas. J'y ai vu enterrer un fils au dit sieur Gelas.

Celui de la chapelle de Saint-Pierre-aux-Liens appartient à M. Michel Servonnet, marchand de Romans, représenté par M. Berlhe, lieutenant en la judicature royale dudit Romans,

auquel sieur Servonnet, par acte reçu M° Blachette,
le 12 mai 1600, le Chapitre permit de faire construire la chapelle et le tombeau pour y être
inhumé et les siens.

Celui qui est aux Cloîtres, vis-à-vis la chapelle
de Saint-Laurent, appartient au Chapitre, lequel
a été échangé avec M. de Loulle, contre celui
qui est à la chapelle de l'Annonciation.

Celui qui est dans la chapelle de St-Laurent,
contre le coin de la muraille du Merlet, appartient à M. Laurent, représenté par le sieur Tur-
pin, qui est fils d'une Laurent. Le Chapitre lui
permit de faire construire le dit tombeau pour
lui, les siens, hoirs, successeurs et autres quelconques de sa famille faisant profession de la
religion catholique.

Les deux tombeaux qui sont au milieu de la
nef de la grande église appartiennent au Chapitre, et sont ceux dans lesquels on enterre MM.
les Chanoines. J'ai vu construire celui qui est le
plus près de la porte d'entrée.

AU MERLET

Celui qui est au Merlet représentant un mau-
solée et qui est grillé en fer. M⁀ᵉ Jean de la
Croix, évêque et prince de Grenoble, par son
testament reçu M° Ennemon Ricol, notaire à
Romans, le 23 mars 1609, élit sa sépulture dans
ce même tombeau, disant que c'est celui où est
enterré feu M⁀ᵉ de la Croix, son père, et demoi-
selle Barbe d'Arzac, femme du dit évêque de
Grenoble. Le dit tombeau est derrière la chapelle de la Résurrection, qui est au fond du
chœur et qui était anciennement le maître-autel.

Nota. — Lorsqu'il y a dans une église un lieu destiné pour la sépulture d'une famille, on ne doit y enterrer aucun étranger, sans le consentement de la famille. Ceux qui descendent par les femmes doivent y être enterrés comme ceux qui descendent par les mâles ; on y enterre même les veuves de ceux de la famille, quand elles ne se sont pas remariées.

L'ANCIEN HOTEL-DE-VILLE.

Sans cesse attaqué par le Chapitre, plusieurs fois supprimé par l'influence de ce corps puissant, le consulat de Romans n'eut, jusqu'à la fin du XIVe siècle, qu'une existence précaire et des lieux de réunion provisoires. A cette époque, il s'assemblait modestement dans une chambre, meublée de quelques bancs et d'une table couverte d'un tapis, qu'il louait trois florins et demi d'or par an. En 1366, c'était dans la maison de Reynier Coppe, en 1370, dans celle de Guionet de Brêne.

Humiliés de cet état de choses, deux bons citoyens, Perrot de Verdun, marchand, et Jean d'Auterive, bourgeois, l'un et l'autre anciens consuls, léguèrent presqu'en même temps à la communauté de Romans leurs maisons pour y établir d'une manière digne et stable le siège de l'administration municipale. Mentionnons tout de suite, pour n'avoir plus à y revenir, cette dernière donation ; car elle n'eut pas les suites qu'elle semblait comporter.

Le 25 septembre 1374, devant Me Mathieu Gayte, notaire, ledit d'Auterive légua à la com-

munauté de Romans sa maison d'habitation, située
à la place des Clercs, où se tenait la cour commune, aux conditions suivantes : Sa femme Ga-
licie aurait l'usufruit de cet immeuble tant qu'elle
ne convolerait pas à de secondes noces, ladite
maison deviendrait le siège du consulat et con-
serverait toujours cette destination ; les consuls
feraient dire pour le repos de son âme, dans
l'église de St-Barnard et le jour de leur nomination, une messe à laquelle ils assisteraient, tenant
à la main un cierge du poids d'un quarteron ; ses
exécuteurs testamentaires, Antoine Albérion,
Perrot de Verdun et Jean Sibillard, feraient
vendre ses biens meubles et immeubles, et distri-
bueraient le produit de cette vente en aumône
de sel et d'argent aux pauvres mendiants de la
ville de Romans.

Maintenant revenons au premier testament qui
eut un résultat plus durable et plus important, et
dont le souvenir mérite d'être conservé par l'histoire et par la reconnaissance publique.

Devant le même notaire et le 27 juillet 1374,
Perrot de Verdun légua aux consuls, outre toutes
ses rentes, les maisons qu'il possédait dans la
rue Vallouse, défendant expressément de les
aliéner, sans indiquer pourtant l'emploi qu'on
devait en faire : les contestations qui existaient
alors entre le Chapitre et la ville, au sujet du
consulat, expliquent peut-être cette réserve; mais
le testateur avait sans doute confié ses intentions
à ses amis qui figurent dans l'acte en qualité de
témoins (1).

____

(1) Ces témoins étaient : Guionet de Brène, Guillaume Rosset,
Jean de Nanceye, Etienne Ollier, Jean Sibillard, Hugonin Bourguignon et Perrin Violier, marchands et bourgeois de Romans.

Quoiqu'il en soit, les maisons laissées par Perrot de Verdun étaient au nombre de trois. Il les avait acquises, savoir : la première, le 30 novembre 1361, pour 60 florins d'or, de noble Falcon de Quincieu, chevalier de Saint-Latier ; la deuxième, le 1er septembre 1368, de Guillaume Coste et de Claire sa sœur, veuve de Martin Vital, pour le prix de 40 florins, et la troisième, appelée la tour des *Bovoysons*, le 16 octobre 1370, de Pierre Odoard et de Romanet son fils, moyennant la somme de 107 florins, plus le cens annuel de 4 deniers au profit de l'église de St-Barnard.

Le premier acte passé dans la *Maison commune de l'Université de Romans* est en date du 14 septembre 1382, et a trait précisément à l'*aumône* de Perrot de Verdun. Avant cette époque, les travaux d'appropriation n'étaient pas terminés : ainsi, le 14 juin précédent, le receveur de la ville paya 9 florins et 4 gros pour divers travaux qui venaient d'être faits à une fenêtre et à une porte donnant sur la rue de l'Armillerie.

L'Hôtel-de-Ville a souvent nécessité des réparations. En 1499, l'Abbaye des Sauniers appliqua à cette destination tous les deniers qu'elle avait dans sa caisse ; en 1562, l'Abbaye de Bongouvert agit de même ; enfin des travaux considérables furent exécutés en 1567 et 1756. Sur les fêtes de Noël 1564, la maison consulaire serait tombée et ruinée par sa vieillesse ; ce qui occasionna la perte de beaucoup de papiers.

L'Administration municipale ayant transporté son siége dans l'ancien couvent des Cordeliers, acquis, le 30 décembre 1790, au prix de 20,000 livres, la maison commune fut mise en vente aux enchères et adjugée, le 20 février 1791, au sieur Costallin, ferblantier, pour le compte du sieur Galland, moyennant la somme de 9,025 livres. Elle servit pendant plusieurs années de salle de spectacle et devint ensuite une habitation particulière ; elle est aujourd'hui occupée par une brigade de gendarmerie à pied (1).

L'ancien Hôtel-de-Ville formait un îlot, limité au nord par la rue de l'Armillerie, au levant par la rue Servan, au couchant par une ruelle et au midi par la place Perrot de Verdun. La grande salle était anciennement garnie de tribunes, qui permettaient au public d'assister aux élections ; elle était décorée d'une tapisserie de haute lisse, vendue 400 livres en 1763, et ornée du portrait en pied de Perrot de Verdun, transféré dans une des salles de l'hôpital en 1797. Enfin, au-dessus d'un portique assez élégant, on voyait les armes de la ville et celle du Dauphiné ; on y lisait cette antique et fière devise, qui effaroucha si fort l'intendant d'Herbigny en 1679 : *Moribus antiquis stat res Romana virisque* (2). Ce qui, suivant l'intention des consuls, voulait dire : Par ses bonnes coutumes et par ses bons citoyens, Romans se gouverne.

LA MAISON DU REFUGE.

[On trouvera cette notice dans les *Essais historiques sur les hôpitaux... de Romans*, chapitre XIV.]

---

(1) Elle a été démolie, en partie, en 1895, pour l'agrandissement de la place Perrot-de-Verdun.

(2) ENNIUS (poème).

LE COLLÉGE.

Dès la fondation de l'abbaye de Saint-Barnard, il se forma, sous l'autorité de l'église, des écoles de plusieurs degrés. Léger, archevêque de Vienne, Guiniman, archevêque d'Embrun, Humbert, général des Dominicains, s'en disaient avec reconnaissance les élèves *(alumni)*. Le sous-capiscol avait soin des commençants ; le scolastique, appelé plus tard maître de chœur, dirigeait les hautes études. D'après l'article 176 du statut de 1472, les élèves payaient une rétribution d'un florin d'or par an et une somme de trois florins pour les livres. Il est vraisemblable que dans les premiers temps, à Romans comme partout ailleurs, il n'y avait que des écoles ecclésiastiques, auxquelles tous les enfants étaient indistinctement admis. Le développement de la population nécessita la formation d'écoles laïques, dites *grammaticales et des arts libéraux*, où l'on enseignait la grammaire, la dialectique et la philosophie (1). La ville nommait et présentait, le maître de chœur examinait et instituait, sans aucune rétribution, le régent principal, qui, après avoir prêté serment de bien remplir son office, s'adjoignait deux bacheliers et remplissait avec eux les vues de l'instruction (2).

----

(1) *Scholarum grammaticalium et aliarum artium dialecticæ et philosophiæ legi solitarum villæ de Romanis.*

(2) *Ad requestam humilem venerabilium virorum scindicorum de Romanis supplicantium et requirentium... de mente et voluntate domini scholastici, ad quem, ex tenore statutorum ipsius ecclesiæ, pertinet et spectat scholarum grammaticalium de Romanis provisio... Qui certificati de suffisentiâ, moribus, gravitate, scientiâ philosophali, logicali, practicâ et aliis... dedit et contulit, unâ cum omnibus prærogativis... Ipseque magister, N... juravit super sanctis Dei evangeliis bene et legaliter deservire, etc.*

Ces écoles, dont Aymar du Rivail, qui y avait étudié, parle avec éloge, occupèrent pendant long-temps l'emplacement où sont les nouvelles ca-sernes. En 1561, les consuls, avec l'assentiment du Chapitre, présentèrent au juge royal une re-quête, disant en substance que le local affecté au collége était incommode et même dangereux, à cause du voisinage de l'Isère, plusieurs écoliers s'y étant noyés, et qu'il serait préférable de placer cet établissement dans l'hôpital de Pailherey, qui avait peu de revenus et servait seulement à des filles débauchées et à des vagabonds. Accor-dée le 15 janvier 1562 par le parlement, cette translation fut un moment entravée par un ha-bitant, soi-disant héritier des fondateurs, lequel ayant, à cette occasion, excité une sédition dans la ville, fut condamné à mort et exécuté. Le Chapitre, pour se décharger d'une obligation qu'il remplissait depuis la fondation de l'abbaye, fit disposer dans le nouvel établissement plusieurs chambres pour y loger des jeunes clercs de son église, et nomma pour les instruire un professeur théologal, auquel il attribua, conformément à l'arrêt conventionnel du 17 mai 1565, une pré-bende de 150 livres (1). Ce collège eut d'abord du succès et une bonne réputation ; puis il perdit ses élèves et dut même être évacué plusieurs fois, soit pour y placer des pestiférés en 1566,

------

(1) Un article de l'ordonnance d'Orléans de l'année 1560 avait prescrit que « dans chaque église cathédrale ou collégiale serait « réservée une prébende à un docteur en théologie... et une autre « prébende destinée pour l'entretènement d'un précepteur qui sera « tenu, moyennant ce, d'instruire les jeunes gens de la ville gra-« tuitement et sans salaire. »

soit pour y loger le parlement en 1597 : ce qui, joint aux contestations et aux procès que la ville eut avec le Chapitre au sujet de la nomination des régents, fit songer à un autre mode de gestion et à un local plus convenable (1).

Pendant les troubles de religion, les consuls de Romans, à l'imitation de ce qui s'était fait à Valence, délibérèrent, le 3 août 1563, de placer le collége et les écoles dans le couvent des Cordeliers, dont le revenu serait appliqué à l'entretien des professeurs. Aux Etats de 1574, le consul de Romans fit remarquer que le collége n'existait plus ; il demanda un secours pour le rétablir. En 1583, le chanoine Sébastien de Lionne proposa au conseil municipal d'appeler des PP. Jésuites pour leur confier l'instruction de la jeunesse de la ville et offrit, pour le traitement des religieux qui seraient chargés des cours, les assignations des prieurés de Saint-Donat et d'Hostun. Le P. Provincial de Tournon n'ayant pas accepté cette proposition, les consuls s'adressèrent à une autre corporation (2). Ils passèrent, le 21 décembre 1637, avec Jean Chastain, abbé général de Saint-Antoine, une convention approuvée par lettres patentes de Louis XIII, du mois de juillet 1638, aux termes de laquelle des religieux de cet ordre

---

(1) La rue des *Vieilles Ecoles*, et la fontaine des *Ecoles*, au quartier de Saint-Nicolas, rappellent par leurs noms le souvenir de l'établissement dont il est ici question.

(2) Il devait y avoir, pour les habitants de la ville et du Bourg-de-Péage, un professeur de théologie au couvent des Minimes, fondé dans ce bourg en 1621. Le prieuré de Saint-Jean-en-Royans leur avait été donné, sous cette condition, par Armand Bonnel, sacristain du Chapitre de Romans en 1624. Les leçons de ce professeur étaient gratuites.

devaient faire construire et diriger un collége à Romans. Aucun de ces projets n'eut de suite ; les écoles grammaticales continuèrent à être tenues par un principal, aux gages de la ville. Après avoir fait demander et quelquefois difficilement trouvé à Tournon, à Lyon ou dans d'autres localités encore plus éloignées, un régent pour son collége (1), la ville de Romans passait avec ce personnage un *bail* de très courte durée, sauf à le renouveler, dans lequel elle s'engageait à lui fournir une habitation et à lui allouer un traitement annuel de 150 livres. Pour des raisons que nous ignorons, les mutations des régents étaient assez fréquentes ; on en jugera par la liste suivante, que nous sommes parvenu, non sans peine, à dresser :

Jean Anulphe, licencié en droit et maître ès-arts (2), nommé en 1400.

Jean de Bond, nommé en 1424.

Nicolas Ponsard, nommé le 20 octobre 1445.

Robert Fléard, nommé le 22 mars 1461.

Regnaud Fleuri *(Reginaldus de Florido)*, nommé le 13 mars 1485.

Antoine Blachon, nommé en 1490.

Frère Vincent, de l'ordre des Prêcheurs, nommé le 26 mars 1493.

Pierre de Petuissia, nommé le 20 août 1495.

Jean Josias, nommé le 15 septembre 1515.

---

(1) *Ad accedendum ad locum Turnonis et alia loca necessaria et magis longinqua, si sit necessarium, ad quærendum rectorem scholarum seu gymnarsiarcham.*

(2) *In septem artibus.* Cet enseignement se partageait en *trivium*, comprenant la grammaire, la rhétorique, la dialectique, et en *quadrivium*, comprenant l'arithmétique, la géométrie, la musique, l'astronomie.

Méon, nommé le 3 août 1520.

Rodulphe Durlens, nommé en 1524.

Adam Prunel (1), nommé le 10 décembre 1529.

Benoît, nommé le 5 juin 1533.

Pélisson, nommé le 20 juillet 1534.

Jean Josias, nommé le 24 avril 1537.

Antoine de Houdremard, nommé le 11 juin 1538.

Bernard Duchêne, nommé le 11 avril 1543.

Sébastien Coquillard, nommé le 12 janvier 1548.

Poncine Rodulphe, nommé le 2 janvier 1552.

Marcelin Alibert, nommé le 2 novembre 1557.

Gilbert Girard, nommé le 25 mai 1561.

Robert Saint-Légier, nommé le 3 mai 1566.

Jean Picolet, nommé le 18 octobre 1572.

Pierre Arreste, nommé le 24 avril 1585.

Guichesieux, nommé le 9 juin 1608.

Guillaume Robin, nommé le 23 août 1616.

Jacques Robin (fils du précédent), nommé le 12 mars 1627.

Lavie (pour la part du Chapitre), nommé en 1664.

Nicolas Robin (fils de Jacques), nommé le 9 janvier 1673.

Jean Brioude (pour la part du Chapitre) (2), nommé le 10 octobre 1679.

---

(1) Me Adam ayant été arbitrairement révoqué par le maître de chœur et remplacé par Benoît, cet acte d'autorité déplut à la ville, qui nomma des commissions pour appointer les deux maîtres contendants et procéder à cette affaire sans figure de procès. Me Adam se plaignait qu'il avait fait des dépenses, tant pour s'établir que pour avoir des *bacheliers*, et que néanmoins certains *magisters* s'avisaient à son préjudice de tenir chez eux des commensaux.

(2) « Je soussigné, Claude Delacour, maître de chœur, certifie de « la capacité, bonne vie, mœurs et profession de la religion du « sieur Jean Brioude, commets le dit sieur Brioude et lui donne la « faculté d'enseigner dans le collège de la ville de Romans en « qualité de régent pour la part du Chapitre, avec les gages accou- « tumés, » etc.

Girardi (pour la part de la ville), nommé le 1er novembre 1679.

Chantepié.....

Royannez, prêtre, nommé le 13 décembre 1682.

Nicolas Perret, nommé le 9 janvier 1684.

Louis Moreau, nommé le 10 mai 1688.

Antoine Deloche, prêtre, nommé en 1694.

Jean-Claude Lyons, nommé le 13 juillet 1697.

Jean Saint-Germain, nommé le 15 octobre 1702.

Nicolas Bert, nommé en 1755.

Charles Magnan, nommé en 1760.

Il y eut une instance au Parlement au sujet de ce dernier régent, que la ville voulait substituer, malgré les droits du Chapitre, à Jean Brioude, établi par le maître de chœur. A cette occasion, on imprima de part et d'autre des mémoires où, suivant la coutume, les droits de chacun remontaient au moins jusqu'aux Hébreux.

Quoi qu'il en fut, le service de l'instruction publique donnée par un régent et par deux maîtres grammairiens laissait beaucoup à désirer. Pour remédier à cette situation regrettable, une pétition, signée par 54 citoyens « des plus qualifiés de la ville, » fut présentée, le 12 juillet 1778, au conseil municipal dans le but d'obtenir, pour y établir un collège, le couvent des Cordeliers, en expulsant les religieux qui l'habitaient. Le P. gardien, Joseph Bonnefoy, offrit son couvent pour un collège et d'avoir un nombre suffisant de religieux capables d'enseigner toutes les classes, à la condition que la ville lui fournirait le moyen de supporter cette charge ; trop heureux, disait-il en finissant, s'il pouvait contribuer à l'instruction de la jeunesse, procurer à la patrie

des citoyens éclairés, à la société des hommes
utiles. Cette offre raisonnable n'eut non plus
aucun résultat.

En 1783, le collège était sous la direction de
M. Jacques Plasse. C'était, paraît-il, un bon
professeur, qui avait formé des élèves distingués.
En 1789, il y avait pour les *humanités* M. Vial,
régent principal, nommé et appointé par la ville ;
M. Plasse, régent, à la nomination et aux appointements du Chapitre, conformément à l'arrêt du
17 mai 1765. M. Plasse ne fut pas remplacé dans
ses fonctions, et l'étude du latin cessa à peu près
complètement à Romans pendant la révolution.
Quelques enfants furent envoyés à Tournon,
deux ou trois à Paris ; aussi les hommes instruits
appartenant à cette époque sont-ils peu nombreux.

Un décret impérial du 31 juillet 1806 établit
dans l'ancien couvent des Minimes, au Bourg-
de-Péage, une école secondaire communale pour
le compte de la ville de Romans. M. Fontanier,
chef d'institution à Tournon, fut nommé directeur de cette école, en remplacement de M. Mo-
résini, qui tenait une école primaire dans le même
établissement. Par suite d'une convention du 8
octobre 1809, le Bourg-de-Péage s'engagea à
fournir gratuitement le local du collège et à payer
les réparations nécessaires ; la ville de Romans
promit, de son côté, une garantie de 3,000 fr.
pour combler le déficit des frais d'enseignement.
Cette allocation fut continuée jusqu'en 1822,
époque à laquelle M. Moreau, qui avait remplacé
M. Fontanier, en 1813, abandonna un établissement devenu sans importance.

La ville se trouvait sans école pour l'étude du

latin, lorsque, le 20 février 1823, M. Laverrière
fut autorisé à exercer dans Romans les fonctions
d'instituteur primaire du deuxième degré. Il
ouvrit un pensionnat dans l'ancien séminaire des
Orphelines, et le conseil municipal lui accorda
un secours annuel de 200 fr.

Enfin, le 21 juin 1833, le maire, M. E. Giraud,
considérant que Romans était privé depuis de
longues années de tout établissement d'instruction secondaire, proposa d'établir un collège dans
les bâtiments de la mairie et de le confier à M.
Mary, professeur à Grenoble, moyennant une
subvention annuelle de 1,300 fr. A M. Mary,
dont l'administration avait été laborieuse et peu
fructueuse, succéda M. Maunier, homme intelligent, qui sut s'entourer de bons professeurs, faire
prospérer le collège et former une pléiade d'élèves
distingués, parmi lesquels plusieurs occupent aujourd'hui d'éminentes positions. Mais il n'est pas
hors de propos de rappeler que les dépenses
affectées à l'instruction publique dans la ville
s'élevèrent, en 1842, à la somme importante de
27,079 fr. Après M. Maunier vint M. Revol, qui
ne dirigea le collége que pendant un an. Il fut
remplacé par M. Fabre, sous la direction duquel
l'établissement alla en déclinant. Son successeur,
M. l'abbé Provensal, sut lui donner quelque
éclat. M. Magnin, qui vint après, géra le collége
pour le compte de la ville. Les frais, au-delà des
recettes, se sont réglés, pour l'année 1864, à la
somme de 13,378 fr. 50 c. M. Magnin a été remplacé, en septembre 1868, par M. l'abbé Buis,
qui a pris l'administration du collége à ses risques et périls, moyennant une subvention fixée
à la somme totale de 7,100 fr., ce qui, joint à

d'excellentes conditions de direction et d'enseignement, assura une ère de prospérité à notre premier établissement d'instruction publique.

En 1887, le budget de la ville de Romans portait 71,522 fr. pour l'instruction publique. Cette même année, on fit un emprunt de 535,000 fr. pour la construction d'un nouveau collége, dont la dépense s'est élevée à 485,000 fr. et a été inauguré en 1889.

LES ABBAYES LAIQUES
DE ROMANS

Le moyen âge vit naître d'innombrables associations, au sein desquelles les petits et les faibles cherchaient secours et protection. Dans les campagnes, les serfs et les colons se groupaient en paroisse autour de l'église et s'abritaient à l'ombre du château. Dans les villes et les bourgs, les habitants s'unissaient étroitement pour la défense de leurs libertés et franchises ; ils se formaient, en outre, pour d'autres besoins de la vie commune, en confréries de piété et de bonnes œuvres, en corporations d'arts et métiers. En ces temps de foi naïve, toutes ces sociétés et d'autres plus mondaines, imitant ce qui se passait autour d'elles, se modelaient sur la religion, lui empruntant, sans aucune arrière-pensée de dérision et de profanation, son organisation, ses rites, ses mystères même. Parmi ces sociétés, nous nous proposons de remettre en lumière celles qui avaient le titre d'*abbaye* et pour chef un *abbé*, et qui, tout à fait laïques, n'étaient que des sociétés, des confréries. Cependant nous dirons auparavant quelques mots du corps des *Esclaffards* (jeunes clers au-dessous de 15 ans).

Les Esclaffards, aussi nommés *Epiffards*, avaient, dès les temps les plus reculés, le droit de nommer un *abbé* pour la défense de leurs intérêts communs. Cette élection, qui avait un but sérieux et utile, ayant donné lieu à des désordres et à des scandales (*mala, pericula et scandala*), défense fut faite, par la sentence du 19 septembre 1274, aux Esclaffards de Romans d'élire un abbé annuel, sous peine d'être privés de l'entrée du chœur, et défense également aux habitants de concourir à ces sortes d'élections, sous peine d'être chassés de la ville. Mais, comme compensation, les uns et les autres furent autorisés à choisir un *Bourdonnier*, dont les attributions étaient aussi nulles qu'éphèmères. Les Statuts du chapitre de 1472 rappellent à ce sujet que la fête de la Circoncision avait toujours été célébrée avec joie et magnificence, et que, si la nomination du Bourdonnier ne se faisait plus que rarement, c'était à cause de la trop grande dépense qui en résultait. Toutefois comme il importait de conserver un usage qui contribuait à la solennité et à la dévotion de cette grande fête, le nouveau Bourdonnier ne serait plus tenu qu'à pourvoir au luminaire du chœur et à payer 40 florins pour un anniversaire, et enfin à offrir une collation, arrosée d'un bon nectar et d'hypocras, aux compagnons qui, à l'issue des vêpres, l'auront reconduit à son domicile. S'il faisait de plus grandes dépenses, cela ne pourrait tirer à conséquence pour ses successeurs,

ABBAYE DES MARCHANDS

Par la sentence arbitrale de 1212, une société privée entre marchands (*privata societas mercatorum*) fut seule exceptée de la défense faite aux Romanais de n'avoir aucune assemblée sans le consentement du Chapitre.

L'abbaye des Marchands (*abbatia mercatorum*) se réunissait à la maison commune et couchait même le procès-verbal de ses séances sur le registre des délibérations de la ville. Elle s'occupait aussi d'œuvres de bienfaisance. Elle avait son président, qui était, en 1509, noble Humbert Odoard (1), dit *abbé des marchands mariés*. Son vice-président ou lieutenant, Jean Sevin, et son trésorier, Jean Chonet, furent l'un et l'autre honorés plusieurs fois du Consulat. On la voit, au mois de septembre 1509, doter de six florins une jeune fille, appelée en patois la *Pichotte*, la petite, *ad ipsam maritandam* (2) ; le 8 février 1512, voter une somme de 8 florins pour un cadeau à deux femmes mariées et l'achat d'une robe de gros taffetas pour l'abbé. On ignore quand elle a commencé et quand elle a fini.

Une *Confrérie des marchands* fut établie dans l'église de St-Nicolas, le 28 mai 1645. Elle

---

(1) Il fut consul, châtelain de Pisançon, capitaine de 50 arbalétriers, puis président de l'abbaye des Marchands et de celle de Bongouvert. Il fut député à la cour, en 1510, pour obtenir la conservation à Romans de l'hôtel des monnaies, qu'il était question de supprimer. Il s'était marié, le 26 janvier 1490, avec Anseline Combe qui lui donna deux fils, Ponson et Jean, et une fille, qui épousa François Odoard, son cousin.

(2) GIRAUD, *Mystère des trois Doms*, p. 209.

fit don à l'Aumône générale, en mars 1712, pour aider à la fondation d'un hôpital général, du revenu de 7,700 livres que les arts et métiers de Romans avaient été obligés de verser au fisc, en vertu de l'édit de 1694. Il y avait encore la *Confrérie des drapiers*, qui possédait un caveau funéraire pour l'inhumation de ses membres, situé sous la chapelle de Saint-Blaise, dans l'église des Cordeliers. Ses statuts dataient du 15 mai 1355.

ABBAYE DES SAUNIERS

Les habitants de Romans étant exempts des droits de Gabelle, avaient établi des entrepôts considérables de sel, particulièrement dans une rue qui a conservé de ce genre de commerce le nom de rue de la *Saunerie*.

Les marchands de sel, *sauniers* ou *sallatiers*, formaient, à l'instar des autres corporations, une société dite *Abbatia saunorum*. Par la charte de liberté donnée à Peyrins, le 24 février 1450, le dauphin (Louis XI) défendit à tout étranger de tenir les mesures de sel dans Romans; il s'interdit pour lui-même et ses successeurs d'avoir aucun magasin de sel dans la même ville. La charge de cette marchandise devait néanmoins payer dix deniers tournois en passant sur le pont de l'Isère.

En 1499, l'abbaye des Sauniers appliqua les deniers qu'elle avait en réserve à la réparation de l'Hôtel-de-Ville. La corporation se composait de deux maîtres, de treize marchands et de trois mesureurs. Pour en faire partie, l'impétrant devait prouver qu'il était homme de bien et porté sur le registre de la taille, que sa boutique contenait au moins six saumées de sel et était munie des mesures et ustensiles nécessaires à la profession. Si les délégués chargés de s'assurer de ces faits concluaient à l'admission, le récipiendaire recevait un diplôme sur parchemin, signé par un notaire et relatant qu'il avait rempli les conditions imposées par les statuts de la profession et payé le droit d'entrée ou d'admission (20 florins).

Nous pensons être agréable à nos lecteurs en complétant cette note par la reproduction textuelle d'un de ces diplômes, dressé le 28 novembre 1554. Ce document est intéressant en ce qu'il remet en lumière un point curieux et tout à fait oublié des anciennes coutumes locales.

« A tous soit notoire et manifeste que l'an mil cinq cents cinquante quatre et le vingt huyctiesme jour du moys de novembre, au lieu soubs escript, a comparu honneste homme Roch Vinson, habitant en la présente ville de Romans, par devant honorables hommes Guilhaume Foure et Jehan Gontier, maistres des marchands sallatiers, Barthélemy Bergier, Antoine Gonthier, François de la Cour, Jehan Trenat, Gaspard Rinalf, Loys Vallon, Jehan Chanas, Pons Mariton, Bastian Romestang, Ennemond Guigou, Andreu Flandrin, Guilhaume Raynaud et Guillaume Farron, marchands sallatiers, Jacques Pagin, Bastian Bernard et Jehan Bourgeoys, mesureur de sel en la dicte ville de Romans ; disant et proposant qu'il est de coustume de recepvoir en ceste ville du nombre des dicts marchands sallatiers les aultres marchands, mais qu'ils soient garnis de six sommées de sel, de

mesures nécessaires et qu'ils soient gens de bien.
Suyvant laquelle coustume le dict Vinson a demandé et requis estre receu du nombre des dicts
marchands sallatiers en ceste ville, se offrant
payer ce qu'est en tel cas accoustumé de payer,
et de observer tout ce que fault garder et observer en tel cas : disant et proposant soy estre
homme de bien, garny de bouthicque de six sommées de sel et de bonnes mesures. Sur ce oppigné,
puis conclud par les susnommés marchands que
avoir faict foy par le dict Vinson de ce qu'il a
dict, et que soit veu et visité par les dicts maistres, qu'il soit receu du nombre des dicts marchands sallatiers en payant les fraicts accoustu-
més, de quoy respectivement les susnommés ont
demandé leur en estre faict acte et instrument
public par moy notaire royal delphinal soubs
signé ; et ont été faictes les dictes choses au dict
Romans, en la bouthicque du dict Guigou, présents avec lesd. mesureurs André Montroux,
de Baulieu, et Anthoine Moursin, de Vallance,
habitant au dict Romans ; et moi, notaire soubsigné. Sequutivement le dict an, le troysième
jour du mois de décembre, les dicts maistres...,
suyvant la dicte conclusion, avec les susnommés mesureurs pour visiter si le dict Roch est
garny comme dessus il a dict et proposé. Lesquels mesureurs tous troys ont dict et rapporté
aux dicts maistres que le dict Roch est garny
suffisamment de sel, mesures, contoir et autres
choses accoustumées et nécessaires, comme
semblablement apprès lesd. maistres l'ont veu ;
et ce faict, lesd. maistres se sont enquis de la
prudhommie dud. Roch, que leur a été rapporté qu'il est homme de bien et taillable comme

les aultres dud. Romans ; et ce faict, led. Roch
s'est offert de rechef de payer les droicts accous-
tumés. Pourquoy les susd. maistres, suyvant la
puyssance à eulx donnée, ont receu du nombre
des marchands sallatiers de la présente ville de
Romans led. Roch là présent et acceptant, lequel
a juré entre les mains des susd. maistres bien
dueument, justement et loyallement exercer à
la forme et manière du serment en tel cas accous-
tumés de faire et prester : que leuy a esté donné
à entendre par les susd. maistres et moyennant la
promesse qu'il a faicte de payer lad. somme de
vingt florins quand en sera requis, et les susd.
maistres lui ont donné liberté et puyssance
comme aux autres marchands saulnyers de lad.
ville. De quoy led. Roch a demandé et les susd.
maistres luy ont voulu et concédé estre faict acte
et instrument public par moy notaire soubs signé,
et ont esté faict acte et instrument publics par
moy notaire soubs signé. Et ont esté faictes les
susdites choses au dict Romans, en la bouthicque, présents les susd. mesureurs Pierre Mu-
rissat, Estienne Roche, chapellier, et Joseph
Bourgeoys, dud. Romans, a ce estants par té-
moings appelés et requis ; et moy notaire soubs
signé. Successivement l'an mil cinq cent cin-
quante-neuf et le neuviesme jour du moys de
novembre, devant les tesmoings soubs nommés,
personnellement establis et constitués, lesd.
sieurs Guillaume Foures et Jehan Gontier, maistres, lesquels de leur bon gré ont confessé avoir
heu et receu dud. Roch Vinson, présent et acceptant, pour luy et les siens, assavoir vingt
florins pour les droits deubs par led. Vinson pour
lad. réception, et réallement en cinq escus pis-

tollets d'or, desquels vingt florins les susd. Foures et Gontier, maistres, en ont quicté et quictent led. Vinson et les siens, avec pacte de ne luy plus rien demander, et avec promissions, jugements, obligations, renonciations et aultres à ce nécessaires et opportunes.

» Fait à Romans, en la maison commune, présents sieurs Anthoine Gontier, consul, et Jacques Pagnin, Sébastien Bernard et Joseph Bourgeoys, mesureurs du sel dud. Romans, à ce estant par tesmoings appelés, et moy George Gleyse, notaire royal dalphinal dud. Romans, soubsigné.

» GLEYSE.

L'ABBAYE DE BONGOUVERT

Pendant les xvie et xviie siècles il a existé dans plusieurs villes du Dauphiné, sous le nom facétieux d'*abbaye de Bongouvert*, des sociétés joyeuses et galantes, mais au fond plus sérieuses que ne le fait supposer l'ignorance où nous sommes des mœurs et des sentiments intimes de nos ancêtres. Dans plusieurs lieux, à Vienne, à Lyon, dans le Vivarais, sans doute par esprit de contradiction, des sociétés de ce genre affectaient de porter le nom d'abbayes de *Malgouvert*; mais le nom véritable est bien *Bongouvert*, qui rappelait le but de l'institution : celui de maintenir le *bon gouvernement*, le bon régime dans les ménages par l'autorité prépondérante de l'homme ; récompensant et honorant les dames méritantes, et rappelant à leur devoir celles qui s'éloignaient des voies de l'honnêteté et de la modestie; en un mot, son but principal paraît avoir été de conserver la sainteté des liens du mariage. Par les fonctions diverses que ces Sociétés s'étaient attribuées, elles avaient autant de rapport avec la chose publique qu'avec les mœurs privées.

Quoi qu'il en soit, l'abbaye de Bongouvert de Romans relevait du grand abbé de Grenoble, à qui elle soumettait la nomination de son abbé et la décision de ses affaires les plus importantes (1). Elle avait pour officiers un abbé, un vicaire, un chancelier, un procureur fiscal, un contrôleur, trois commis et un trésorier; toutes ces fonctions étaient gratuites (2). Leurs membres se distinguaient en moines et et en novices. L'abbaye de Bongouvert prélevait un tribut sur les mariages, dont la liste lui était exactement communiquée par les curés des paroisses, qui recevaient pour ce soin un *chapeau* avec son cordon, de la valeur de 3 livres 14 sols. Le taux de ce tribut était de 2 p. 100 sur l'établissement des dots et des *veurchères*. Les habitants qui se mariaient avec une femme étrangère payaient, pour expier cette sorte d'affront fait au beau sexe romanais, l'amende d'un *froc*, à raison de 60 sols par aune. Après sommation faite, si les cotisés ne se libéraient pas, on leur interdisait la sortie

---

(1) Voy. Gustave VALLIER, *Le poète Millet et l'abbaye de Bongouvert*, Grenoble, Prudhomme, 1869; et *La grande abbaye de Dauphiné* (*Revue du Dauphiné et du Vivarais*, 1879, t. III. p. 420.)

(2) En 1600, Félix Guigou, qui avait tenu le contrôle de la Société, assigna Michel Servonnet, abbé de Bongouvert, pour être rémunéré de ses peines. Cette demande, contraire à la coutume et peu digne d'un avocat et d'un ex-consul, fut rejetée par l'assemblée de la ville et en dernier ressort par le grand abbé de Grenoble.

de la ville ainsi qu'à leurs domestiques. Quatre confrères étaient chargés de faire exécuter les ordonnances de l'abbé, et les novices étaient tenus de leur prêter main-forte.

En cas de vacance, l'assemblée générale de la ville élisait l'abbé de Bongouvert ; mais le nouvel abbé devait être « avoué et agréé par le grand seigneur abbé résidant à Grenoble. » Il devait ensuite, muni de cet agrément, prêter le serment d'observer les lois et statuts de la société sur la crosse abbatiale, qu'on mettait en ses mains comme signe de sa dignité.

Les deniers provenant des mariages étaient appliqués dans les cas urgents aux besoins de la ville. En 1577, on les employa à la restauration de l'hôtel consulaire, qui tombait en ruines ; en 1584, à la réparation de la tour Saint-Georges. Ils furent donnés, en 1610, pour quatre ans, représentant 800 livres, au couvent des Capucins, qu'on établissait alors à Romans

Les joyeux confrères de l'abbaye de Bongouvert prenaient une part active à toutes les réjouissances publiques, et même aux fêtes de famille. Ils avaient à leur solde une bande nombreuse de tambours et de violons, qui donnaient des aubades aux autorités et aux nouveaux mariés, qui faisaient danser les novices pendant le carnaval et jouaient aux branles des *chambrières*.

La société accoutrait la plate-forme de l'Hôtel-de-Ville, plantait le *mai* sur la grand'place, et enfin, distribuait des écharpes de soie aux dames et aux demoiselles les plus distinguées de Romans. Ainsi elle offrit, le 24 avril 1591, à Mme Marthe de Clermont, à l'occasion de son mariage avec le comte de La Roche, gouverneur de la ville, une magnifique écharpe de soie cramoisie, garnie de dentelles et de franges d'or, commandée exprès à Lyon, et dont le prix, avec le coffret qui la contenait s'éleva à la somme de 25 écus (92 fr. — 360 fr.)

Les membres de cette galante Société avaient, en outre, la courtoisie d'aller à la rencontre des dames de qualité dont on connaissait l'arrivée prochaine à Romans, et de reconduire celles que la ville avait le regret de voir partir. Inutile d'ajouter qu'à chaque réunion, les agrégés ne négligeaient pas de resserrer les liens de la confraternité dans un banquet, où régnaient la joie et la cordialité. Un vain luxe en était banni et le vin consommé ne coûtait que 18 deniers le pot (5 cent. le litre). Mais hâtons-nous de faire connaître que ces distractions mondaines ne faisaient point oublier les devoirs religieux et le dévouement aux bonnes œuvres. On trouve dans les comptes de la Société une dépense de 8 écus, payés pendant plusieurs années à la paroisse pour le prédicateur de carême, et des secours donnés aux Pères Cordeliers et au curé de Saint-Nicolas.

Les comptes arrêtés le 16 février 1605, en présence des consuls, constatent que la recette de l'année écoulée avait été, pour 75 mariages taxés, de 562 livres 11 sols (972 fr. — 3,600 fr.), et la dépense, de 555 livres, soit un boni de 7 livres 11 sols.

L'abbaye de Bongouvert, comme toutes les autres sociétés portant le même nom, fut abolie en vertu d'un arrêt du Conseil de 1671.

Nous terminerons en mentionnant une autre Société non moins joyeuse, mais beaucoup moins galante, qui s'occupait aussi, à sa manière, des mariages. Elle avait pour patron *Saint-Pichon* (de *pichar*, battre), dont la statue, coiffée d'une mitre, tenant d'une main un bâton, de l'autre une quenouille, était érigée, comme celle d'un dieu lare, à l'angle d'un carrefour. Une troupe, régie par des statuts homologués par les magistrats de Romans vers le xv° siècle (1), s'était donné la mission de venger l'autorité maritale outragée. Quand un époux donnait le scandale de se laisser battre par sa femme sans faire usage du bâton, pour expier ce crime de lèse-majesté maritale, il était ordonné au plus proche voisin de le faire monter sur un âne, le visage tourné du côté de la queue et la tenant pour bride. Dans cette position ridicule et revêtu d'un accoutrement grotesque, les confrères lui faisaient parcourir les rues, et l'accompagnaient en chantant quelques atellanes composées pour la circonstance. Enfin, des chants improvisés, souvent méchants, parfois obscènes, accompagnaient aussi une bruyante et discordante aubade ou *charivari*, que la foule infligeait aux veuves qui convolaient à de secondes noces.

Des mœurs plus polies et une police plus soucieuse du repos des familles ont fait cesser ces joyeusetés, grossières dans leur forme et offensantes dans leur but. Il n'en reste aujourd'hui d'autre souvenir qu'une petite niche en pierre, placée à l'endroit où s'élevait jadis la statue colossale de saint Pichon, au carrefour du *Tortorel*.

---

(1) Dochier, *Mémoires sur la ville de Romans*, p. 126.

L'ANCIENNE CONFRÉRIE DE SAINT-VINCENT

ET

LA SOCIÉTÉ DE BIENFAISANCE DES VIGNERONS

[Nous avons cru devoir renvoyer cette notice au chapitre XX (Confréries charitables) d'une nouvelle édition des *Essais historiques sur les hôpitaux.....*]

NOTICE

SUR L'ATELIER MONÉTAIRE DE ROMANS (1)

Rodolphe III laissa après sa mort (1133) le royaume de Bourgogne, dont notre pays faisait partie, à l'empereur Conrad, duc de Franconie, qui avait épousé Gisèle, sa nièce.

Les grands et les prélats, qui n'avaient pas approuvé cette donation, profitèrent de la résidence de Conrad au-delà du Rhin et des grandes guerres qu'il soutenait contre les Sarrasins pour se soulever et se déclarer indépendants, sauf l'hommage, des empereurs d'Allemagne. Les plus puissants s'arrogèrent tous les droits de la

---

(1) CHORIER, *Histoire de Dauphiné*, passim.

VALBONNAIS, *Preuves de l'Histoire de Dauphiné*, passim.

DE SAULCY, *Éléments de l'Histoire des ateliers monétaires du royaume de France*, passim.

MORIN-PONS, *Numismatique féodale du Dauphiné*, passim.

DOCHIER, *Mémoires sur la ville de Romans*, p. 142.

GIRAUD, *Essai hist. sur la ville de Romans*, t. II, p. 356.

Roger VALLENTIN, *Bulletin de la Société d'Archéol. de la Drôme*, t. XXI, p. 233.

Romans, *Registres Consulaires*, passim.

souveraineté, y compris celui de battre monnaie (1). Ce privilège prit bientôt une telle extension que Frédéric II, roi des Romains, dut, par un diplôme du mois de juin 1219, l'interdire à tous ceux qui n'y étaient pas autorisés par des titres anciens. Le Dauphin Guigues l'avait été en 1053, par Frédéric Ier (2), lequel, en reconnaissance de nombreux services, lui avait concédé le droit de battre monnaie dans la ville de Sézanne. Les Dauphins donnèrent dans la suite de l'étendue à cette autorisation, en établissant dans leurs états plusieurs autres ateliers, où l'on fabriquait la monnaie dite *delphinale* (3).

Les archevêques de Vienne, comme souverains de cette ville, possédaient déjà, du vivant de Louis l'Aveugle (880-928), le droit de monnayage. Ils l'exercèrent sous Thibaud (952-1000), sous ses successeurs et sous Jean de Bernin (1218-1266), qui réglementa la fabrication de la monnaie archiépiscopale. De l'atelier de Vienne sortirent les pièces dites *Viennoises*, fort en usage dans le midi, et qui valaient un cinquième de moins que la livre *tournois*. Après avoir joui d'une certaine activité, cet établissement n'eut pas une très longue durée : il prit fin au XIVᵉ siècle, vers 1378.

L'archevêque de Vienne, en sa qualité d'abbé de Romans, pouvait aussi faire frapper monnaie

---

(1) Dans le seul Dauphiné, on compta jusqu'à dix évêques ou seigneurs qui furent investis de ces prérogatives régaliennes.

(2) Ce même empereur donna aussi le droit de battre monnaie aux évêques de Valence : droit confirmé, en 1238, par Frédéric II.

(3) Toutefois, la série de ces monnaies aujourd'hui connues ne remonte pas au-delà de Jean II (1307-1319).

dans cette dernière ville ; mais il devait, dans ce cas, obtenir le consentement du Chapitre de Saint-Barnard et lui abandonner la dîme du seigneuriage (1).

Un établissement monétaire, soumis à de telles conditions, ne dut pas avoir une existence longue et prospère ; aussi, sous le dauphin Guigues VIII, plusieurs des employés de l'atelier de Romans passèrent au service de ce prince. Le 7 février 1327, Humbert Clavel, chanoine de cette ville, devint garde des monnaies delphinales et eut pour aides Jacques de Die (2) et Jean Coyratier (3). Il reçut le compte à Grenoble de la fabrication confiée au Piémontais Bandarelli. On avait ouvré 5,375 marcs d'espèces blanches à Serves, 2,219 à Visan et 2,292 à Grenoble.

Contrairement à ce que dit M. Dochier, nous ne croyons pas qu'il y ait eu dans notre ville, à aucune époque, un *hôtel des monnaies* proprement dit, c'est-à-dire un édifice public spécialement affecté à la fabrication des monnaies. Cha-

---

(1) Le Chapitre de Saint-Barnard recevait non-seulement un dixième de la fabrication de la monnaie archiépiscopale, mais il avait encore le privilège de ne la prendre que pour un prix inférieur à celui fixé par les Ordonnances.

La redevance de la dîme du seigneuriage a été soigneusement rappelée et conservée dans l'acte de pariage du 31 juillet 1344 entre Humbert II et le Pape, fait au sujet de la juridiction de la ville de Romans.

(2) Jacques André, *alias* de Die, fut procureur des monnayeurs aux assemblées tenues à Romans en 1342 et 1370. Jean fut nommé changeur, en 1435, étant marchand.

(3) Jean Coyratier assista à plusieurs parlements généraux des monnayeurs. C'est dans sa maison, rue des *Chauchères*, que résida, en 1362, Raoul de Louppy, gouverneur du Dauphiné, pendant son séjour à Romans. Le Dauphin Humbert II avait logé dans la même maison, le 29 août 1338.

que maître particulier, nommé pour une période très variable, plaçait son atelier dans un local convenable, possédé ou loué par lui, et qui probablement, à cause des dépenses faites pour l'approprier à sa destination, était utilisé successivement par plusieurs directeurs (1).

Dès que Humbert II fut devenu maître de la ville de Romans, il ordonna, par sa charte de 1342, que l'on ne pourrait plus se servir que de la monnaie delphinale. En conséquence, le 5 mars de cette année, il autorisa Duranton du Pont, en société avec Pierre Fabre (2) et Sandre Dardayne (3), à frapper de la monnaie à Romans aux conditions stipulées par son ordonnance. Le 21 juin suivant, Duranton du Pont rendit compte de ce qu'il avait fabriqué du 5 mars au 24 avril. Enfin, le gouverneur, au nom du Dauphin, régla, par lettre du 29 octobre 1357, le poids et l'aloi des monnaies qui seraient frappées à Romans.

Cette ville devint bientôt un centre de fabri-

---

(1) Le procès-verbal de la clôture de l'atelier monétaire de Romans constate que les instruments servant à la fabrication des monnaies se trouvaient dans la maison du garde Soffrey Coct. Au reste, l'outillage de cet établissement ne devait être ni compliqué ni encombrant, car, par lettre du 7 juin 1429, le gouverneur du Dauphiné autorisa le maître de la monnaie de Romans à transporter, à ses frais, le siège de sa fabrication à Saint-Marcellin ou à Saint-Antoine, pendant tout le temps que la peste régnerait à Romans.

(2) Pierre Fabre ou Lefebre était allié aux plus anciennes et aux meilleures familles de Romans. Le Dauphin Humbert II, dont il était un chaud partisan, lui avait donné, le 17 octobre 1318, la mistralie de Morestel et de Goncelin, qu'il transmit à Eustache Pinet.

(3) Lambert Dardayne fut procureur des monnayeurs à l'assemblée de 1355 et délégué à celle de 1358.

cation assez important (1) pour être le siège de l'assemblée où devaient être rédigés et adoptés les statuts et règlements de la corporation des *monnoiers du Saint-Empire romain*. En effet, le 3 mai 1342 se tint à Romans, sous la présidence de Guillaume Vallet, prévôt général, un parlement des monnayeurs du serment de l'empire où se trouvèrent trente et un procureurs ou délégués des dix-neufs ateliers suivants : de Nyons, Vienne, Chambéry, Crémieu, Pont-d'Ain, Visan, Romans, Troyes, Martineuf, Puey-Guyon, Orange, Terme, Avignon, La Tronche près Grenoble. On adopta dans cette assemblée les statuts de la corporation en quatre-vingt-quatorze articles. Indépendamment de ce parlement, six autres furent tenus dans la ville de Romans, « en l'ostel des frères Meneurs » (Cor-

---

(1) Un personnel considérable, appartenant presque entièrement à la bonne bourgeoisie, était attaché à cet établissement, lequel envoyait aux parlements généraux jusqu'à quarante-huit députés, ayant à leur tête deux procureurs, savoir, en 1423, à Tarascon : « Franciscus Comitis et Johannes Gilerii, procuratores ; Petrus de Metz, Johannes de Metz, fratres, Johannes Carre, Robertus Coinde, Antonius Valenzonis, Stephanus de Vileta, Antonius Chaleti, Johannes Magistri, Antonius de Curià, Romanus Bareti, Petrus Lila, Bernardus Recoing, Claudius Prini, Gibelinus Revoyra, Humbertus Brossi, Romanus Volponis, Pononus Pipardi, Guiotus Guisays, Guillelmus Præpositi, Romanus Sante, Johannes Hospitis, Franciscus Pausa, Guillardus Doane, Jacobus Sestoris de Cristà, Bernardus Eyma aliàs Barnado, Henricus Plemma, Guillelmus de Ripperià, nobiles Antonius Coppe, Petrus Coppe, Johannes Chaberti, Johannes Grassi, Johannes Prini, Petrus Odoardi, Armanonus Breneti, Guillelmus Guttuerii, Jacquemonus Russoli, Johannes Bruneti, Nicolaus Andre, Ponsonus Gay, Johannes Gilerii, Lantelmonus Gavareti, Legerius Bareti, Jacquemonus Correardi, Johannes Dardayne, Petrus Columbi, Paulus Plumque, Johannes de Breno et Guillelmus Carioli aliàs Rana, omnes operarii et monetarii de Romanis. »

deliers), dans le mois de mai 1355 (1), 1368, 1370, 1384, 1390 et 1397.

Adam de Sauze, notaire de Romans (2), fut chargé de faire une copie sur parchemin de l'ancien registre des douze premières délibérations des parlements généraux, lequel tombait en lambeaux. Ce travail fut adopté par l'assemblée tenue le 10 mai 1393, à Valence, « en l'ostel des frères Meneurs », sous la présidence de François de Porte-Ayguière, de la cité d'Avignon, prévôt général de tous les ouvriers et monnoiers du serment de l'Empire. Lors de la suppression définitive de l'atelier monétaire de Romans, en 1556, ce dernier registre se trouvait entre les mains de François Delacour (3), alors prévôt des monnayeurs de cette ville. Après diverses vicissitudes, il a été acquis par la bibliothèque nationale, où il existe sous le numéro 9070 du fonds latin. On y trouve la formule du serment que devaient prêter les monnayeurs : ils juraient et promettaient, « sur les saints Evangiles de Dieu », d'être loyaux et fidèles « à N. S. Père le Pape, à l'empereur, au roi de France, au roi de Jérusalem, de Sicile et d'Arles, au Dauphin

____

(1) Ce parlement, ouvert le 5 mai, ne fut clos que le 12. En voici la formule finale : *Datum apud Romanis, infra domum Fratrum Minorum, in nostro parlamento generali et sub nostro sigillo majori authentico impendenti in testimonium præmissorum. Die VIII mensis maii, anno Dni MCCCLV.*

(2) Adam de Sauze, *de Salice*, notaire, figure sur une taille de 1393. Il assista, en qualité de secrétaire et de procureur à plusieurs parlements généraux jusqu'en 1407, et mourut en 1414. Son frère Antoine avait été consul de la ville en 1367.

(3) François Delacour, dit *du Buis*. Il figura le personnage allégorique de *Dauphiné* lors de l'entrée du gouverneur à Romans, le 27 novembre 1533.

de Viennois, au comte de Savoie, et à tous les autres princes et barons qui ont pouvoir de faire monnaie. »

Les monnayeurs du serment de l'Empire formaient une corporation fermée, sorte de caste nobiliaire et héréditaire (1), dotée par les empereurs, les dauphins et les rois de France d'une foule de concessions, de privilèges et de l'exemption de toute espèce de service militaire et de corvée. Sauf les trois cas de meurtre, de rapt et d'incendie, ils n'avaient à répondre de leurs délits que devant leurs prévôts (2); mais les maîtres et les officiers de la monnaie ne purent jamais obtenir l'exemption des tailles. Une lettre du mois d'août 1438 du gouverneur de la province ordonna que les monnayeurs de Romans payeraient la taille pour les réparations des murailles de la ville. Ils protestèrent, mais le Dauphin les obligea aux contributions, comme l'avait fait un arrêt du Conseil.

---

(1) Par une lettre adressée, le 9 octobre 1429, au gouverneur du Dauphiné, le roi prescrivit que les ouvriers monnayeurs du Serment de France et de l'Empire auraient à prouver qu'ils descendaient des anciens membres de cette compagnie, sinon qu'ils seraient destitués.

(2) Cette corporation était comme une famille unie par des liens bienveillants, que ne rompait pas même la cessation des fonctions. Ainsi, par ordre du gouverneur du Dauphiné en date du 26 novembre 1421, Jean Gras, garde de la monnaie de Romans, fut, en raison de son grand âge et de l'affaiblissement de sa vue, exempté de tout service actif, tout en conservant ses appointements ordinaires pendant le reste de ses jours ; en outre, il pouvait, si bon lui semblait, aller et venir dans l'hôtel de la monnaie, y demeurer et assister à tout ce qui s'y ferait. Sa charge devait être, sur son consentement, remplie par Jean Chabert. Le dit Jean Gras mourut en septembre 1430,

Précédemment, Antoine (1) et Pierre Forest dit Coppe (2), fermiers de la monnaie de Romans, ayant voulu, à ce titre et comme sauve-garde, mettre sur la porte de leur hôtel les armes du Dauphin, le Chapitre de Saint-Barnard les fit enlever, en vertu d'une ordonnance du juge royal rendue le 25 mai 1425. Enfin, par une sorte de transaction avec les consuls, Pierre Odoard (3), maître de la monnaie, convint, le 11 juin 1501, que les officiers monétaires payeraient à l'avenir, sous forme de patente, une taille de six florins d'or.

Le Dauphin affermait les ateliers monétaires de gré à gré ou après une enchère, moyennant une remise sur chaque marc de métal ouvré ; mais ces droits ont beaucoup varié, d'un sol dix deniers à dix sols pour un marc d'argent, et d'un quart de denier pour un marc d'or, en outre suivant le prix des métaux. Aussi le commerce

---

(1) Antoine Forest, dit Coppe, fut nommé gardien de la monnaie de Montélimar le 1er octobre 1438, et confirmé dans ce poste le 13 juin 1444. Lui et son frère Pierre furent reconnus nobles, le 25 mars 1446, par le Dauphin Louis (XI). Il obtint des lettres pour payer les nombreuses dettes qu'il avait contractées, soit en cautionnant divers particuliers, soit par des pertes considérables. Il eut deux fils : Bernard et Louis, qui se partagèrent avec Jacques, fils de Pierre, la seigneurie de la Jonchère.

(2) Pierre Forest, dit Coppe, eut à peu près les mêmes destinées que le précédent.

(3) Le gouverneur et le Conseil delphinal inféodèrent à Pierre Odoard, le 13 août 1407, les mines de fer et de plomb dans le mandement d'Allevard. Les mêmes lui affermèrent, le 21 octobre 1422, pour le compte de son frère Jean, la monnaie de Crémieu. Il assista à plusieurs parlements généraux. Il avait été consul de Romans en 1364 et 1374. D'après Chorier et M. Rivoire de la Bâtie, il se serait ensuite rendu à Paris et serait devenu la souche des nobles familles de Hazé et de Boismillon.

de l'or et de l'argent était-il soumis à une réglementation sévère et la nomination des changeurs était-elle faite par l'autorité (1).

Cependant Humbert II, en 1348, avait pris à sa solde les officiers monétaires. La dépense s'éleva à 325 livres pour l'établissement de Romans, où l'on n'avait ouvré qu'une quantité d'espèces qui avait mis le prince en perte. Aussi cette expérience ne se renouvela pas. A partir de cette époque, la monnaie de Romans fut ordinairement adjugée à la suite d'une enchère. Le 3 avril 1425, le gouverneur du Dauphiné informa les gardes de la maîtrise de cette ville que la dite monnaie étant vacante, les personnes qui voudraient soumissionner devaient comparaître à Grenoble devant le Conseil des finances.

Les Dauphins et les rois de France, en nommant les maîtres de la monnaie de Romans, stipulèrent quelquefois des obligations financières. Pierre et Antoine Forest, déjà nommés, obtinrent leur charge, le 12 mars 1422, à la condition de prêter au Dauphin, avant la fin du mois, 6,000 livres tournois, dont ils devaient se rembourser en prélevant le tiers du seigneuriage, jusqu'à extinction de cette somme et des autres engagements dont le régent leur était redevable. Le 30 mai 1439, le roi accorda la moitié de tous les profits des monnaies de Crémieu, de Romans et de Montélimar, jusqu'à l'entier payement de leur

---

(1) Le gouverneur du Dauphiné, par lettre du 25 octobre 1435, octroya à Jean André, *alias* de Die, et à Nicolas Gendion, marchands de Romans, la permission d'exercer le métier de changeurs,

créance aux frères Jean (1) et Humbert Odoard (2), montant à 559 marcs d'argent.

Gilet Guerre fut autorisé à prélever, jusqu'à concurrence de 200 écus d'or qui lui étaient dus, la moitié des revenus de l'atelier monétaire de Romans et de ceux de l'établissement de Montélimar, dont il était déjà maître particulier par lettres du Dauphin Louis (XI), données à Chalaire, près Romans, le 28 septembre 1465. En 1480, le roi tint quitte Girard et Louis, enfants et héritiers de Gilet Guerre, de toutes les sommes dont ils pourraient être débiteurs à raison de la gestion de leur père.

Outre l'atelier de Romans, le Dauphin Humbert II avait des établissements monétaires à Serves, à Crémieu, à la Tronche près Grenoble, à Visan. Ce dernier fut transféré, en 1345, à Mirabel, et de ce lieu à Montélimar, en 1427. D'autres ateliers ont cependant fonctionné en Dauphiné, mais d'une manière irrégulière ou au moins éphémère pendant le xıvᵉ siècle, savoir : à Rochegude, à Saint-Georges d'Esperanche, à la Côte-Saint-André et à Saint-Symphorien d'Ozon.

---

(1) Jean Odoard avait rendu de grands services à l'État en avançant des sommes considérables pour guerroyer contre les Anglais avec des gens d'armes entretenus à ses frais. Le roi, pour lui témoigner sa reconnaissance, lui afferma la monnaie de Crémieu pour le temps nécessaire à l'extinction de sa dette, qui s'élevait à cent marcs d'argent. Plus tard, cette garantie s'étendit, comme il vient d'être dit, aux monnaies de Romans et de Montélimar.

(2) Humbert Odoard, quoique qualifié noble, fut condamné à payer à la taille comme monnayeur. Il testa le 13 juin 1462 et fut enseveli dans l'église du couvent des Cordeliers, auquel il avait légué une somme de 110 florins d'or pour la fondation d'une messe quotidienne. Sa veuve, Isabelle Mercier, se remaria avec Claude de Cuigné.

Le 7 février 1327, le dauphin Guigues VIII avait déclaré que, pour son honneur et celui du Dauphiné, il convenait de procéder à la fabrication de florins d'or (1) de 65 au marc, c'est-à-dire de 3 grammes 41 cent., valant 11 fr. 35 c. (2). C'est la première monnaie d'or frappée en Dauphiné.

Pierre Fabre étant mort sans avoir soumis au souverain le compte final de son administration, ses petits-fils et héritiers, Rodolphe (3) et Ponçon de Chevrières (4), étant devenus maîtres de la monnaie de Romans, furent, par suite d'une transaction du 21 novembre 1360, déclarés débiteurs de 1,400 florins. Mais le Dauphin leur fit remise de cette somme, en reconnaissance des

---

(1) Le florin d'or fut émis pour la première fois à Florence en 1252. Dès sa création dans notre province, sa valeur alla toujours en déclinant et tendit à passer pour une monnaie de compte. Dès 1425, il ne valait plus que 8 fr. 40 c. et variait, du commencement à la fin de l'année, de 12 à 14 gros. Puis il y avait le florin monnaie, et le florin d'or, le florin au marc d'argent au nombre de six, et le florin au marc d'or au nombre de quatre-vingt-seize. Enfin, au moment de disparaître, au commencement du XVI° siècle, cette pièce de monnaie était tombée à 2 fr. 83 c. Voir l'article suivant.

(2) Dans l'estimation que nous faisons du florin, l'alliage est compris comme métal fin.

(3) Rodolphe ou Raoul de Chevrières, docteur ès-lois, nommé en 1340 l'un des six conseillers delphinaux. Il fut le principal rédacteur de la charte municipale que le Dauphin Humbert II accorda aux Romanais, le 17 février 1342. En 1360, il devint juge de la cour majeure du Viennois. L'année suivante, il accompagna le gouverneur Raoul de Louppy dans l'inspection qu'il fit dans les environs de Romans.

(4) En 1342, Ponçon de Chevrières fut envoyé à Avignon au sujet du différend qui existait entre le Dauphin et la ville de Romans. Le 13 juillet 1362, François de Beaumont l'établit châtelain de ses terres de Fiançayes et de Riousset. Il albergea, au prix de sept florins et demi, les châteaux de Pellafol et de Barbières. Il fut châtelain de Beaumont-Monteux, de 1389 à 1400.

bons et loyaux services à lui rendus comme à ses prédécesseurs.

Les frères de Chevrières furent remplacés, en 1362, par Reynier Forest (1).

Par lettres du 21 novembre 1420, le gouverneur du Dauphiné valida l'acte par lequel Jean de Labarre, trésorier général (2), et Jean de Mareuil avaient adjugé la monnaie de Romans à Pierre Fattet (3), qui avait fait les offres les plus avantageuses. Ce dernier ayant accusé Pierre et Antoine Forest, ses prédécesseurs, d'être détenteurs de 800 marcs d'argent, il y eut un commencement de recherches; mais le régent, par une ordonnance du 8 février 1421, annula l'enquête faite contre eux, au sujet de ce déficit.

L'atelier monétaire de Romans devint bientôt un centre considérable de fabrication. Les rois de France et les gouverneurs du Dauphiné envoyèrent souvent aux agents de cet établissement

---

(1) Reynier Forest, dit Coppe, était un personnage important et riche qui payait une taille élevée de 25 florins. Il était maître de la monnaie lorsqu'il partit de Romans, le 3 août 1362, avec Raoul de Louppy, gouverneur de Dauphiné, pour servir en qualité de payeur de l'armée. A son retour, il acheta, par acte du 12 juin 1367, du comte de Valentinois, le péage de Pisançon et de Charmagneux pour le prix de 350 florins. Après avoir été receveur de la ville, on utilisa son expérience en le chargeant de vérifier les comptes de ses successeurs.

(2) Jean de Labarre fut un des commissaires du roi pour l'aliénation des terres de la couronne en Dauphiné. A ce titre, il figura dans l'acte de la vente, faite le 22 mai 1422, de la seigneurie de Beaumont-Monteux.

(3) Pierre Fattet, marchand de Romans. On possède le registre de ses comptes de commerce très bien conservé et élégamment relié. Il est écrit en français de l'époque d'un côté, et en latin de l'autre. Son fils, Jean Fattet, notaire et secrétaire du Chapitre, libella et écrivit les Statuts de l'église en 1445.

l'ordre de frapper des espèces d'or, d'argent et de billon très variées, mais toujours conformes aux types usités en France; d'où il résulta que les produits de ces ateliers circulaient dans le royaume avec facilité et en abondance. Au reste, par une déclaration faite à Sainte-Colombe en juillet 1343, le roi avait autorisé la circulation en France de la monnaie delphinale.

Nous allons rapporter ci-après quelques-unes de ces commandes, qui rappellent le rôle important départi à l'atelier de Romans.

Dans l'extrême détresse du trésor, le Dauphin régent afferma à Maret de Betons, habitant de la Rochelle, au prix de 2,160,000 livres tournois (12,700.000 fr.), du 1er novembre 1419 au 1er novembre 1420, toutes les monnaies demeurées sous son obéissance. Nous ignorons quelle influence eut pour l'établissement de Romans cette nouvelle et étrange administration, qui n'eut du reste qu'une très courte durée.

En 1422, la monnaie de Romans fut chargée de fabriquer des espèces pour une somme équivalente à 3,335 ducats, destinés au remboursement des 40,000 écus (440,000 fr.) que Louis de Poitiers, seigneur de Saint-Vallier, avait prêtés au Dauphin.

Les patrons faits, en 1420, par Jacques Vincent (1), « n'ayant semblés pas plaisants » aux

---

(1) C'était le plus célèbre des tailleurs delphinaux. Il était graveur en titre de plusieurs ateliers monétaires. Il fut victime d'un quiproquo assez « plaisant. » Par lettres du 14 septembre 1429, le gouverneur conféra à Antoine Loup, de Lyon, la charge de tailleur des monnaies de Romans et de Mirabel, « vacant par le décès de Jacques Vincent. » Ce dernier, qui était plein de vie, protesta vive-

trésoriers de Grenoble, furent renvoyés aux maîtres et gardes de la monnaie de Romans avec l'indication des modifications à y apporter, entre autre celle de faire figurer un seul Dauphin avec une fleur de lys au-dessus de la tête (1).

Le 4 novembre 1423, ordre du gouverneur au maître et aux ouvriers de la monnaie de Romans de frapper des deniers d'or fin, appelés *Francs à cheval*, de 80 au marc de Paris (2).

Le 11 avril 1428, ordre du gouverneur de faire ouvrer des écus d'or de 72 1/2 au marc (11 fr. 14 c.)

Le 28 mai suivant, ordre de fabriquer des florins d'or fin de 80 au marc (10 fr. 096).

Le 28 avril 1429, ordre du roi de faire frapper à Romans des écus d'or pareils de titre et de poids à ceux qu'on fabriquait en Languedoc, lesquels étaient de 72 au marc (11 fr. 22).

Le 9 mars 1435, ordre de faire ouvrer des deniers d'or fin appelés *Réaux*, de 76 au marc (10 fr. 63). Le marc d'or devait être payé 77 livres 10 sols tournois, et le marc d'argent, 7 livres.

Le 16 mai suivant, le gouverneur adjugea à noble Pierre Forest, maître de la monnaie de

---

ment et fut peu après rétabli dans son emploi. Il eut pour successeurs : Guillaume Fordion en 1432, Pierre Bon en 1433, Humbert Odoard en 1440, Jacques de Pommereux en 1450, François Maréchal en 1453, Barthélémy Aubert en 1460, etc. Les gages étaient de 25 livres tournois pour chaque atelier, plus les droits accoutumés.

(1) L'usage de reproduire le blason delphinal sur les monnaies se perpétua en Dauphiné et ne fut abandonné que sous Louis XIV.

(2) Le marc de Paris pesait 244 grammes 753, et celui de Grenoble un peu moins, 237 grammes 104, en sorte que la pièce d'or fin de 80 au marc valait intrinsèquement 10 francs 096, en monnaie actuelle.

Romans, et à Gilet Guerre, de Beaumont en Royans, la commande des écus d'or et des grands blancs que les ateliers delphinaux devaient ouvrer, d'après l'ordonnance du 28 janvier précédent.

Le 21 mars 1444, injonction de cesser toute fabrication de liards et de les remplacer par des petits blancs.

Le 27 novembre 1447, lettres du gouverneur aux gardes et maîtres particuliers de la monnaie de Romans, pour leur prescrire de faire ouvrer des écus d'or, des blancs et des petits blancs, et de différer provisoirement la fabrication des gros tournois.

Le 11 avril 1448, ordre de frapper des écus d'or aux armes delphinales, de 72 1/2 au marc (11 fr. 14), et des demi écus ayant cours, de 141 au marc (5 fr.), etc., etc.

Le règne de François Ier fut l'époque la plus brillante et la plus prospère de l'atelier monétaire de Romans. Il sortit de cet établissement une grande quantité d'espèces, principalement des écus d'or *au soleil* et des testons d'argent (1) et même un certain nombre de médailles historiques en l'un et l'autre métal. Elles étaient parfaitement gravées aux armes de François Ier et des membres de sa famille, avec leur inscription spéciale et personnelle (2). Elles furent offertes, de 1533 à 1537, au roi, à la reine, au dauphin, duc de

---

(1) Du 26 janvier 1522 au 9 mars 1523, on frappa 2,800 écus d'or au *soleil*, et du 20 juillet au 24 décembre 1523, 11,401 pièces semblables, parmi lesquelles 216 furent cisaillées comme trop faibles.

(2) Ces pièces métalliques sont estimées, valeur intrinsèque : celles en or à 46 fr. 73 c., celles en argent à 8 fr. 32 c.

Normandie, au comte de Saint-Pol, gouverneur du Dauphiné, et aux grands personnages de leur suite (1). Rappelons à ce sujet que déjà, pendant leur séjour à Romans, du 27 juin au 1er juillet 1511, le roi Louis XII et la reine sa femme reçurent chacun un cadeau consistant en une tasse d'argent doré, qui contenait dix pièces d'or aux armes de ces personnes royales et de la ville de Romans, où elles avaient été fabriquées.

Le point secret ou *différent* des monnaies ouvrées dans l'atelier de Romans consistait en un point mis au-dessous de la deuxième lettre de la légende (2), suivi quelquefois d'un R couronné (médailles de François Ier, de 1533 et de 1537). En outre, fréquemment les maîtres particuliers plaçaient sur les pièces qu'ils émettaient l'initiale de leur prénom à la fin de l'exergue ; ainsi Jacques Gentet mettait un I, Gérard Chastain (3) un G (*après la lettre R couronnée*), Louis Prost un L et un P entrelacés, etc.

Le 9 septembre 1406, les gens des Comptes, le général, maître des monnaies, et le trésorier

---

(1) M. Gustave VALLIER, l'éminent numismate, a donné la reproduction et la description de cinq médailles de François Ier frappées à Romans, qui figurent à un rang honorable dans les médailliers de M. Giraud, de la Bibliothèque nationale, de Stuttgart et de Munich (*Bull. de la Société d'Archéologie de la Drôme*, t. VIII, pp. 209 et 257). Le soin de graver les coins de ces pièces avait été confié au peintre François Thévenot (*Archives de la Drôme*, E. 3591).

(2) Le point secret était placé sous la 1re lettre de la légende à Crémieu, sous la 2e à Romans, la 3e à Mirabel puis à Grenoble, la 4e à Montpellier, la 5e à Toulouse, la 6e à Tours, la 7e à Angers, la 8e à Poitiers, la 9e à la Rochelle, la 10e à Limoges, la 12e à Lyon, etc.

(3) Gérard Chastaing, qualifié noble, fut nommé par le roi, le 26 novembre 1498, courrier de Romans. Il testa le 25 novembre 1525 en faveur de son fils aîné Humbert, qu'il avait eu de sa femme Ennemonde Bermont.

général du Dauphiné écrivirent aux officiers de la monnaie de Romans pour leur ordonner de faire casser et rompre tous les fers des écus d'or et des grands blancs et de les remplacer par des nouveaux, qui porteraient des changements dans les différents, c'est-à-dire un point dans le P de XPS et dans l'O de NOMEN des pièces d'argent.

Le 16 novembre 1422, le gouverneur prescrivit à Jacques Vincent, graveur de la monnaie de Romans, de modifier les *contresignaux* des pièces d'or et de billon, en mettant une croix sous la vingtième lettre de l'avers et du revers des pièces d'or et sous la dix-septième des blancs appelés *parpeillhioles*.

Voici la description d'une pièce de monnaie sortie de l'atelier de Romans, sous le roi Charles VIII : — *Avers* : l'écusson écartelé de France et de Dauphiné : KAROLVS ❋ ❋ DALFINVS ❋ VIANENSIS ❋ ; point secret sous la deuxième lettre de KAROLVS ; cœur sous la croisette placée au commencement de la légende. — *Revers* : croix pattée cantonnée d'une fleur de lys et d'un Dauphin. + SIT ❋ NOMEN ❋ DOMINI ❋ BENEDICTVM ❋ (1).

Vers le xive siècle, l'autorité royale exerçait une surveillance sur tous les ateliers monétaires du royaume et un contrôle sur les espèces qu'on y fabriquait, lesquelles devaient être conformes aux ordonnances par le titre et par le poids.

---

(1) M. J. ROMAN a donné (*Bull. de la Société d'Archéologie de la Drôme*, t. III, p. 379) la description de deux pièces de monnaie frappées à ⸨Romans sous les dauphins Louis Ier (1400-1415) et Louis II (1440-1456).

Au mois de juillet 1385, Jean de Mareuil, clerc du receveur général du Dauphiné, porta à Paris les *boîtes* des monnaies ouvrées à l'atelier de Romans (1) par Simonet Forest, maître particulier (2).

Le 4 janvier 1422, les généraux maîtres des monnaies ordonnèrent aux gardes de l'atelier de Romans de clouer toutes les boîtes dudit établissement, et de les envoyer closes et scellées par un messager sûr, et de faire dorénavant des deniers d'or fin, appelés écus à la *Couronne*, de 64 au marc (12 fr. 60), dont le différent consisterait à faire long l'O de KAROLVS.

Les boîtes de l'ouvrage fait étaient jugées et contrôlées par les maîtres généraux des monnaies du roi (3), après quoi elles étaient rendues à ceux qui les avaient apportées. Plus tard, par ordonnance du 17 mai 1427, il fut stipulé qu'après leur jugement, les deniers de ces boîtes resteraient acquis à la couronne.

Par suite d'une constante tendance à la centralisation, les rois de France voyaient d'un mauvais œil le grand nombres des établissements monétaires qui existaient dans les provinces. Ils les attaquèrent plus ou moins directement et en supprimèrent quelques-uns, sous prétexte qu'ils répandaient dans le public des pièces défec-

---

(1) Ces boîtes contenaient 36 francs d'or, 12 deniers tournois d'argent, 11 sols 4 deniers de gros, 5 sols 1 denier de blancs.

(2) Simonet Forest, dit Coppe, fut au nombre des drapiers qui signèrent le règlement concernant l'industrie de la draperie dans la ville de Romans, le 15 mai 1355. Il fut consul en 1369 et en 1381.

(3) Par l'ordonnance de 1412, « les maistres de Romans servaient « chascun an à chascun des maîtres généraux six peaux de « chamois. »

tueuses et de mauvais aloi, quoique cependant, comme on vient de le voir, leur monnayage fût tout à fait sous la surveillance des maîtres généraux de Paris ; il y eut même, à ce sujet, une transaction le 31 octobre 1481.

Sous l'influence de l'avertissement contenu dans l'ordonnance du mois de février 1435, la ville de Romans décida, le 16 mars 1508, d'envoyer, à ses frais, un député aux Etats de la province afin d'obtenir que l'atelier monétaire de cette ville ne fût pas supprimé, « pour ce que « la monnoie est un des spéciaux de la dite ville « et chose moult honorable et profictable pour « icelle. » En outre, par délibération de l'assemblée générale du 13 février 1510, Humbert Odoard (1), consul, fut envoyé à Paris pour obtenir la conservation à Romans de son établissement monétaire, qu'il était question de supprimer. Il le fut, en effet, un moment, mais presque aussitôt rétabli le 2 janvier 1522, pour une période décennale, après laquelle Durand Milhard (2), ayant été envoyé à la cour pour les mêmes motifs de conservation, les généraux maîtres émirent l'avis qu'un seul établissement monétaire était suffisant en Dauphiné. Néan-

---

(1) Humbert Odoard, qualifié noble, fut plusieurs fois consul, châtelain de Pisançon, capitaine de 50 arbalétriers, président de l'abbaye de Bongouvert et de celle des Marchands. Il joua ie rôle de *gouverneur de Rome* dans la représentation du Mystère des trois Doms. Il eut d'Anceline Combe, qu'il avait épousée le 26 janvier 1490, deux fils et une fille.

(2) Durand Milhard fut député vers le roi, le 20 avril 1580, pour obtenir quelque soulagement aux nombreuses charges qui pesaient sur la ville de Romans. Il avait été capitaine et commissaire pour la réception de François Ier.

moins, le 2 janvier 1540, Louis Prost reprit ses
fonctions de maître particulier, auxquelles il avait
été nommé le 20 novembre 1539. Enfin, par un
édit de mai 1554, Henri II supprima définitivement l'atelier monétaire de Romans. Le 12 avril
1556, les commissaires royaux vinrent dans cette
ville et y procédèrent à la clôture de l'établissement, en présence du juge royal et des consuls,
de Soffrey Coct, garde, de Jean Chabert, es-
sayeur, et de François Delacour, prévôt. Ils
ordonnèrent aux consuls de briser les instruments
servant au monnayage et de veiller à ce qu'à
l'avenir, il ne se fabriquât plus à Romans ni
pièces d'or, ni pièces d'argent, ni pièces de billon. En 1558, on fit un inventaire des meubles et
des ustensiles trouvés dans la maison de l'ancien garde Soffrey Coct. Il y est mentionné seulement plusieurs trébuchets, des cisailles, des
casses à recuire, des marteaux, etc.

Le 9 juin 1562, Odde de Triors (1) se présenta,
de la part du baron des Adrets, pour faire con-
vertir en espèces deux cent trente et un marc
d'argent en vingt lingots, provenant des reli-
quaires de Saint-Antoine et de Saint-Marcellin.
Les consuls répondirent que l'atelier monétaire
avait été supprimé par ordre du roi, que les four-
neaux avaient été démolis et que les matrices
étaient impropres au service.

C'est la dernière fois qu'on trouve mentionné

---

(1) Ennemond Odde, seigneur de Triors, fut nommé le 1ᵉʳ mars
1562, commandant de la ville de Romans par les consuls, avec
l'agrément du baron des Adrets et l'approbation du parlement. Il
testa le 15 avril 1579, ayant eu dix enfants de Clauda de Lassalle.

dans les registres officiels, après 212 ans d'existence, l'atelier monétaire de Romans.

Néanmoins, quoique prévue depuis longtemps, la suppression de cet établissement mécontenta beaucoup les Romanais, qui le regardaient comme une chose très honorable et profitable pour leur ville. Aussi, d'après une tradition, c'est par suite de ce souvenir et de ces regrets ou amour du métier, que des anciens monnayeurs fabriquèrent à Romans, clandestinement et de loin en loin, des pièces de monnaies, bonnes ou mauvaises, ce qu'on ignore, car elles sont introuvables ou peut-être impossibles à distinguer. Enfin, presque de nos jours, sous la première République, dans la rue du Mouton, et sous Louis-Philippe, dans la rue Saunerie, des *industriels* fondirent simplement des gros sous — on fait ce qu'on peut, — lesquels, malgré leur fabrication aussi grossière qu'illicite, circulèrent publiquement, sous le nom de *sous de Romans :* dernier et peu flatteur spécimen du monnayage dans notre ville.

LISTE

des Maîtres particuliers de l'Atelier monétaire

DE ROMANS

Durand du Pont et Pierre Fabre. — 5 mars 1342.
Pierre Fabre et Lappo. — 2 août 1344.
Rodolphe et Ponçon de Chevrières, en 1360.
Reynier Forest, dit Coppe, en 1362.
Jean de Lay, prévôt général, en 1368, 1370 et
    1386.
Simonet Forest, dit Coppe. — 12 juillet 1370.

Jean Forest, dit Coppe, en 1384.
Humbert Odoard, en 1385.
Adam de Sauze, secrétaire général de 1392 à 1407.
Jean de Gillier. — 12 juin 1417.
Antoine Delacour, en 1420.
Pierre Fattet. — 3 septembre 1420.
Pierre et Antoine Forest. — 12 mars 1422.
Pierre Forest. — 21 novembre 1429.
Pierre Fabre. — 5 mai 1442.
Pierre de Pluys, en 1443.
Gilet Guerre. — 24 septembre 1445.
Pierre Russol. — 25 octobre 1450.
Gilet Guerre. — 29 septembre 1455.
Girard et Louis Guerre, en 1486.
Durand Delacour, en 1489.
Girard Chastaing, en 1493.
Pierre Odoard, en 1501.
Jacques Gentet. — 3 novembre 1522.
Pierre Carme, dit Augustin. — 1er mai 1526.
Louis Prost. — 20 novembre 1537.
Claude Mosnier, de Rochechinard, en 1540.
François Delacour, prévôt, en 1554.

LISTE

des Parlements généraux du Serment de l'Empire

et des procureurs des Monnayeurs de Romans

qui y ont assisté.

5 mai 1342, à Romans.	Martin Bourel.
5 — 1355, au même lieu.	Ponce Andrée, *aliàs* de Dye, et Pierre Gavaret.
4 — 1358, à Vienne.	Lambert Dardayne.

4 mai 1368, à Romans.   Guillaume Maréchal et Pierre Gavaret.

.4 — 1374, à Valence.   Guillaume Maréchal.

6 — 1377, au même lieu. Jean de Lay.

4 — 1384, à Romans. Jean Bardel.

3 — 1386, à Valence. Jean de Lay.

6 — 1388, au même lieu. Adam de Sauze.

3 — 1390, à Romans.   Le même.

10 — 1392, à Valence. Guillaume Maréchal.

4 — 1394, au même lieu. Jean Forest.

4 — 1397, à Romans.   Le même.

4 — 1404, à Vienne.   Le même.

4 — 1408, à Valence.   Le même.

4 — 1411, à Avignon   Pierre de Metz.

4 — 1414, à Valence.   Pierre Forest.

4 — 1420, à Chambéry. Guillaume Gutuyer.

4 — 1423, à Tarascon.   François Comte et Jean de Gillier.

6 — 1429, à St-Marcellin. François Comte.

» — 1432, à Valence. Guillaume Gutuyer et Claude Perrin.

» — 1435, à Montélimar. Jacquemon Russol.

» — 1439, à Avignon.   Le même.

» — 1469, à Bourg.   Pierre Guyot.

» — 1473, à Lyon.   Le même.

» — 1481, à Montpellier. Jean Gavaret.

» — 1485, à Orange.   Arnaud L'Hoste.

» — 1489, à Avignon.   Philippe Molaris.

» — 1493, au même lieu. François Firmin.

LA VALEUR DU FLORIN

La livre d'argent, sous Charlemagne, en 768, était la livre romaine de 12 onces, contenant un 9ᵉ d'alliage et valant 66 liv. 8 s. La livre sterling est la livre française, à l'époque de la conquête de l'Angleterre (1066) ; elle vaut à présent 25 fr. 22 c., comme sous Guillaume-le-Conquérant. Enfin, sous le roi Philippe Iᵉʳ, l'alliage atteignit progressivement le tiers de la valeur de la livre romaine de 12 onces, et la réduisit par conséquent à 8 onces d'argent fin. Cette nouvelle livre forma le marc, qui servit à peser et à débiter les métaux précieux et de sorte d'étalon pour donner une valeur fixe et connue, non variable et conventionnelle comme celle des monnaies (1).

On se servit dans les temps anciens, en Dauphiné, de la livre viennoise, représentant 15 sols tournois ; au XIIIᵉ siècle elle valait 12 fr. 35 c. Ensuite on fit usage, jusqu'en 1575, du florin, puis de l'écu d'or et de l'écu d'argent, et enfin de la livre tournois, dont la valeur s'affaiblit avec le temps pour s'arrêter à 97 74/100ᵉ centimes, à l'époque de son remplacement par la monnaie décimale.

Le florin d'or fut fabriqué pour la première fois à Florence, en 1252 ; il en fut frappé ensuite par les papes et par les dauphins. Ceux émis à

---

(1) Le marc de Paris pesait 4608 grains ; celui de Grenoble, plus faible d'un 32ᵉ, n'en pesait que 4464. Le marc de Grenoble équivaut à 237 gram. 104 ᵐ/ᵐ, celui de Paris à 244 gram. 753 ᵐ/ᵐ., le tout estimé à l'époque du mois d'août 1386.

Grenoble sous Guigues VIII, en 1334, étaient au titre de 24 carats de 65 au marc ; ils pesaient 3 gr. 30 à 3 gr. 50, et valaient environ 10 fr. 20 c. Mais, en général, malgré les lettres patentes du roi Charles V, en date du 14 octobre 1367, c'était plutôt une monnaie de compte dont la valeur, sujette à une sorte d'*agio*, a beaucoup varié, et que même on fixait dans chaque affaire. Aussi dans la reddition de son exercice, le receveur de la ville de Romans avait soin de noter ce que le florin avait valu dans le courant de l'année écoulée. Ponce de Chevrières et Régnier Coppe, chargés, en 1385, d'apurer les comptes du receveur, fixèrent la valeur du florin monnaie, du 1er au 31 mars, à 13 gros ; de cette dernière date au 1er janvier, à 13 gros et demi, et du 1er janvier à la fin de février, à 14 gros. Quand, par exemple, le florin monnaie était estimé à 12 gros, le florin d'or en valait 13.

Le florin, souvent estimé la cinquième partie du marc d'argent, valait dans ce cas environ 10 livres. D'autres fois il était compté à raison de trois pièces pour deux écus d'or de 64 au marc ; sa valeur était alors de 7 liv. 13 s. 9 den. Ou bien encore, le franc étant la centième partie du marc d'or fin estimé 740 liv., le franc, à 16 gros, valait 7 liv. 8 s. et le florin, à 14 gros, 6 liv. 9 s. 6 den. D'après un autre calcul, on disait qu'il fallait 6 florins pour un marc d'argent et 96 pour un marc d'or. Dans le premier cas, il équivalait, en monnaie actuelle, à 8 fr. 60, et dans le second cas à 7 fr. 80. En 1421, on établit qu'il faudrait 25 gros pour un écu d'or et 14 pour un florin, ce qui porte la première pièce, qui était de 60 au marc à 24 carats, à 12 fr. 19, et la seconde à 7 fr. 04.

Un règlement, en date du 11 juillet 1475, réduisit les monnaies de France sur celles du Dauphiné, pour faciliter le commerce. Par un accord fait le 16 octobre 1492 entre le Chapitre et les habitants de Romans, il fut convenu que le florin serait de 16 gros, et l'écu d'or de 35 gros de 72 au marc; ce qui établit l'écu à 10 fr. 29, et le florin à 4 fr. 68. Enfin, dans l'examen auquel nous nous livrons, il ne faut pas perdre de vue qu'il y avait plusieurs sortes de florins. D'après une évaluation faite le 20 mars 1624, par la Chambre des comptes de Dauphiné, il n'y avait pas eu moins de cinq espèces de florins, depuis 10 fr. 85 jusqu'à 4 fr. 85, et même le florin delphinal ou de compte était tombé, au moment de disparaître, au niveau du florin d'Allemagne, à 2 fr. 60 ; la livre française offrit le même avilissement.

Les calculs que nous venons de faire se compliqueraient singulièrement si nous voulions multiplier la valeur intrinsèque ou réelle par la valeur extrinsèque ou relative, ou, comme on dit, par le pouvoir de l'argent. Les systèmes proposés pour arriver à la solution de cette question ont, en général, pour fondement la comparaison de la rénumération d'un ouvrier terrassier avec la valeur du blé, base de la nourriture. Ainsi, d'après ce calcul, le pouvoir de l'argent, au XIVe siècle, aurait été six fois aussi fort que celui d'aujourd'hui. Les comptes pour la construction d'une arche du pont de Romans, en 1385, montrent que la journée d'un maître maçon était payée à raison de 3 gros d'or. Si, comme nous le croyons, le florin d'or de 12 gros valait alors 7 fr. 20, la journée de cet ouvrier aurait été, en monnaie réelle, de 1 fr. 80, et en valeur relative, de 10 fr. 80 : ce qui est inadmissible. Une autre preuve du peu de fondement de la théorie qui fait marcher parallèlement le prix des salaires avec la valeur du blé, c'est que depuis la Révolution, la valeur du blé n'a pas augmenté d'un tiers et que le prix des salaires a plus que doublé.

LE DROIT DE BAN-VIN

Afin de pouvoir se débarrasser le plus promptement possible de la quantité plus ou moins considérable de vin qu'ils récoltaient sur leurs terres ou recevaient par les dîmes, les seigneurs féodaux s'étaient attribué, sous le nom de *ban-vin*, le droit de vendre le vin de leurs celliers dans un court espace de temps, à l'exclusion de tous autres.

Le Chapitre de Saint-Barnard, qui possédait en toute propriété ou par directe seigneurie un tiers des terres des environs de Romans, avait eu soin de se réserver et de se faire reconnaître ce droit de ban-vin.

La sentence arbitrale de 1212 porte, à l'article IX, que le Chapitre peut vendre son vin sous le ban dans tel temps de l'année qu'il voudra choisir, et ajouter un denier au prix commun ; ce qui, au prix du vin à cette époque, en doublait la valeur.

Par l'article 25 de la charte de liberté, accordée par Humbert II aux habitants de la ville de Romans, le 27 février 1342, il fut permis aux habitants, à leur grande satisfaction, de vendre leur vin en gros ou en détail, en tous temps et nonobstant les bans et coutumes contraires quelconques. Mais cette licence ne fut pas de longue durée.

Le Chapitre obtint du même dauphin des lettres patentes, datées du château de Beauvoir, du 12 avril 1348, par lesquelles il retirait sa précédente concession et rétablissait, en faveur du Chapitre, le droit de ban-vin ; ce qui fut confirmé, en 1371, par le roi de France Charles V. A la suite de quelques contraventions et protestations, il intervint, le 30 mars 1463, entre les chanoines et les consuls de la ville, une transaction qui fut approuvée, le 12 avril, par 158 habitants assemblés de l'autorité du juge. On y trouve une confirmation du dit ban, « avec une exclusion de tous autres bouchons et toutes autres tavernes pendant la durée d'iceluy, et la peine contre les contrevenants telle qu'elle est déclarée dans la confirmation d'Humbert dauphin de l'an 1348, » etc.

Conformément à la précédente transaction et à celles de 1513 et de 1608, la proclamation de l'enchère ou de *sarre taverne* se faisait huit jours avant le jeudi gras par le crieur public, en ces termes : « *L'achera ! Monseignou sant Barnart* « *fait à saver, de par la cort, à touta manera* « *de gens de qualque condition que sia, que no* « *sian si hardy de vendre duran lou vin dal* « *ban de l'iglesa de San Barnard, et sus la pena* « *de cent sols applicas à la cort, et de perdre lor* « *vin et la bossa en que sara ; del qual vin et* « *de la bosse ly meyta si doneysa per l'amour* « *de Deu et ly autre meyta se applica San* « *Barnart.* » Ce jour-là se faisait la *tâte* et la mise à prix du vin, et le mercredi des Cendres il était mis en broche. Le Chapitre voulait que le ban durât jusqu'à l'entière consommation du vin décimal ; les consuls soutenaient qu'il devait cesser le samedi saint : de là des contestations sans cesse renaissantes. Pendant la durée du ban, il était défendu aux habitants de Romans de débiter leur vin en détail au-dessous d'un barral ; les cabaretiers ne pouvaient continuer leur débit qu'après avoir acheté le tiers du vin décimal ; le tout sous peine de 1,000 livres d'amende et de confiscation. En outre, le Chapitre voulait ajouter une augmentation d'un denier par pot et exercer son droit à une distance de deux jets d'arbalète (480 toises) autour de la ville.

La noblesse prétendait s'affranchir de cette sujétion. Philippe Duvivier, président à la Chambre des Comptes, obtint contre le Chapitre un décret de la Cour, en date du 4 mars 1653, qui lui permettait de faire vendre son vin en gros et en détail dans tous les temps de l'année. Sa veuve, Antoinette de Brunet, appuyée par tous les gentilshommes de Romans, obtint aussi, le 24 février 1696, le même privilège. Mais le syndic du Chapitre prouva que les lettres patentes de 1348 et de 1371, confirmées en 1513 par François Ier, portaient défense à toute sorte de personnes, de quelque rang et condition qu'elles fussent, de vendre du vin pendant la durée du ban.

En 1755, les consuls prirent fait et cause pour quatorze débitants qui avaient été condamnés chacun à une amende de 1,000 livres, et eurent avec le Chapitre un procès dans lequel, dit M. Dochier, ils s'inscrivirent en faux, avec plus de passion que de moyens, contre les lettres patentes de 1348 et de 1371. Les mémoires judiciaires (au nombre de quatorze, contenant 1066 pages in-f° ou in-4°) publiés à cette occasion de part et d'autre, offrent une grande érudition, malheureusement dépourvue de critique et d'impartialité, mais qui a eu le mérite de mettre au jour, pour la première fois, les vieilles annales de notre ville. M. Amédée Duvivier, qui avait hérité de sa famille une haine implacable contre le droit de ban-vin, rédigea la plupart des factums présentés en faveur des consuls. Cette lutte judiciaire durait encore et n'était pas près de finir en 1789. Mais vint la Révolution : elle supprima le Chapitre, le Consulat, le droit de ban-vin.....

Et le combat finit, faute de combattants.

LES PRÉSENTS
DE LA VILLE DE ROMANS
SOUS LES CONSULS

Dans les premiers siècles de la monarchie, le peuple était obligé de fournir aux besoins des princes et des grands lorsqu'ils voyageaient. La fameuse charte de 1212 régla que le Chapitre de Saint-Barnard paierait la dépense du passage du pape, et la ville de Romans celle du passage de l'empereur. C'est par suite de cette convention que la communauté paya, le 20 mai 1363, 110 florins (1) pour deux bœufs, trente moutons et plusieurs sommées de vin, qui avaient été fournis au roi de France Charles V pendant son séjour à Romans, et que, en 1366, une taille de 570 florins fut levée pour subvenir à la dépense causée par le passage de l'empereur Charles IV, au mois

---

(1) A cette époque, le florin valait 8 fr. 60 c. et le pouvoir de l'argent, 4,92. Un florin équivalait donc à 42 fr. 31, et 110 à 4,654 fr. 10 c.

de juin précédent (1). Mais ces frais considérables furent plus tard acquittés par les trésoriers généraux, comme on le voit par les pièces comptables qui existent encore, et qui montrent l'emploi d'une somme de 158 livres 3 deniers pour le séjour à Romans du roi Charles IX, le 16 août 1564, et de 275 livres 5 sols 9 deniers pour celui d'Henri III, le 16 janvier 1575 (2). Dès lors, on se borna à offrir des présents à certains grands personnages, aux princes, aux gouverneurs, comme un hommage de respect; aux chefs militaires, aux fonctionnaires puissants, pour obtenir leur bienveillance et leur appui; enfin aux administrateurs de la ville, à titre de récompense et d'indemnité pour des services non rétribués.

La nature et l'importance de ces générosités étaient nécessairement en rapport avec le rang des personnes et les circonstances où l'on se trouvait. Ces objets consistaient en médailles, écus monétaires, pièces d'orfévrerie, objets d'art, confiseries, flambeaux, vins et liqueurs : dépenses qui s'expliqueraient par un long usage, devenu une obligation, et non par les avantages que la ville pouvait en retirer : car on peut supposer qu'elles étaient faites en pure perte.

Voici, par ordre chronologique, les présents offerts et les dépenses payées par la ville :

---

(1) Ce monarque revenait d'Avignon, où il avait conféré avec le pape au sujet de la guerre à faire contre Barnabé, vicomte de Milan. Il s'arrêta à Saint-Antoine pour y révérer les reliques du Saint.

(2) Voy. *Les comptes de la maison d'Henri III*, Revue du Dauphiné, t. III, p. 209. Néanmoins le 17 octobre 1814, à son passage à Romans, le comte d'Artois, plus tard le roi Charles X, fut traité aux frais de la ville : ce qui lui occasionna une dépense de 2,555 fr., dont 1200 payés par le département.

27 février 1357. 7 florins 3 gros pour un repas porté au couvent des Cordeliers, à l'occasion de la pose de la première pierre de la porte de Saint-Nicolas, par Bernard, évêque de Ferrare, délégué du pape (1)

25 avril 1361. 6 florins d'or pour douze lamproies, que Guillaume de Vergy, gouverneur du Dauphiné (2), avait réclamés en rémunération des lettres, scellées de son sceau, qu'il avait données pour obliger le Chapitre de Saint-Barnard de contribuer à la construction des murs de la ville.

5 juin 1361. 22 florins 9 gros pour 24 torches du poids de 78 livres, plus 2 gros et demi pour la location de deux draps d'or employés aux funérailles de Guillaume de Vergy, gouverneur de la province.

16 février 1362. 100 florins d'or donnés à l'épouse de Raoul de Louppy, gouverneur du Dauphiné (3), « pour le bien et pour l'utilité de la ville. »

24 février 1366. Six livres de confitures, cinq picotes de vin blanc et deux torches de cire du poids de 13 livres, offertes au grand-maître d'hôtel de l'empereur d'Allemagne.

26 février 1366. 4 florins 9 gros d'or pour un service fait avec deux torches, plus une sommée de vin et une corbeille de pain offerts à plusieurs

---

(1) Natif de Clermont en Auvergne. D'abord évêque de Côme, puis de Ferrare, le 27 février 1356 ; mort en 1373.

(2) Seigneur de Mirebeau, de Fontaine-Française et de Bourbonne. Nommé au gouvernement de Dauphiné, le 6 octobre 1356, mort à Romans, le 5 juin 1361.

(3) Raoul de Vienne, sire de Louppy, nommé gouverneur du Dauphiné le 7 octobre 1361, fonction qu'il exerça jusqu'au 2 septembre 1369. Il décéda à Louppy, le 31 août 1388.

habitants de Valence venus à Romans à l'occasion de la fête de saint Barnard.

13 juin 1366. 100 francs d'or (1) au chancelier Amédée de Lamotte (2), pour reconnaître le soin qu'il avait apporté à faire confirmer par le roi de France les privilèges et franchises accordés aux Romanais par l'empereur Charles IV.

10 juillet 1366. 1,000 florins, convertis plus tard en une pension de 50 florins, au trésorier delphinal pour l'exemption des droits de péage et autres.

13 mai 1367. 200 florins pour les dépenses faites pendant trois jours par plusieurs membres du conseil du roi, plus 161 florins pour douze écuelles d'argent du poids de 20 marcs, offertes par les consuls à Guillaume de Dormans (3).

Octobre 1367. Quatre torches de cire du poids de 22 livres, et douze livres de conserves payées 13 florins 9 gros à Guillaume de Sainte-Croix, apothicaire, et données au cardinal de Thérouanne (4).

Mars 1371. Quatre charges, un barral et quatre quarterons de vin clairet, six torches du poids de 24 livres et 12 livres de confitures offerts à Jacques de Vienne, seigneur de Longwy et de Saint-Georges, gouverneur du Dauphiné, à son arrivée à Romans, ainsi qu'à Louis de Villars,

---

(1) Le franc d'or valait 11 fr. 60 c. Le cadeau peut donc être estimé, en valeur d'aujourd'hui, à 5200 fr.

(2) Qualifié alors de chevalier et de chancelier en Dauphiné.

(3) Comte d'Etampes, chancelier de Normandie, puis du Dauphiné, enfin de France en février 1371, mort le 11 juillet 1373.

(4) Aycelin (Gilles) de Montaigu, évêque de Thérouanne, chancelier de France en 1357, cardinal en 1361, mort à Avignon, le 5 décembre 1378.

administrateur de l'église de Vienne (1), qui l'accompagnait.

12 septembre 1452. La ville prête par billet au dauphin Louis, plus tard le roi Louis XI, une somme de 100 écus.

Juin 1511. Le roi Louis XII et la reine sa femme, accompagnés des ducs d'Angoulême, de Lorraine, de Vendôme et de la Trémouille, des cardinaux de Saint-Séverin, de Prie et de Ferrare et du chancelier de France, venant de Grenoble, arrivèrent à Romans vers deux heures, descendant l'Isère sur quatre bateaux. Ils furent reçus au port de la rivière, à l'entrée duquel on avait érigé une porte triomphale surmontée des armes du roi. La réception eut lieu sous des dais, au son des instruments de musique et des cloches. Les illustres hôtes furent conduits à leurs logements, qui avaient été préparés dans la maison d'Antoine Bergier, marchand, de Claude Conton, prêtre, et d'Antoine Mulet, bourgeois. On fit présent au roi d'une tasse en vermeil avec six pièces d'or à ses armes et à celles de la ville ; un pareil cadeau fut fait à la reine, et on donna au Dauphin huit arbalètes ; à quoi on ajouta, suivant l'usage, des vins, des confitures et des bougies (2). Ils séjournèrent du vendredi 27 juin au mardi 1er juillet ; ils partirent après leur dîner sur des bateaux pour se rendre à Valence. Le

---

(1) D'abord doyen de l'église de Lyon, évêque élu de Valence le 1er juillet 1354, mort le 3 septembre 1376.

(2) Les bougies fabriquées à Romans jouissaient alors d'une réputation qui s'étendait au loin. Les femmes des hauts fonctionnaires de Grenoble écrivirent souvent aux consuls de Romans pour les prier de leur envoyer des caisses de ce produit de l'industrie locale.

roi avait entendu la messe, le samedi, sous un pavillon près du grand autel de l'église de Saint-Barnard ; le dimanche, une grand'messe célébrée solennellement avec chantres, orgues et instruments mélodieux ; le lundi, dans la chapelle de N.-D. sur le pont, et le mardi, dans la chapelle du Saint-Esprit. Le duc d'Angoulême, malade d'une fièvre tierce, demeura à Romans jusqu'au 5 juillet.

20 novembre 1533. Pour l'arrivée de François Ier, on fit faire un dais de velours rouge et frapper une médaille en argent portant l'effigie de ce roi, avec une exergue mentionnant le Dauphin et le présent des Romanais. On avait fait d'immenses préparatifs et élevé plusieurs estrades, sur lesquelles des personnages allégoriques récitèrent des pièces de vers composées pour la circonstance (1).

28 novembre 1533. Au comte de Saint-Paul, Antoine de Bourbon, gouverneur du Dauphiné, qui passa à Romans une semaine après le roi, on fit présent de six pièces de vin blanc et clairet et de plusieurs flacons d'hypocras, de six boîtes de dragées, chacune pesant deux livres, de douze torches de cire et de sept pièces d'or dans un filet d'argent, chacune valant 46 fr. 45 cent.

17 mars 1556. Le comte de Clermont, lieutenant général en Dauphiné (2), à son passage à

____

(1) Le roi revenait de Marseille, où il avait été conclure le mariage de son fils aîné avec Catherine de Médicis, nièce du pape Clément VI. — Voy. P.-E. GIRAUD, *Entrée de François Ier à Romans* (*Bulletin de la Société d'Archéologie de la Drôme*, t. VII, p. 77.)

(2) Antoine, baron de Clermont, nommé lieutenant général en Dauphiné le 10 février 1554.

Romans, reçut un tonneau de vin blanc et un autre de vin clairet.

5 avril 1563. La ville fit don d'une « robe honneste » à Jonathan Vallier, ministre de la religion réformée, à l'occasion de son prochain mariage.

15 août 1563. A l'occasion du passage du comte de Crussol (1), qui avait été élu à Valence, par l'assemblée des trois ordres, lieutenant général de la province. Il est arrêté qu'on lui fera toutes les honnêtetés possibles, qu'on lui offrira le meilleur vin qu'on pourra trouver et qu'on le logera honorablement ainsi que sa suite.

12 mai 1574. A l'arrivée de Charles de Bourbon, duc de Beaupréau, prince de la Roche-sur-Yon, gouverneur du Dauphiné, la ville fait confectionner un palli (dais) de taffetas aux couleurs et aux armes de ce seigneur et une pièce d'argenterie de la valeur de 300 livres.

15 novembre 1576. La ville ayant appris le mécontentement de l'évêque de Valence (2), sur ce qu'à son passage à Romans on ne lui avait pas rendu honneur ni fait accueil, il est résolu que les consuls avec quelques notables iront à Valence présenter au prélat des excuses et lui offrir plusieurs pièces de vin.

12 février 1578. La communauté de Romans

---

(1) Jacques de Crussol, duc d'Uzès en 1573, connu sous le nom de *seigneur* d'*Acier*. Il avait été nommé illégalement lieutenant général par une assemblée de partisans de la Réforme, à la tête desquels il se trouvait. Son frère Antoine commanda en Languedoc, en Province et en Dauphiné.

(2) Jean de Montluc, évêque de Valence et de Die en 1553. Très tolérant envers les protestants. Il mourut à Toulouse, le 15 août 1579.

paye 23 livres à l'hôtel du *Chapeau Rouge*, pour le séjour qu'y avait fait le baron de Gordes (1).

7 mai 1578. La ville fait acheter à Lyon trois *goubeaux* d'argent pour être offerts à Laurent de Maugiron, lieutenant général du Dauphiné (2).

19 octobre 1581. Les autorités de Romans envoient une députation à Grenoble pour complimenter le duc de Mayenne (3) ; elle est suivie d'un exprès porteur d'un bassin d'argent qui devait être offert à la duchesse de Mayenne.

23 mars 1589. La ville fait présent au baron de la Roche, gouverneur de Romans (4), de deux tonneaux de vin blanc et de six fauteuils.

13 décembre 1590. L'abbaye de Bongouvert (5) offre à Madame Marthe de Clermont, épouse dudit gouverneur, à son arrivée à Romans, un élégant coffret contenant une écharpe de soie cramoisie, garnie de dentelles, de crépines et de franges d'or, de la valeur de 25 écus (92 fr. — 322 fr.).

28 novembre 1600. La reine Marie de Médicis, qui allait à Lyon épouser Henri IV, passe à Romans. La neige qui tomba ce jour là avec abondance nuisit aux préparatifs qui avaient été faits.

---

(1) Bertrand Raimbaud de Simiane, baron de Gordes, né le 18 octobre 1513, lieutenant général en Dauphiné en 1564, décédé à Montélimar, le 21 février 1578.

(2) Comte de Montléans, baron d'Ampuis, nommé en 1554 et 1562, mort en 1589.

(3) Charles de Lorraine, duc de Mayenne, né en 1553, chef des catholiques en Dauphiné, ensuite chef de la Ligue, mort en 1611.

(4) Balthazar de Flotte, baron puis comte de la Roche, chevalier de l'ordre du roi, vibailli de Saint-Marcellin, capitaine de 50 hommes d'armes.

(5) Société joyeuse et galante qui avait pour but la conservation des bonnes mœurs. Elle était protégée par l'autorité. (Voir p. 159.)

27 novembre 1622. Le roi de France Louis XIII
est reçu à Romans avec la plus grande pompe.
Il y avait dans les rues des pavillons avec devises
et armoiries.

28 avril 1675. Le marquis de Lionne (1), nommé
gouverneur de Romans, reçoit les plus grands
honneurs et deux quintaux de bougies. On avait
distribué de la poudre à la milice bourgeoise.

10 mars 1701. Sur l'avis adressé le 6 janvier
1701 par l'intendant de Grenoble, du passage
prochain à Romans des ducs de Bourgogne et de
Berry (2), le conseil général de la ville arrêta les
dispositions à prendre pour recevoir ces princes
et leur rendre les honneurs dus à leur haut rang.

On fit enlever les pierres des chemins, sabler
les rues, tendre des tapisseries devant les maisons
et préparer des rations et des écuries pour *seize
cents* chevaux. Afin de rendre plus facile le passage des carrosses et des équipages, on abattit
quatre maisons, dont l'emplacement a retenu de
cette circonstance le nom de *Place des Princes*.
Trois arcs furent élevés, un à la porte de Saint-
Nicolas, un autre au *Griffon* et le troisième à
l'entrée de l'hôtel de l'abbé de Lesseins, sacristain du Chapitre et gouverneur de la ville, lequel
avait aussi fait construire dans ses jardins un
arc de triomphe en pierres de taille : petit monument assez élégant, démoli seulement en 1883.

---

(1) Sébastien de Lionne, marquis des Claveyson, seigneur de
Triors, de Lesseins, d'Aouste, d'Hostun et de Mercurol.

(2) Ces princes, fils du Dauphin et petits-fils de Louis XIV,
avaient accompagné leur frère, le duc d'Anjou, qui allait prendre
possession du trône d'Espagne. Ils achevèrent leur voyage en visi-
tant le Languedoc, la Provence et le Dauphiné.

Tous ces édifices étaient chargés d'ornements, couverts d'inscriptions et de devises, dont la prose et les vers malheureusement ne sont pas venus jusqu'à nous.

Reçus à leur arrivée au bruit du canon (1) et au son des cloches, les ducs de Bourgogne et de Berry furent harangués par les autorités et conduits à leur logement, à l'hôtel des *Allées*, sous un dais en panne cramoisie, doublé de satin de même couleur et bordé d'une frange d'or. Les *penonnages* sous les armes formaient la haie « en bon ordre et équipage, tambours battants, enseignes déployées » Une foule immense remplissait les rues, garnissait les fenêtres, couvrait les toits.

La ville, suivant l'usage, offrit à chacun des princes deux quintaux de bougies et douze douzaines de bouteilles d'eau *cordiale de Genève*. Elle fit présent à chacun des seigneurs de Bouillé et de Noailles d'un quintal de bougies et de six douzaines de bouteilles de liqueurs. Enfin on donna aux gardes du corps, Cent-Suisses et gens de la suite, dix-huit douzaines de bouteilles de vin de *Vienne*. Le soir, il y eut une illumination générale et un feu d'artifice tiré dans les Allées. Leurs Altesses royales partirent le lendemain dans la matinée, après un déjeuner où figura, dit-on, comme luxe et nouveauté, l'infusion de la fève de moka, dont l'usage était encore inconnu dans Romans.

---

(1) L'abbé de Lesseins possédait quatre fauconneaux ou petits canons, dont deux furent achetés par la ville et servirent aux réjouissances jusqu'en 1808.

Les frais à la charge de la ville, arrêtés le 22 mai, s'élevèrent à la somme de 13,134 livres 10 sols 11 deniers, dont il convient de déduire, comme dépense utile, 6,700 livres affectées à l'élargissement de la voie publique.

En résumé, pendant les guerres de religion, la ville de Romans, sous la pression des chefs de parti qui y dominèrent, fut obligée de faire des gratifications nombreuses et considérables, qu'il serait trop long de relater. Ajoutons que ces exigences des chefs militaires ne se bornèrent pas à cette époque calamiteuse : durant tout l'ancien régime, la ville fut dans la nécessité de faire des dons manuels d'argent, pour épargner aux habitants les exactions des chefs et l'indiscipline des soldats. Enfin, en avril 1814, le maire fit remettre plusieurs fois des sommes à l'aide de camp du général autrichien qui commandait dans la ville ; en outre, les chefs de corps et la plupart des officiers de cette armée étaient logés et nourris aux frais de la commune.

Sous le nom de *don gratuit* et suivant les droits féodaux, les villes étaient taxées à des sommes presque toujours considérables à l'occasion d'événements survenus dans la famille régnante.

Le 2 août 1396, la ville de Romans fut imposée à la somme de 100 francs d'or (1,160 fr.—5,800 fr.) pour le mariage de la fille aînée du roi de France (1) avec le roi d'Angleterre.

1451. La ville donna 100 marcs d'argent (5,000 fr. — 20,000 fr.) à l'occasion du joyeux avènement

---

(1) Isabelle, fille de Charles VI et d'Isabeau de Bavière, mariée à l'âge de sept ans, le 9 mars 1389, à Richard II, roi d'Angleterre.

de la dauphine, femme du dauphin Louis (XI) (1).
Par transaction du 4 février 1452, le Chapitre de
Saint-Barnard consentit à payer sur cette somme
100 florins (560 fr. — 2,240 fr.) et 100 écus d'or
(1,000 fr. — 4,000 fr.).

En 1775, la ville de Romans fut taxée à un
don gratuit de 4,035 livres, pour l'avènement de
Louis XVI au trône de France.

Les vins d'honneur offerts aux *puissances*,
c'est-à-dire aux personnages les plus élevés par
leur naissance et par leurs fonctions, représen-
tèrent d'abord une simple politesse, qui devint
ensuite une obligation à laquelle il eut été mal
séant et même imprudent de déroger.

Le conseil communal délibéra, en 1635, d'a-
cheter une douzaine de bouteilles de fin étain,
attendu qu'il fallait souvent renouveler le verre :
ce qui indique que le vin était offert et consommé
sur place et non envoyé en présent.

Depuis 1768 jusqu'en 1777, la dépense pour les
vins d'honneur s'éleva à 2,364 livres 14 sols. Sur
cette somme, on reprochait aux officiers municipaux d'avoir prélevé 1,678 livres 18 sols pour la
buvette (2). Enfin, dans l'intention de renouveler
un usage interrompu depuis la Révolution, le
corps municipal crut devoir offrir les vins d'honneur au comte d'Artois, frère du roi, à son arrivée
à Romans, le 17 octobre 1814.

Si, comme on l'a vu, les consuls n'épargnaient
rien pour faire honneur aux illustres personnages
de passage ou de séjour à Romans, ils ne s'ou-

---

(1) Charlotte de Savoie, mariée le 14 février de cette année, à la
Côte-Saint-André.

(2) Voy. *Tableau des abus découverts dans l'administration municipale de Romans*. Grenoble, 1778, p. 33.

bliaient pas eux-mêmes, ainsi que le leur reprochaient amèrement les auteurs du *factum* cité dans la note précédente.

En 1428, les consuls sortants se firent délivrer leurs honoraires annuels, qui étaient pour les deux premiers de 20 florins (112 fr. — 500 fr.), de 10 florins pour les deux autres et de même somme pour le receveur.

Par lettres patentes du 15 octobre 1732, les gages furent de 100 livres pour les échevins et de 10 livres pour les conseillers. Le procureur en échevinage recevait 500 livres, et son substitut 100 livres. Les deux consuls chargés de la répartition de la taille avaient droit, outre au bois et à la chandelle, à 30 sols par jour, et le greffier touchait 2 livres. Les six conseillers délégués pour constater la qualité du vin décimal du Chapitre étaient gratifiés d'un régal fixé à 30 livres. Enfin les consuls recevaient, aux frais de la ville, une robe, un chaperon et des gants (1), ainsi que des torches de cire, quand ils assistaient aux processions. Cette dernière dépense s'élevait annuellement à 50 livres.

Quand un membre du conseil municipal était délégué pour des affaires de la ville, il lui était alloué une indemnité proportionnée à la durée de l'absence et à la longueur du voyage ; mais c'était plutôt à titre de remboursement de ses dépenses que comme honoraires.

Ainsi, en 1374, Ponce Radulphe ayant, au sujet

---

(1) A propos de gants, nous trouvons dans une lettre de l'intendant Pajot, en date du 9 février 1762, une note reprochant aux consuls de Romans des achats de gants trop répétés, et ajoutant que quatre paires par an pour chaque consul seraient plus que suffisantes.

des dettes de la ville, résidé à Grenoble pendant
56 jours en quatre voyages, et à Avignon 74 jours,
moins 18 qui lui furent retranchés, reçut pour
ses démarches et dépenses 111 florins (925 fr. —
4,615 fr.). Romanet Boffin, consul, envoyé, en
1529, à Compiègne où se trouvait la cour, eut
une indemnité de 88 livres 10 sols pour une
absence de 29 jours. M. Dochier, avocat et échevin, ayant séjourné à Grenoble, en 1774 et 1775,
pour la poursuite d'un procès qu'avait la ville,
reçut 549 livres. En 1776, on alloua à M. Lambert,
avocat, 397 livres pour 53 jours de vacations, et à
M. Mortillet, premier échevin, en 1777, 313 livres
11 sols pour 18 jours d'absence, etc.

LES VINS D'HONNEUR

Les comptes de la ville nous apprennent que,
le 23 mai 1364, elle paya 20 florins d'or pour le
vin, et 84 florins pour trente moutons et deux
bœufs, qui avaient été fournis pour le service du
roi de France, Charles V, pendant son séjour à
Romans. L'année suivante, « l'heureuse arrivée »
de l'empereur Charles IV donna lieu à une
dépense de 436 florins, qui fut couverte par la
levée d'une taille. Le 24 février 1369, on offrit
au grand-maître d'hôtel du même prince six
livres de confitures, cinq picotes de vin clairet
et deux torches de cire du poids de 13 livres. En
mars 1371, Jacques de Vienne, seigneur de
Longwy, gouverneur du Dauphiné, à son entrée
en fonctions, fut reçu par les romanais, qui lui
présentèrent du vin, des flambeaux et des confitures, ainsi qu'à Louis de Villars, administrateur de l'église de Vienne, qui l'accompagnait.

Le séjour à Romans du roi Charles IX, du 17 au 21 août 1564, coûta à la ville 158 liv. 3 den., et celui d'Henri III, le 16 janvier 1575, 275 liv. 5 s. 9 den. En résumé, il était d'usage et même d'obligation d'offrir des *vins d'honneur*, avec d'autres présents, aux *puissances*, c'est-à-dire aux grands personnages, tels que princes, gouverneurs, lieutenants-généraux, intendants, présidents du Parlement. Bientôt cet honneur, dit M. Dochier, devint une charge à la commune, qui donnait le vin et le verre. Elle délibéra, en 1635, « d'acheter une douzaine de bouteilles de fin étain, attendu qu'il fallait souvent renouveler le verre. » Elle ne fit pas usage de ces vases économiques, le 2 mars 1701, lors du passage des ducs de Bourgogne et de Berry, à qui elle donna, ainsi qu'à leur suite, 54 douzaines de bouteilles de vin et de liqueurs et quatre quintaux de bougies. De l'année 1768 à l'année 1777, la dépense pour les vins d'honneur s'éleva à 2,364 liv. 18 s., somme importante pour un budget de moins de 10,000 liv. Ces vins ont été étalés, pour la dernière fois, le 16 octobre 1814, sous un arc de triomphe érigé à l'entrée de la grande place, à l'occasion du passage du comte d'Artois, qui a régné, de 1824 à 1830, sous le nom de Charles X.

À l'hommage traditionnel des vins d'honneur, on ajoutait ordinairement, comme on le voit, des torches, des flambeaux ou des bougies de cire, suivant les époques. La réputation de ce produit de l'industrie locale était si bien établie, que les femmes des hauts fonctionnaires de la province chargèrent souvent les consuls de Romans de leur envoyer des caisses de bougies *de table* pour le service de leurs maisons.

DROITS DES ÉCUELLES DE NOCES

Avant l'acte de pariage de 1344, les dauphins avaient des droits utiles dans Romans. Ils les faisaient exiger par les châtelains de leurs terres voisines : celui des *écuelles de noces* était du nombre. Il consistait à être au repas des nouveaux époux, à y manger et à prendre une portion de pain, de viande cuite et de viande crue. La preuve existe par un compte que Gilles Copier rendit, le 27 juin 1318, pour la véhérie de Romans. Mais, à cause de sa modicité, le Dauphin abandonna ce droit à celui (*ei*) qui en faisait la recette, ou il en fit grâce aux particuliers (*eis*) : distinction qui donna lieu au siècle dernier, à une longue et pointilleuse discussion entre les chanoines et les consuls.

Le Chapitre, qui jamais ne délaissait aucun de ses droits utiles, si minime qu'il fût, voulut, par la charte de 1348, se faire reconnaître le droit sur les écuelles de noces, et même il en rappela le souvenir dans son dernier procès avec la ville ; mais ce droit, inconvenant et surtout peu productif, avait disparu avant l'abolition des droits féodaux en 1789.

Le Dauphin jouissait d'un autre droit dans Romans : c'était un tribut qui se levait sur le *mariage des veuves*, et qui figure dans le même compte de Gilles Copier pour la minime somme de 6 liv. 12 s. Il eut le sort de celui des écuelles de noces ; mais il fut remplacé par l'impôt de deux pour cent, que l'*Abbaye de Bongouvert* prélevait sur les *veurchères* (dots) des veuves qui convolaient à de secondes noces, et par le charivari accompagné de chansons « analogues à la circonstance, » qu'infligeaient à ces veuves et à leurs époux, les bruyants et peu galants disciples du grand *saint Pichon*.

LES GRANDES GABELLES

Durant l'anarchie féodale, chaque seigneur, embusqué pour ainsi dire dans les passages les plus fréquentés, levait sur les voyageurs et les marchandises un tribut d'autant plus inventif et rigoureux qu'il ne profitait qu'aux chefs qui l'exigeaient, et d'autant plus odieux qu'il n'était la rémunération d'aucun service public. Mais cet impôt était trop ancien, et surtout trop productif, pour être aboli quand l'autorité eut passé aux mains d'un seul. Il prit autant de noms que de formes pour se concentrer dans une vaste administration, connue jusqu'à la Révolution sous le nom de Gabelles.

Les GRANDES GABELLES DE ROMANS étaient un droit de péage, de transit *sur toutes les marchandises et denrées entrant dans les limites du Dauphiné ou sortant de la dite province et passant, tant par eau que par terre, à Romans ou devant les autres bureaux.*

Le Chapitre de Saint-Barnard, à l'imitation des autres seigneurs féodaux, ne manqua pas de s'attribuer, sur le passage très pratiqué du pont de Romans, des tributs de pontonage et de leyde, qui lui furent confirmés par l'empereur Frédéric Ier *(Barberousse)* en 1157, par le pape Innocent III en 1207, et par Frédéric II, roi des Romains, en 1214. L'empereur Frédéric donna à Guillaume de Montferrat la faculté d'établir un péage à Albon, ce qui fut confirmé par Frédéric II, l'an 1238, en faveur de Béatrix de Montferrat, mère du Dauphin, qui le laissa à la famille de son fils ; de là il fut transporté à Romans, où il prit le nom de *Grandes Gabelles*.

Le 20 février 1342, jour de son entrée dans Romans, le dauphin Humbert II gratifia Humbert Colonel, son zélé partisan, d'une pension de cent florins d'or sur les grandes gabelles, et, en 1344, il lui donna à bail ces gabelles et le péage de tout le Viennois, pendant quatre ans, sous le cens annuel de 4,000 florins. Ce prix étant trop élevé et ayant mis le fermier en perte, le dauphin Charles dédommagea Humbert Colonel en lui accordant, le 19 octobre 1351, la recette de tous les droits de la ville de Romans, pour en jouir sa vie durant, aux gages de 60 florins annuels. Elles furent vendues, pour l'année 1370, au prix de 2310 florins.

Un acte de 1209, une charte du Cartulaire de Saint-Barnard et plusieurs lettres des souverains ont exempté les habitants de Romans de payer le péage, tant par terre que par eau, pour leurs personnes et leurs denrées, excepté quand ils en feraient commerce. Un arrêt du parlement, rendu à Grenoble le 15 avril 1477, confirma ces franchises contre la réclamation du fermier, auquel s'était joint le procureur général, sur le considérant que les libertés et privilèges de ceux de Romans n'étaient pas gratuitement octroyés. Mais plus tard, les engagistes donnèrent une telle extension à la loi fiscale, que plusieurs arrêts du Conseil (21 août 1664, 12 août 1738, 28 octobre 1744) renfermèrent le péage des grandes gabelles dans des bornes plus étroites : ce qui n'empêcha pas les fermiers de tronquer le texte des arrêts et de falsifier le tarif, et même de faire regarder le Bourg-de-Péage de Pisançon hors des limites du Dauphiné, et d'obliger les habitants de cette localité à payer des droits pour les denrées et les marchandises qu'ils faisaient passer d'une rive à l'autre de l'Isère : d'où un long procès qui n'était pas terminé en 1789.

En 1612, un nouveau fermier, Antoine Roman, présenta une requête au Parlement, afin d'obtenir la traduction de latin en français et des explications sur certains mots, qui n'étaient plus compris, du tarif dressé en 1437. La nouvelle pancarte portait que la recette serait levée depuis la rivière d'Isère et la ville de Romans montant jusqu'à Voreppe, savoir : Saint-Lattier, Saint-Marcellin et Moirans. Elle comprenait les droits de péage sur les objets suivants : poisson, sel, vins, blé, chanvre, fruits, huile, peaux, laines, bêtes et bestiaux, bois, radeaux, bateaux, chariots, et deux articles qu'il convient de citer comme un souvenir des mœurs de ce temps :

« Item, pour chaque juif passant par la ville de Romans et par le pays de Dauphiné, soit vieux ou jeune, doit dix deniers de gabelle ;

« Item, pour chaque juifve enceinte doit le double de gabelle et le double de péage, soit que le juif ou la juifve aille à pied ou à cheval. »

Le 27 septembre 1628, vente fut passée, sous clause de rachat, par les commissaires députés par le roi, au profit de Philibert Perrachon, de Lyon, des grandes gabelles delphinales de Romans et vingtain de Saint-Lattier, moyennant le prix de 37,800 livres. Le 16 mai 1640, le sieur

Perrachon, vendit à Antoine Romanet la moitié de ses droits pour la somme de 18,900 livres. Cette vente fut subrogée, le 12 juin 1649, par Antoine et Etienne Romanet père et fils, au sieur Pierre Richard et à D^{lle} Hélène Tardy. Par un traité du 24 juin 1655, les droits des gabelles demeurèrent moitié au procureur général, moitié auxdits Richard et Hélène Tardy.

Celle-ci, par un codicille de son testament du 20 avril 1677, légua à l'aumône générale sa part sur les gabelles, et celle de Pierre Richard, dont elle avait hérité. En 1790, à l'époque où elles furent supprimées sans indemnité, ce droit avait une valeur de 13,650 livres et produisait 682 livres annuellement, moins une charge de 102 livres 15 sols au profit de la chambre des finances de Grenoble.

On ne peut guère s'occuper des gabelles sans que le nom de Mandrin, son plus mortel ennemi, ne vienne aussitôt à l'esprit. Celle de Romans, quoique éloignée du théâtre ordinaire des exploits du terrible contrebandier, eut cependant avec lui et sa bande une rencontre sanglante, que l'on trouve relatée avec beaucoup d'autres méfaits dans le jugement qui le condamna à Valence, le 24 mai 1755, à la peine de la roue.

Dans cet acte, il était dit :

« Et notamment, d'avoir été le principal chef de la bande de onze à douze contrebandiers, dont cinq à six se détachèrent au village de Curson, le 7 janvier 1754, pour aller à la rencontre de cinq employés de la brigade de Romans, qui se laissèrent approcher, croyant qu'ils étaient de quelque autre brigade, et, profitant de cette surprise, les fusillèrent, en tuèrent deux, en blessèrent deux autres, dont un mourut deux jours après sa blessure ; volèrent les armes des dits employés, le cheval du brigadier qui fut du nombre des morts, son manteau et son chapeau brodé en or, que le dit Mandrin a porté.... »

LE POIDS DES MARCHANDS

Le Chapitre de Saint-Barnard, en vertu de sa puissance féodale, avait fait ériger un poids public auquel, d'après la sentence arbitrale de 1212, tous les habitants étaient obligés de faire peser leurs marchandises au-delà de 15 livres. Il vendit dans le XIIIe siècle, ce monopole à la famille du Puy d'Hauteville, en conservant une rente de 10 sols, une pension de 30 florins et des lods en cas de mutation. On voit dans les lettres patentes du dauphin Humbert II, en date du 12 avril 1348, qu'une dame Catherine du Puy, tenait alors à cense du Chapitre, la *verge du poids* (*virga ponderis*), dont passèrent successivement reconnaissance Gilles du Puy, en 1413 ; Jacques du Puy, en 1485 ; autre Jacques du Puy, en 1502.

La création du poids des farines ayant fait ombrage au poids des marchands, Jean du Puy, sieur d'Hauteville, fit, en 1527, un procès aux consuls. Pour terminer la contestation, la ville acheta ce poids, le 9 novembre 1532, à Antoine Dupuy et à Marie de Tardes, sa mère, au prix de 300 livres et d'une pension de 30 florins au Chapitre. Accablés de dettes, les officiers municipaux revendirent cette propriété, en 1657, à Pierre Guillaud, qui fit dresser un nouveau tarif, le 10 mars 1659.

Jean Cogne, créancier de la ville, obtint la saisie du poids des marchands, et, après son décès, Claudine Cogne, sa sœur et son héritière, fit procéder à la vente qui fut faite, le 18 décembre 1663, à Barthélemy Morel, pour la somme de 11,000 livres. Ce dernier étant tombé en déconfiture, le poids fut revendu aux enchères et acquis, courant mai 1706, par MM. Bernon, marchand, Jassoud, médecin, et Sablière, marchand. Ces adjudicataires eurent à payer le prix principal de 11,100 livres, les droits de consignation arrivant à 832 liv. 10 s., à servir une rente de 10 sols et une pension de 18 livres au Chapitre, une autre de 8 écus à Nicolas Mistral, chanoine de Valence et de Romans, et une troisième de 10 écus au recteur de la chapelle de Ste-Catherine de Moras, ce qui indiquait un produit annuel d'au moins 1,500 livres.

Ce monopole fut affermé le 8 septembre 1741, moyennant le prix annuel de 700 livres, à Raymond Rochas et à François Rosset par Marie Bagelini, veuve de Mathieu Jassoud, Anne Génissieu, veuve de Jean Bernon, Joseph Sablière, chef des prêtres, co-propriétaires du gros poids des marchands. Le mobilier consistait en cinq romaines et des carnets.

Le poids des marchands a subsisté jusqu'à la Révolution de 1789, époque à laquelle il a été aboli sans indemnité, comme entaché de féodalité. La maison a été vendue en 1791 et démolie en 1885.

LE POIDS DES FARINES

Par la charte de libertés concédée le 14 février 1450, à Peyrins, le dauphin (Louis XI) donna aux consuls de Romans tout pouvoir sur les boulangers, la fabrication, la taxe et la vente du pain. Pour écarter, s'il était possible, les fraudes que commettaient alors beaucoup de meuniers, le conseil municipal délibéra d'établir un poids public auquel les habitants feraient peser leurs grains et farines, en payant deux deniers par setier, un denier par émine et une maille par quartal. Les consuls adressèrent cette demande à Guillaume de Gouffier, amiral de France, gouverneur du Dauphiné, qui leur permit, par lettre du 29 juillet 1523, d'ériger le poids et de percevoir le salaire. Le Chapitre ne manqua pas de s'opposer à cette innovation; il fit assigner les consuls au parlement : un procès s'engagea. Pour lever cet obstacle, ces derniers recoururent à l'autorité royale. François Ier était absent : ils obtinrent de Madame Louise, sa mère, le 21 février 1524, un rescrit adressé au parlement pour qu'il eût à confirmer l'établissement de ce poids, s'il lui paraissait utile, sans y comprendre les blés et les farines du Chapitre, si bon ne lui semblait. Le parlement rendit deux arrêtés conformes à ce désir les 29 novembre 1525 et 31 janvier 1526.

Le Chapitre n'eût aucun égard à ce rescrit : il fallut qu'un commissaire, Claude Thomé, convoquât, le 25 janvier 1526, dans la cour des Cordeliers, une assemblée générale où l'on remarquait les Lacroix, les Boffin, les Chastaing, les Gillier et autres notables. 600 délibérants votèrent pour la conservation du poids, 169 seulement contre.

Le salaire des meuniers avait été fixé par la sentence arbitrale de 1212 : pour chaque setier à une pugnère *comble*, depuis la St-Jean jusqu'à la Noël, et à une pugnère *rase*, depuis la Noël jusqu'à la Saint-Jean. Par conventions des 12 mars 1513 et 7 février 1525, faites avec les possesseurs des moulins, Etienne Combes, Bonaventure Gillier, Barthélemy et Guillaume Berger, Jean et Simon Pélissier, le droit de mouture fut arrêté à six livres et six livres et demie par setier, c'est-à-dire à la vingt-quatrième de la St-Michel à l'Annonciation, et à la vingt-deuxième de l'Annonciation à la St-Michel. Les consuls donnèrent, le 4 avril 1525, le prix-fait de la construction de la maison du poids des farines, et nommèrent André Dubois, « homme capable et de bonnes mœurs, » pour remplir les fonctions de peseur. Cette maison, portait sur sa façade un écusson aux armes de la ville avec le millésime 1526, fut bâtie sur les fondements de la forteresse appelée la *Bastide*, laquelle faisait partie de la première enceinte et commandait le passage de la rue de Clérieu.

La ville se trouvant en nécessité de deniers, engagea d'abord à Pierre Barletier pour 156 livres, et ensuite à Antoine Coste pour 494 livres, le poids des farines, sous clause de rachat, par actes des 12 août et 26 septembre 1566 ; enfin la maison a été vendue, moins le local où l'on pesait les farines, le 20 février 1791, pour la somme de 3,200 livres.

Dans le compte-rendu, par Louis Arnoux, aux consuls, du revenu du poids des farines, pour 1643, les recettes vont à 2,904 livres.

En 1776, pour une population de 5,636 habi-

tants, le produit de cet établissement, à raison
d'un sol par setier, s'était élevé à 854 liv. 5 s. 6
den. et la dépense à 492 liv. 1 s., y compris les
appointements du commis, fixés à 300 liv. Ainsi
le nombre des setiers de blé convertis en farine
avait été de 17,085 et 1/2, soit une consommation
de 2 setiers 8/10e par chaque habitant, ou environ une livre et quart de pain par jour.

Les habitants préférant en général faire usage
du pain fabriqué par les boulangers, et ayant par
conséquent cessé de faire moudre du blé, l'établissement du poids des farines, devenu sans
utilité, a été définitivement supprimé en 1841.

Cette maison a été rasée en février 1883, lors
des travaux pour adoucir la montée.

LA SAVASSE

Le cours d'eau appelé la Savasse (1) naît dans
la forêt de Tivolay, passe à Montmiral, arrose la
vallée de Saint-Michel, traverse des terres sablon-
neuses et boisées, passe à Peyrins et, alimentée
par les eaux pluviales, forme un torrent qui se
jette à Romans, dans l'Isère, après un parcours
d'environ 25 kilomètres.

La négligence des riverains à purger le canal
de la Savasse occasionnait des inondations fréquentes, qui endommageaient la plaine et se répandaient jusqu'à Romans. Les consuls demandèrent au parlement d'envoyer un commissaire

---

(1) *Aqua volvente quæ dicitur Savacia* (Cart. de Saint-Barnard,
Ch. n° 86.)

pour constater le mal et indiquer le remède. Guillaume de La Cour, conseiller, vint visiter les lieux. Par son procès-verbal du 15 septembre 1544, il ordonna de nettoyer les canaux, de leur donner quinze pieds de largeur et de punir les riverains qui refuseraient d'obéir.

Le chemin de Peyrins à Romans servait de lit à la Savasse. Dans les grandes crues, le torrent se jetait dans la ville par la porte de Jacquemart, dégradait les pavés, inondait les caves, sapait les maisons par leurs fondements dans les rues qu'il traversait, et enfin occasionnait chaque année de nouvelles dépenses. Les anciennes administrations s'occupèrent plusieurs fois de changer le cours de ce voisin dangereux. Enfin, en 1828, sur le rapport de l'Ingénieur en chef des ponts et chaussées, le conseil municipal adopta le projet de M. Maurel, géomètre, consistant à creuser un nouveau lit au torrent au-dessous du *Béal-mort*. Ce travail, reconnu d'utilité publique, a été terminé en 1829. Il a coûté la somme de 42,240 fr., dont 8,846 fr. 50 cent. pour indemnités payées à divers propriétaires.

La Savasse entre dans le quartier de la Presle par l'ouverture appelée la *Brèche*.

Pour soustraire cette partie de la ville aux ravages de ce torrent, les ingénieurs présentèrent, en 1852, un projet radical qui consistait à déverser les eaux dans l'Isère, au moyen d'un tunnel passant sous le coteau de Chapelier. Mais, en présence des ressources mises à la disposition du préfet par le décret relatif à la défense des villes contre les inondations, on préféra encaisser la Savasse entre deux quais solides et élevés. La dépense s'éleva à 50,000 fr., dont moitié payée par l'Etat, un quart par la ville et le reste par l'hôpital ; ces utiles travaux ont été terminés en 1861.

Plusieurs ponts ont été construits pour franchir le torrent de la Savasse ; ce sont, sur le territoire de Romans :

1° Le pont de la Croze, reconstruit et élargi en 1858. Il est placé sur le chemin de Romans à Saint-Bardoux ;

2° Le pont en fonte du chemin de fer, jeté en 1863 ;

3° Le pont de Germançon, en pierre, destiné au service d'une propriété particulière ;

4° Le pont de l'octroi, sur la route départementale de Romans à Tain, bâti en 1835 par l'administration des ponts et chaussées ;

5° Le pont du jardin de l'hôpital, édifié en 1860 pour le prix de 2,877 fr., aux frais de l'administration hospitalière ;

6° Le pont de la rue Saint-Jean-de-Dieu, en fer, établi en 1836 par le concours de la ville, de l'hôpital et de deux voisins. Il a coûté 2,400 fr.;

7° La passerelle en bois aboutissant à la maison Guillaume. Elle a été faite en 1864 aux dépens du propriétaire ;

8° Le pont de la Charité, reconstruit en 1860, lors des travaux d'endiguement ;

9° Le pont des Orphelines : il a porté le nom de Chapelier, puis celui de Malet, d'un habitant du voisinage qui fut consul de la ville en 1484. Ce pont, à plein cintre et en tuf, a été édifié en 1424, au moyen d'une cotisation faite entre les habitants de ce quartier et d'une subvention de 20 florins et 20 muids de chaux donnée par la ville. Comme il était en très mauvais état, il a été récemment reconstruit.

L'embouchure de la Savasse était gardée par une haute tour, nommée de l'*Oche*, qui faisait partie des fortifications de la première enceinte. Elle fut plusieurs fois utilisée pour recevoir l'attache d'un des bouts de la corde de la traille qu'on établissait lorsque le passage du pont était intercepté. Il en reste quelques traces dans les assises de la maison du café champêtre, où fut autrefois la materie.

LA MARTINETTE

Les premiers habitants du monastère fondé par saint Barnard étaient des religieux bénédictins, qui, fidèles à leur mission d'apôtres et de pionniers, enseignaient et défrichaient tour-à-tour. Ils creusèrent de leurs propres mains les canaux pour amener, de Peyrins à Romans, les eaux de la grande et de la petite Chorache et d'une dérivation de la Savasse, lesquelles, réunies en un seul ruisseau, traversent la ville sous le nom de *Martinette*. Disons tout de suite l'origine de ce nom.

Le recteur de l'hôpital de Sainte-Foy albergea, le 16 juin 1456, moyennant une pension de cinq florins d'or, un tènement de maison et jardin où était anciennement le moulin de l'Aumône, à Henri Duchastel, qui y fit établir un martinet pour faire du papier *(martineta ad faciendum papirum)*. Le nom de Martinette, donné d'abord à cette usine, est resté au quartier où elle était située et au ruisseau qui lui donnait action. Le 16 août 1499, Jacquemette Monistrol, veuve de Jean Odoard, marchand, tutrice de ses enfants, vendit, avec l'autorisation du parlement, ce même tènement pour la somme de 54 florins, à Antoine de Saint-Pierre, receveur des grands anniversaires de Saint-Barnard. D'abord acquis par la famille Guigou, le moulin de la Martinette passa aux Garnier et ensuite aux Delolle, par le mariage de Pierre-André, en 1776, avec Marianne-Virginie Garnier, veuve Enfantin. Il appartient aujourd'hui à MM. Grand et Juilhet, qui l'ont acquis, en 1862, de M. le marquis de Sieyès, époux de Madame Léonie Delolle.

Les religieux de l'abbaye conservèrent, suivant la coutume féodale, un droit de seigneurie sur ces eaux et construisirent un certain nombre d'usines sur leur parcours ; mais elles leur furent sans cesse disputées et soustraites par les seigneurs de Peyrins. Ces conflits donnèrent lieu à plusieurs conventions : en 1088, avec Truanus ; en 1090 et 1097, avec Lambert François ; en 1160, avec Raynaud François ; en 1222, avec Raymond Béranger, etc., etc. ; où il fut convenu que les deux tiers des eaux venant de Peyrins seraient toujours dirigés vers les moulins de Romans, que l'autre tiers serait réservé pour l'arrosage des prés de Peyrins, et que, quand les prés seraient fauchés, la totalité de l'eau appartiendrait à la ville. Néanmoins la possession des eaux des deux Chorache continua d'être un sujet de rixes dangereuses entre les voisins des deux communautés.

Après la confiscation de la terre de Peyrins, et la conquête de Romans par le Dauphin Humbert II, les contestations furent plus rares et moins graves. Il fut fait de nouveaux règlements pour la police des eaux, savoir : dix dans le XVe

siècle, sept dans le XVIe, neuf dans le XVIIe. Par une sentence du vibailli de Saint-Marcellin, en date du 26 juillet 1494, il fut défendu aux meuniers de Peyrins et aux fermiers de Chalaire de prendre les eaux, si ce n'est le samedi, à soleil couchant, jusqu'au lundi à soleil levant, et non au-delà : ce qui est encore observé de nos jours. Maintenant, sauf quelques procès de loin en loin, la possession des eaux de la Martinette n'est plus contestée; un syndic gère les intérêts des usiniers et un garde assermenté en prévient ou dénonce les usurpations.

Avant d'entrer dans la ville, le ruisseau franchit l'ancien lit de la Savasse au moyen d'un aqueduc. C'était, dès les temps les plus reculés, un canal en bois, dit vulgairement la *Bachaule*, supporté par des piliers en pierre. Celui qui existait encore il y a quelques années, et auquel était accolé autrefois une passerelle, avait été édifié en 1759 et avait coûté 2,144 livres, somme répartie entre le Chapitre pour deux parts, l'hôpital général pour autant, MM. D'Honneur, Romain et Jullien chacun pour une part. Aujourd'hui, le nombre des parts est de onze et demie, divisées entre dix propriétaires d'usines.

En 1823, deux charpentiers, David père et fils, prirent à forfait, moyennant une redevance annuelle de 240 fr., la réparation et l'entretien du canal en bois, pendant une durée de 30 ans. Après l'expiration de ces conventions, Jean Piodi, entrepreneur, reconstruisit de fond en comble l'aqueduc pour le prix de 1,900 francs. C'est maintenant un édifice supporté par cinq arceaux en tuf avec un canal en ciment ; il a environ 45 mètres de longueur sur 6 mètres de hauteur, vers le milieu.

Dans les temps antérieurs à la construction de la seconde enceinte, le ruisseau avait un lit plus élevé et arrivait en ligne droite de la *Salle de l'Eperon* à la rue des *Réaux*, qu'il parcourait jusqu'à son entrée à la Presle, et le long de laquelle, d'après un rôle de 1279, il donnait action à six moulins, qui tous payaient au Chapitre un droit de *régale* : d'où l'étymologie des Réaux *(in Regalibus)*. Le creusement des fossés, au lieu où est la *montée des Masses*, nécessita un changement dans la direction des eaux et, par conséquent, le déplacement des usines.

Après avoir traversé l'aqueduc, la Martinette poursuit son cours vers le midi jusqu'à la rue du faubourg de Clérieu, sur un sol fortement incliné, ce qui lui permet de donner, dans un court trajet, l'impulsion à quatre moulins, parmi lesquels le plus inférieur paye annuellement au bureau de bienfaisance une rente de 18 hectolitres de froment, par suite d'une donation faite aux pauvres, le 30 avril 1443, par Anne Fenouillet.

En entrant dans la ville, la Martinette se dirige parallèlement à la rue de Clérieu et, après avoir donné action au moulin de M. Ferrier, appartenant avant la Révolution aux Grands Anniversaires de Saint-Barnard, traverse la rue et fait mouvoir le moulin de la Table du Chapitre, possédé par M. Senne, et l'usine à soie de Madame veuve Privat. Le ruisseau court ensuite vers la Presle, où une branche est utilisée par le moulin des Deux-Portes et par plusieurs tanneries établies sur sa rive gauche, et va se jeter à l'Isère en se chargeant des immondices de la caserne. L'autre branche passe plus au midi, le long de la Savasse et devant deux tanneries et deux mégisseries.

Au sujet d'une étude historique sur la *Marti-nette*, qui a paru dans le *Journal de Romans*, le 6 février 1870, un honorable abonné veut bien nous faire parvenir une note critique, dont voici le résumé : « Les propriétaires de Peyrins pos-« sèdent *(aujourd'hui)*, pour l'arrosage de leurs « prés, le droit de disposer de la *moitié* des eaux « de la Martinette, et non du *tiers* seulement, « comme l'a dit à tort l'auteur de l'article. »

Cette question, d'un ordre fort secondaire au point de vue historique, a, au contraire une certaine valeur pour les intéressés. Aussi croyons-nous utile de faire connaître les preuves sur lesquelles nous nous appuyons.

Voici d'abord le texte du passage ci-dessus visé : « Ces conflits donnèrent lieu à plusieurs « conventions... *en 1160*, avec Raynaud François; « *en 1222*, avec Raymond Bérenger, etc., où il « fut convenu que les deux tiers des eaux venant « de Peyrins seraient toujours dirigés vers les « moulins de Romans, que l'autre tiers serait « réservé pour l'arrosage des prés de Peyrins...»

Voici maintenant nos preuves :

On lit dans la convention de 1160 : *Due partes semper ad Romanensem villam fluere debent, tertiam autem partem Pairanenses ad irigationem pratorum suorum debent detinere. (Cartul.* de Saint-Barnard, ch. n° 303, *ch. orig. en parch.* lig. 15. M. Dochier, *Mém. sur la ville de Romans.* p. 242. M. Giraud, *Essai histor.*, t. I, *preuves*, p. 228). On trouve également dans l'accord de 1222 : *Ut due partes acquarum ad villam Romanensem semper descendant, tertiam vero partem Pairanenses ad rigationem pratorum suorum habere possint (Ch. orig. en parch.*

lig. 16 et 17; M Dochier, *ibid.*, p. 242; M. Giraud, *ibid.*, t. II, *Nouvelles pièces justif.*, n° 2, p. 115.) Enfin, nous avons quelques raisons de présumer qu'un double de ces documents existe dans les archives du château de Peyrins.

LA FONTAINE COUVERTE

Au centre d'une petite place, formée par le débouché de trois rues *(trivium)*, on voyait encore, il y a quelques années, une grande excavation au fond de laquelle une source abondante coulait dans un petit bassin, par deux tuyaux en cuivre terminés par une tête de dauphin. Il y avait un large escalier, à pente raide, dangereux en hiver, difficile et incommode en tout temps.

C'était la Fontaine Couverte, dont il est fait mention dans les plus anciens titres, au moins dès le XIII° siècle. Elle avait donné son nom non-seulement à une place, mais encore à un quartier important de la ville, dit *in Fonte cooperto*, limité : au nord, par les rues de l'Armillerie et de St-Roch ; au midi, par la Grande-Place et les rues de l'Abbé, ou mieux de l'Abbaye, et Saunerie (non Sonnerie) ; au levant, par la montée des Cordeliers, et au couchant, par la rue du Mouton, appelée anciennement *Naudin*, à cause de son voisinage du marché *(Nundinæ)*. Cette fontaine est aujourd'hui réellement *couverte* par une voûte, au-dessus de laquelle on a établi une autre fontaine, moins abondante, mais plus accessible que celle qui est maintenant enfouie à trois mètres au-dessous du sol.

Soit que les habitants de ce quartier eussent

été plus particulièrement éprouvés par quelque calamité (peste ou incendie), soit qu'ils voulussent resserrer et conserver entre eux les liens de bon voisinage, ils fondèrent une confrérie uniquement basée sur la circonscription urbaine à laquelle ils appartenaient. Toutes les autres associations, fort nombreuses dans les deux derniers siècles, avaient pour motif les intérêts particuliers d'une corporation ou des œuvres spéciales de piété et de bienfaisance.

Quoiqu'il en soit, la *Confrérie de la Fontaine Couverte*, la seule qui subsiste encore, a depuis un temps immémorial (sauf interruption forcée de 1793 à 1803) toujours acquitté solennellement, le 3 janvier, fête de sainte Geneviève, le vœu fait par de pieux ancêtres, et qui fut renouvelé, le 3 janvier 1700, dans un acte authentique, devant M° Guillaud, notaire, par vingt-trois chefs de famille. Ce jour-là on expose, entouré de fleurs et de lumières, un tableau représentant la vierge de Nanterre ; les confrères s'abstiennent de tout travail manuel et font célébrer dans l'église de Saint-Barnard (avant la Révolution, c'était dans celle des Cordeliers) une messe, à l'issue de laquelle on fait distribuer le pain bénit aux habitants du quartier. Les dépenses occasionnées par le service divin et l'offrande du pain bénit sont faites par un chef de famille, membre de la confrérie, désigné une année à l'avance et chez qui, à cet effet, on porte, en grande cérémonie, le *crochon*. Le procès-verbal de la fête est ensuite inscrit et signé par le président annuel sur un registre qui, depuis 170 ans, sert aux actes de la Société (c'est un petit in-4°, d'environ 200 pages, couvert en parchemin).

Autrefois, un certain nombre de dames et de demoiselles, distinguées sous le nom de *bouquetières*, étaient chargées de la décoration du reposoir que l'on élevait au-dessus de la fontaine, le jour de la Fête-Dieu.

Dans la nuit du 20 au 21 octobre 1785, un terrible incendie éclata dans ce quartier et dévora deux maisons. Les flammes, poussées par un vent violent du nord, menacèrent pendant quatre heures d'incendier une partie de la ville. D'après une respectable tradition, les efforts dévoués de la population étant devenus impuissants, on exposa l'image de sainte Geneviève et bientôt, grâce à l'intercession de la patronne du quartier, le feu s'arrêta et les maisons voisines furent épargnées.

SEIGNEURIES
ACHETÉES PAR LA VILLE

A l'époque de la prise de Romans, en 1342, par le dauphin Humbert II, cette ville ne possédait d'autre territoire que celui compris dans le périmètre de ses murailles, en sorte que les biens ruraux des romanais dépendaient des seigneuries des environs et étaient soumis à des juridictions étrangères. Par suite du traité de pariage conclu avec le pape Clément VI, le 31 juillet 1344, il fut convenu que le dauphin assignerait à la ville de Romans un certain territoire qui serait commun à l'archevêque, au Chapitre, à la ville et à lui, dauphin. Il fit donc démembrer du mandement de Peyrins et de celui de Monteux 4,363 setérées de terres, prés et vignes, et 555 setérées de bois, joignant les murs de la ville, lesquelles firent désormais partie du cadastre et de la taillabilité, mais non de la communauté de Romans. Le vice de cette imparfaite union occasionna des conflits et des procès.

Afin d'échapper aux charges de la ville, beaucoup d'habitants allaient s'établir ou simplement faire leur marché dans les faubourgs environnants, où les denrées étaient moins chères : c'est ce qui décida la ville de Romans d'abord à taxer les forains et ceux qui possédaient des biens-fonds dans les communes limitrophes, et ensuite à acheter, à prix d'argent, les seigneuries qui l'entouraient de tous côtés et qui, par l'avantage de leurs privilèges, nuisaient singulièrement au développement de son commerce et de sa population.

SEIGNEURIE DE BEAUMONT-MONTEUX

La seigneurie de Beaumont-Monteux avait été distraite de la baronnie de Clérieu par transaction intervenue entre Humbert, dauphin, et Louis de Poitiers, le 17 août 1343. Les habitants de Romans achetèrent, sous clause de rachat, au roi Charles VII, le 22 mai 1422, le mandement, territoire et juridiction de cette seigneurie, limitrophe des murailles de leur ville. Cette acquisition avait été jugée utile et honorable à la communauté. L'acte fut passé par Reynier de Bolon et Jean de Labarre, commissaires, députés par le roi-dauphin, moyennant la somme de 1,200 écus d'or, en faveur de Geoffroy Vial, Guillaume Mistral, Julien Bourgeois et Armand Pélissier, co-syndics de Romans, et du consentement de la communauté.

La quittance fut passée, le lendemain, par Jean de Labarre audit Vial, savoir : 600 écus d'or comptant et une obligation de pareille somme donnée par ledit Geoffroy, faisant pour les autres syndics de la ville, à Michel Fogasse, marchand, demeurant à Avignon ; de laquelle somme payée et obligée comme il est dit, le commissaire du roi se tint bien content.

Le 25 du même mois, les syndics déjà nommés ratifièrent l'obligation de 600 écus d'or, dont le paiement fut fait, le 30 septembre suivant, à Jean Chabert, de Romans, chargé de la procuration dudit Fogasse.

Deux années après, Garin Fabre, Pierre Eminal, Martin Bourgeois et Pierre Bonet, consuls et syndics, assemblés avec le conseil de l'Hôtel-de-Ville, délibérèrent, le 7 juin 1424, en présence de Jean Gallet, juge de la Cour commune de Romans, d'arrenter pour quatre années, en un seul paiement comptant, les revenus de la terre de Beaumont-Monteux pour pouvoir subvenir aux affaires de la ville. La publication en fut faite et renouvelée plusieurs fois à son de trompe, par le crieur public, en ces termes : *Li preyssa doz mendamens de Montels et de Belmont, mont à 56 setiers 3 quartaux de froment bas, 72 setiers de seigle bas, 36 setiers eminal de siva, 20 sols 10 deniers argent et 2 florins et demi delphinal. La preyssa de un pra, los bas et gardes, lous et vendes, et tous autres emoluments, excepta et reserva à la villa los enquietes et juridiction : son a vendas à quatre ans, commensas à la Saint Jehan et finir à semblable festo, et à l'oyeras à la chandelle o plus offrant, à 250 francs de moneya corrent.*

Le mercredi, 14 du mois de juin 1424, les consuls étant assemblés sur la place publique, délivrèrent la ferme pour quatre années à noble Pierre Odoard, pour le prix de 270 florins qu'il paya comptant, le surlendemain, à Guillaume Seren, receveur de la ville.

La seigneurie de Beaumont-Monteux fut donnée, en 1471, à Imbert de Baternay, par Louis XI; ayant fait retour à l'Etat, elle fut de nouveau aliénée, le 25 août 1594, au duc de Lesdiguières. Monteux était en outre le siège d'une commanderie de l'ordre de Malte, dont le titulaire fut condamné, le 15 juin 1646, à prêter hommage.

Il est intéressant de connaitre le prix de l'acquisition et de l'adjudication de la seigneurie de Beaumont-Monteux faites par les consuls de Romans, en traduisant ces prix en monnaie actuelle, d'une manière absolue, mais non relative, ce qui ne peut être qu'arbitraire.

Sous Charles VII, précisément en 1422, l'écu d'or valait 27 sols 8 deniers, et la livre 5 livres 13 sols 9 deniers, soit 5 francs 63 centimes, ce qui porte le prix d'acquisition à 1,660 livres ou 8,345 fr. 80 c. Le florin valant, à la même époque, 16 sols 8 deniers, ou 4 fr. 66, les 270 florins du prix de ferme faisaient une somme de 1,258 fr. 20 c. ou 314 fr. 55 c. par an, c'est-à-dire environ 4 % du capital engagé, non compris les réserves.

LA SEIGNEURIE DE PISANÇON

La terre de Pisançon *(Pisantio, Pisantium ; terra, castellum, castrum de Pizanciano)* était une portion fort ancienne du patrimoine de l'église de Romans *(antiqua et vetus possessio ecclesiæ*

Romanensis). Elle appartenait originairement
au Chapitre de Saint-Barnard qui en avait conservé la suzeraineté. On a conjecturé que la seigneurie de cette terre lui avait été donnée par les
empereurs d'Allemagne, dont notre pays faisait
partie. Mais des actes authentiques font remonter cette possession bien avant la donation faite
par Rodolphe III à Conrad le Salique. La tradition rappelle en outre que le fondateur de l'abbaye de Romans, le bienheureux Barnard, affec-
tionnait cette paisible retraite, qu'il y allait souvent se délasser des incessantes fatigues de
l'épiscopat, et oublier, sous les épais ombrages
des chênes séculaires, les agitations de sa vie
politique.

Après la mort de leur illustre fondateur, les
moines de Saint-Barnard, spoliés et dispersés en
860 par les Normands, en 930 par leur propre
archevêque, ne jouirent ni longtemps ni paisi-
blement de la terre de Pisançon. Les chanoines
qui les remplacèrent, après la sécularisation de
l'abbaye, au commencement du xi° siècle, obtinrent la restitution de ce domaine. Il devint
bientôt une résidence agréable, une riche seigneurie et un poste important qui commandait
la navigation de l'Isère. Pour tous ces avantages,
il excita la convoitise des seigneurs des environs.
Dans l'impuissance de le défendre, et afin de
conserver au moins la suzeraineté sur ce fief,
le Chapitre de Saint-Barnard se vit obligé de l'in-
féoder à un de ces redoutables voisins, sous la réserve d'un vain hommage et d'une redevance
insignifiante. Ces obligations féodales, plus ho-
norifiques qu'utiles, lui valurent, de la part de
ceux qui voulaient s'approprier le château dont

ils avaient la garde, beaucoup de contestations,
d'inimitiés et de procès, et même l'hommage
dont il se montra en tout temps fort jaloux ne lui
avait plus été rendu depuis près d'un siècle, lors
de la suppressiou des droits féodaux en 1789.

Voici, sous forme d'annales et dans un étroit
tableau, les principaux faits historiques et actes
d'hommages relatifs à la seigneurie qui fait l'objet
de cette étude.

10 juin 924. Un seigneur du nom de Silvius,
qui, en 924, se trouvait possesseur de la terre de
Pisançon à un titre qu'on ignore, la donna et céda,
avec l'église de Saint-Michel et ses dépendances,
à l'église de Romans, Alexandre étant archevêque
de Vienne et Rémégaire évêque de Valence (1).

1030. Après la ruine de l'abbaye de Romans et
la dispersion des moines en 930, par Sobon, archevêque de Vienne, la terre de Pisançon suivit
le sort des autres possessions de l'église, qui furent
partagées entre les compagnons d'armes de ce
belliqueux prélat. Léger, abbé de Romans, ayant
obtenu de son aïeul, Guillaume de Clérieu, la restitution de la seigneurie de Pisançon, l'inféoda,
en même temps que le château de Châtillon, à
Adhémar de Bressieu(2), fils de Bornon, seigneur
puissant de la contrée (3).

1070. Adhémar de Bressieu reconnut tenir de
Varmond, archevêque de Vienne et abbé de Romans, et de ses chanoines, les châteaux de Pisan-

---

(1) *Cartulaire de Saint-Barnard*, ch. n° 130.
(2) Il y a eu plusieurs Aymar ou Adhémar de Bressieu. L'un
d'eux se croisa en 1147, un autre en fit autant en 1190 ; un troisième
commandait les troupes du Dauphin en 1290 ; etc.
(3) *Cartulaire de Saint-Barnard*, ch. n° 16 *bis*.

çon et de Châtillon, leurs droits et mandements, de la même manière qu'il les avait reçus de Léger ; il lui en fit hommage, jura de lui être fidèle et de lui venir en aide (1).

2 mai 1072. Une contestation étant survenue entre Gontard, évêque de Valence, et l'église de Romans, au sujet du château de Pisançon, les parties furent citées devant le concile de Chalon, présidé par le cardinal Gérault, légat du Saint-Siège. Les Pères jugèrent que le fief de Pisançon appartenait à l'église de Romans, et que Gontard, évêque de Valence, qui l'occupait, n'y avait aucun droit, Il lui fut ordonné de le délaisser, à moins qu'il ne prouvât, par des témoins dignes de foi, que Léger le lui avait concédé jadis en bénéfice. Gontard se soumit à la décision du concile et Pisançon rentra sous l'autorité du Chapitre (2).

28 novembre 1095. Le pape Urbain II écrivit au clergé et au peuple (*clero et populo*) de l'église de Romans, que Adhémar, évêque du Puy, qui avait pris Pisançon sous son patronage, lui avait donné l'assurance qu'il maintiendrait ce château sous les lois de l'abbaye et exécuterait fidèlement les conventions faites entre eux (3).

1097. Le même Adhémar, en partant pour la Terre-Sainte, confia le château de Pisançon à la garde de son parent Gontard, évêque de Valence, lequel prêta serment de fidélité à l'église de Romans et s'engagea, en cas de mort d'Adhémar

---

(1) *Cart. de Saint-Barnard*, ch. n° 18 *bis*.
(2) *Ibid.*, ch. n° 84.
(3) *Ibid.*, ch. n° 8.

dans son expédition, à rendre de suite Pisançon
à cette église (1).

6 mai 1099. Après la mort d'Adhémar, Gontard
ayant renouvelé ses prétentions sur le fief de Pisançon, elles furent terminées par l'arbitrage de
l'évêque du Puy, qui en donna la jouissance à
l'évêque de Valence sa vie durant, à condition d'en
faire foi et hommage au Chapitre, à qui il retour-
nerait après la mort dudit évêque. Mais ce dernier l'ayant cédé à un laïque, son neveu, sans
remplir cette obligation féodale, et le Chapitre
s'étant plaint au pape, Urbain II adressa à Gontard un bref par lequel il ordonnait la restitution
immédiate de la terre de Pisançon ou un accord
qui garantît l'église de Romans contre toute
perte de ce qui lui appartenait (2).

1100. Guillaume de Clérieu et Lambert-François de Royans avaient élevé contre l'église de
Romans une injuste querelle sur le château de
Pisançon. Ils s'en désistèrent bientôt, reconnais-
sant que c'était une ancienne possession de cette
église, et Guy, archevêque de Vienne, du consentement des chanoines, concéda la seigneurie de
Pisançon à Guillaume. Mécontent de cette décision, Lambert-François s'empara par violence du
château de Pisançon ; mais il le restitua peu après
volontairement à Guillaume, qui lui en rétrocéda
la moitié : ce qui fut approuvé par l'abbé et les
clercs. Guillaume et Lambert en prêtèrent l'hommage, sous le droit de réversion, à ladite église en
cas de décès de l'un ou de l'autre, et jurèrent de
se représenter en personne dans la ville de Ro-

(1) E. GIRAUD, *Essai hist.*, 1re part., p. 129.
(2) *Cart. de Saint-Barnard*, ch. n° 173 *bis*.

mans, chaque année, à la fête de Saint-Barnard et d'y donner une réfection à tous les clercs. Chacun de ces feudataires se fit construire un château et y plaça dix otages en qualité de châtelains (1). De cette convention date la séparation en deux pareries du fief de Pisançon ; mais les domaines continuèrent à être possédés indivisément. Le Chapitre avait la mouvance et la suzeraineté ; la justice relevait également de lui.

1137. Plusieurs otages qui avaient pris la croix n'ayant pas été remplacés, et Lambert-François n'ayant pas non plus acquitté la rente annuelle de cinq setiers de froment, à laquelle il s'était engagé, l'archevêque et les chanoines mirent le château de Pisançon avec ses munitions sous la garde de Gontard, qui s'obligea par otages à le rendre à première réquisition. Ils firent avec ce seigneur une alliance offensive et défensive contre le comte Guigues IV, surnommé Dauphin, qui avait fait des entreprises pour s'emparer de ce château (2).

1209. Cette année, Humbert II, archevêque de Vienne, et Pierre d'Arènes, sacristain de Saint-Barnard, reçurent l'hommage du seigneur de Pisançon.

Un document de cette époque apprend que le château de Pisançon était un fief rendable à première réquisition du Chapitre, représenté par six chanoines. Le feudataire devait prêter serment de fidélité, fournir 10 otages et payer un cens consistant en huit porcs, huit setiers de froment,

---

(1) *Cart. de Saint-Barnard*, ch. nos 174 et 269.
(2) *Ibid.*, ch. no 291.

huit saumées de vin et le bois nécessaire à la consommation de l'abbaye. En outre, pour le droit de port et de pontonnage, il était dû deux setiers de froment, deux saumées de vin et deux porcs. On voit aussi par cet acte que les habitants de Romans ne devaient être soumis à aucun péage ni par terre ni par eau (1).

1250. Lambert de Chabeuil, descendant de l'un des feudataires primitifs, occupait le château le plus rapproché de Romans. Il déclara la guerre à Silvion de Clérieu et s'empara de l'autre château, dans lequel, pour arrêter la lutte de ces seigneurs, l'archevêque et le Chapitre avaient mis des gens sous le commandement de Didier de Sassenage, chanoine et viguier de Romans. L'archevêque, justement indigné, déclara Lambert félon, le priva de son fief pour cas de rébellion et nomma à sa place Humbert de la Tour (2).

1277. Lambert étant mort, Eynard de Chabeuil, son neveu et son héritier, du consentement de Pierre Peloux, mari d'Alix de Chabeuil, céda tous ses droits sur Pisançon à Humbert de la Tour, qui était son cousin.

15 mars 1278. Amédée de Roussillon, évêque de Valence, administrateur du diocèse de Vienne, le siège étant vacant, et Humbert de la Tour, eurent une entrevue dans la salle des frères Mineurs de Vienne. Ce dernier, malgré les menaces d'excommunication de l'évêque, refusa de rendre

---

(1) Arch. municip. de Romans déposées à la préfecture de la Drôme. M⁰ Jean-Bernard de la Croix, seigneur de Pisançon, ayant voulu troubler les habitants de Romans dans cette exemption de tout péage, fut condamné, par arrêt du parlement de Grenoble, le 25 septembre 1727.

(2) E. GIRAUD, *Essai hist.*, 2ᵉ part., p. 51.

le château qu'il occupait et dont il prétendait la propriété à deux titres : 1° comme cessionnaire de l'héritier de Lambert ; 2° comme donataire de Guy de la Tour, archevêque de Vienne et abbé de Romans. Une guerre eut lieu à la suite de ce différend entre Humbert et Silvion de Clérieu, qui avait pris en main la cause de l'église de Romans et qui assiégea vainement le château de son ennemi : ses terres mêmes furent ravagées par les hommes de Humbert (1).

1279. A la suite d'une trêve ménagée par plusieurs seigneurs des environs, les châteaux qui étaient le sujet du débat furent donnés en garde : celui de Silvion, à l'archevêque Aymar, et celui de Humbert, à Aymon, comte de Genève.

1281. La décision définitive du litige fut confiée à Robert, évêque de Genève, parent des deux seigneurs contendants. Humbert, devenu par son mariage avec Anne, fille de Guigues VII, souverain du Dauphiné, reçut du Chapitre la maison-forte de Pisançon, qui avait été confisquée sur Lambert de Chabeuil, à titre de fief rendable, et sous la redevance annuelle et perpétuelle de 50 sols. Roger de Clérieu, fils de Silvion, rentra en possession de son château (2). C'est à partir de cette époque que les deux parties de la terre de Pisançon furent nommées, l'une, *parerie delphinale*, et l'autre, *parerie poitevine*.

Juin 1296. Humbert de la Tour, dauphin, et la dauphine son épouse, cédèrent à Raymond de Mévouillon et à Béatrix, sa sœur, en paiement de

---

(1) E. Giraud, *Essai hist.*, 2e part, p. 56. Valbonnais, Reg. man., n° 7.

(2) *Ibid.*

Visan (1), le château de Pisançon et le péage de
Saint-Paul, à la charge de les tenir d'eux à foi et
hommage, s'attribuant par cet acte sur la terre
de Pisançon une mouvance qui ne leur avait
jamais appartenu ni à aucun de leurs prédécesseurs, puisqu'elle dépendait du Chapitre de Saint-
Barnard trois siècles auparavant.

27 septembre 1300. Béatrix accomplit cette
condition de foi et hommage au dauphin, après
l'arrangement qu'elle fit avec Raymond, son frère.
Puis, le 13 novembre, elle donna la moitié du
château et du domaine de Pisançon à Marguerite
de Genève.

23 janvier 1304. Graton de Clérieu, fils de
Roger, reconnut pour lui et pour ses successeurs
au château de Pisançon, le tenir du haut fief de
Saint-Barnard, et il prêta hommage dans la
chapelle capitulaire, par acte reçu Mᵉ Roland
de Goncelin, notaire, en présence de Guillaume,
archevêque de Vienne, d'Alexandre de Saint-
Didier, sacristain, et des chanoines.

11 février 1306. Béatrix de Mévouillon, en
reconnaissance des grâces qu'elle avait reçues du
dauphin, mit sous sa garde le château de Pisançon et un bois appelé *Dalmagnieux*. Elle lui
céda, en outre, une somme de 50 livres à prendre,
moitié sur le mandement et l'autre moitié sur le
péage de Saint-Paul. La terre de Pisançon sortit
entièrement de la maison de Mévouillon : elle
retourna pour partie au dauphin, et appartint

---

(1) Cette cession avait été consentie par Béatrix, le 17 août 1294,
au prix de 13,000 livres tournois. (VALBONNAIS, *Hist. de Dauphiné*,
t. I, p. 73).

pour partie aux Poitiers, par suite de la cession faite à Marguerite de Genève.

1er juin 1314. Guy, dauphin, baron de Montauban, troisième fils de Humbert de la Tour, fit hommage à Jean, son frère, des terres de Pisançon. Le baron étant mort en 1317, ne laissant qu'une fille de Béatrix des Baux, Pisançon revint au pouvoir du dauphin.

23 novembre 1323. Guigues VIII, troisième dauphin de la maison de la Tour, du consentement de son oncle Henri, évêque de Metz, régent du Dauphiné, reconnut que le château de Pisançon était un bénéfice noble et ancien de l'église de Saint-Barnard, et le tenir pour lui et ses successeurs de ladite église, ainsi que son père, son aïeul et son grand oncle l'avaient longtemps possédé. Le dauphin prêta l'hommage au sacristain, dont il reçut le baiser de paix en présence de nombreux témoins, entre autres de Graton et Guichard de Clérieu. En considération de cette soumission, le Chapitre fit la remise du cens de 50 sols, acte dressé par Bertrand d'Alixan, notaire (1).

26 janvier 1329. Guichard, seigneur de Clérieu et de la Roche-de-Glun, héritier et successeur de Graton, prêta le même hommage au Chapitre, devant Me Guillaume de Montchenu, notaire, et en présence de Richard d'Hostun, sacristain, de Jean de Claveyson, précenteur, et des autres clercs.

29 avril 1338. « Humbert II, accompagné des principaux seigneurs de sa suite, se trouvait à Romans, chez Jacques Coyratier, bourgeois, où il avait pris son logement. Le Chapitre, informé

______

(1) Acte original de la Chambre des comptes, Pilati. H. L., n° 60.

de son arrivée et de son intention de prêter le
serment imposé aux feudataires de Pisançon,
partit aussitôt de l'église processionnellement au
au son de toutes les cloches, les chanoines, les
chapelains, les clercs, précédés de la croix et
revêtus de leurs plus beaux ornements. Le cor-
tège parcourut les rues jusqu'à la maison de
Jacques Coyratier. Là, le dauphin prit rang
dans la procession et fut conduit à l'église devant
le grand autel, où fut apporté et déposé le bras
de saint Barnard, relique précieuse, objet de la
vénération du peuple. Le sacristain, Richard de
Chaussenc, mit alors sous ses yeux un acte muni
des deux sceaux du dauphin Guigues, son frère,
et de Henri, son oncle, et le pria d'en prendre
lecture. Humbert refusa de lire cet acte, dont il
connaissait parfaitement, disait-il, la teneur, et,
debout, la main étendue sur l'autel, il prêta, suivant l'antique usage, le serment de fidélité au
Chapitre, et reçut sur la bouche, *more nobilium*,
le baiser du sacristain. Les assistants à cette
cérémonie étaient nombreux, indépendamment
des ecclésiastiques et des romanais que la nef
pouvait contenir. On comptait comme témoins, de
la part du dauphin : Henri de Villars, évêque de
Valence ; Jean, évêque de Tivoli ; Agoût des
Baux, seigneur de Brantole, etc. Incontinent et
sans désemparer, les chanoines, le dauphin et
ses témoins se retirèrent dans le chœur, et là, le
sacristain et Jean de Claveyson, au nom du Chapitre, lui conférèrent la dignité de chanoine et
l'associèrent, en qualité de confrère, à tous leurs
biens et à tous leurs privilèges (1). »

(1) E. GIRAUD, *Essai hist.*, 2ᵉ part., p. 137. Pièce just., n° 26.
VALBONNAIS, t. II, p. 360.

21 décembre 1347. La portion ou indivis de la terre de Guichard étant parvenue à son neveu, Aymar de Poitiers, comte de Valentinois, celui-ci en prêta l'hommage au Chapitre de Saint-Barnard, entre les mains du sacristain, et se déclara vassal et fidèle de ladite église.

31 mars 1349. Par l'acte de cession de tous ses biens au fils aîné du roi de France, Humbert II se réserva, sur la châtellenie de Pisançon, 70 setiers de froment de cens, le setier estimé 7 sols, et 60 gélines, aussi de cens, valant 30 sols ou 6 deniers chacune.

9 mai 1350. Charles, premier dauphin de la maison de France, se trouvant à Romans, les chanoines de Saint-Barnard, en chape d'or et de soie, et les clercs du Chapitre, assemblés en procession, avec les vertus et les reliques, allèrent le prendre au couvent des Frères Mineurs, où il résidait, et le conduisirent au son des cloches, en chantant, jusqu'au grand autel de l'église. Là, le prince prêta hommage au Chapitre pour le château de Pisançon, en présence de Pierre de Bourbon ; Henri de Villard, archevêque de Lyon ; François de Parme, seigneur d'Aspremont, chancelier du Dauphiné ; etc. L'acte fut dressé par Humbert Pilati.

21 décembre 1357. Aymar de Poitiers, comte de Valentinois et de Diois, co-seigneur de la terre de Pisançon, comme succédant aux seigneurs de Clérieu par le moyen du testament d'Aymar, son père, prêta hommage au Chapitre, devant le grand autel de Saint-Barnard, où ledit comte jura fidélité au sacristain et aux chanoines (1).

---

(1) Reg. de la Chambre des comptes, H, p. 109.

10 août 1374. Louis de Poitiers, comte de Valentinois, abandonna à Charles, seigneur de Saint-Vallier, son oncle, la terre de Pisançon avec sa juridiction, à condition qu'elle relèverait de lui et de ses successeurs au comté de Valentinois.

24 janvier 1423. Louis de Poitiers, fils de Charles, seigneur de Saint-Vallier, prêta hommage au Chapitre entre les mains de Jean de Nant, archevêque de Vienne et abbé de Romans, pour le château et la terre de Pisançon, conformément à celui prêté par Aymar de Poitiers.

22 novembre 1450. Le Chapitre, qui n'avait point jusqu'alors reconnu les dauphins de Viennois ni ceux de France pour suzerains, soumit à Louis, dauphin, et à ses successeurs, tout son temporel et s'obligea de relever entièrement de lui et de lui rendre foi et hommage. Le Dauphin s'engagea, de son côté, à lui assurer la jouissance de tous les biens, droits, privilèges et libertés dont il était en possession, entre autres de la supériorité des châteaux et mandement de Pisançon (1). C'était, en d'autres termes, une véritable remise par le Chapitre de tout son temporel entre les mains du Dauphin et une reprise de lui à titre d'inféodation.

6 février 1456. Par transaction de ce jour, Louis XI remit en pariage à Louis de Poitiers, évêque de Valence, la moitié de la terre de Pisançon, sous la réserve expresse de foi et hommage que ce prélat rendit au Dauphin dans le même acte.

---

(1) Reg. de la Ch. des Comptes. *Script. tangentes villam de Romanis*, fº 19.

Juin 1467. Louis XI donna l'autre moitié du château de Pisançon à Aymar de Poitiers, en faveur de son mariage avec Marie, fille naturelle du roi, sous la même réserve de foi et hommage, et de plus sous la faculté de rachat.

14 août 1481. Aymar de Poitiers, seigneur de Saint-Vallier, rendit hommage au Chapitre de Saint-Barnard pour sa parerie du château de Pisançon.

20 septembre 1501. Guillaume de Poitiers, seigneur de Clérieu, acquitta la même obligation féodale.

19 janvier 1542. Le Chapitre hommagea à la Chambre des comptes, confessa et reconnut que l'église de Saint-Barnard, chanoines et Chapitre, étaient sujets et vassaux du seigneur roi et dauphin ; qu'ils tenaient et voulaient tenir de lui en fief noble et ancien la supériorité et directe seigneurie des château et mandement de Pisançon, dont ils prenaient, sur la partie *pictavienne*, 50 sols par an de rente, et qu'ils avaient aussi devant le juge ordinaire les appellations qui ressortissaient du juge de Pisançon, de quoi ils n'avaient aucun profit annuel.

10 juin 1542. Sommation faite à Aleran de Vaulperge, seigneur de Sarcenas, acquéreur de la partie delphinale, aux fins d'en prêter hommage au Chapitre, en payer les lods, etc. Il n'y eut pas de suites, parce que le roi François Ier, par lettres patentes du 11 janvier 1546, ordonna la réunion de sa parerie de Pisançon au domaine ; ce qui fut exécuté par M. de la Colombière, maître des comptes.

31 juillet 1542. La moitié des terre, seigneurie et péage de Pisançon ayant appartenu à Guil-

laume de Poitiers, seigneur de Saint-Vallier, fils de Jean, avait été adjugée à Philibert de Béavieu et à Catherine d'Amboise, sa femme. Après le décès de son mari, la dame d'Amboise avait conservé la paisible possession desdites terre, seigneurie et juridiction, et avait épousé en secondes noces Louis, prince de Clèves, comte d'Auxerre. Ces époux, sur la sommation du Chapitre, firent prêter foi et hommage à l'église de Saint-Barnard par Antoine Ribolle, qui, muni de pouvoirs suffisants, prit investiture et paya les lods.

18 février 1545. Le Chapitre de Saint-Barnard requit Georges de Créqui, seigneur de Ricey, possesseur par donation de la parérie poitevine du château de Pisançon, d'avoir à remplir les devoirs de foi et hommage. Cette sommation fut non avenue, Diane de Poitiers ayant repris cette terre.

12 octobre 1565. Acte signifié par le Chapitre à Diane de Poitiers pour sa portion de la coseigneurie de Pisançon et pour son domaine de Charlieu, qu'elle avait eu, par droit de retrait, du seigneur de Ricey.

23 juillet 1570. Diane de Poitiers ayant racheté la parerie poitevine qui venait de sa maison, et cette coseigneurie étant dans la suite parvenue au pouvoir des duchesses d'Aumale et de Bouillon, filles et héritières de Diane, le conseil de ces dames, sur les réclamations du Chapitre, délibéra qu'elles devaient la foi et l'hommage, de même que les lods demandés.

16 novembre 1593. Le roi engagea au connétable de Lesdiguières sa portion de la terre et du mandement de Pisançon, moyennant la somme de 42 écus d'or sol.

1595. Mre Jean de la Croix, évêque de Grenoble, acheta, par décret, des héritiers de Diane de Poitiers, la parerie poitevine de la terre de Pisançon.

20 février 1603. Claude Mortier, sieur du Fresnel et de Soizy, ayant obtenu contre le duc d'Aumale l'adjudication de la parerie poitevine, par arrêt du parlement de Grenoble du 18 avril 1598, prêta hommage pour cette parerie au Chapitre de Saint-Barnard et paya les lods de son acquisition.

28 avril 1608. Il intervint une transaction entre le Chapitre et Mre Jean de la Croix, évêque de Grenoble, par laquelle le Chapitre acquitta ledit seigneur évêque des lods de son achat de la parerie poitevine de Pisançon et de ceux dus par les enfants de Claude Mortier. Jean de la Croix prêta hommage et reconnut tenir en fief de l'église de Romans les châteaux, juridiction haute, moyenne et basse de Pisançon, avec tous les droits et devoirs en dépendant, et promit de payer le cens direct de 50 sols à chaque fête de saint Julien.

23 décembre 1632. Le connétable de Lesdiguières passa vente aux consuls et habitants de Romans de la portion, par lui acquise du roi, du domaine de Pisançon, moyennant 20,000 livres et sous clause de rachat.

19 mars 1634. A raison de cette acquisition, les consuls de Romans furent interpellés d'en payer les lods, de prendre investiture et de rendre hommage au Chapitre. Mais l'adjudication qui leur avait été faite étant devenue inutile par la vente, que firent les commissaires du roi, de ladite parerie à M. de la Croix, le Chapitre cessa ses poursuites.

28 janvier 1636. Un arrêt du conseil d'Etat du roi unit le bourg du péage de Pisançon à la ville de Romans.

6 novembre 1642. M. de la Gueyte, intendant-commissaire, rendit un jugement qui déclara le Bourg-du-Péage et les terres du domaine qui en dépendaient compris dans la portion échue à la ville de Romans.

26 juin 1645. Le Chapitre hommagea à la Chambre des comptes la co-seigneurie de Romans, les fiefs de Pisançon, Châtillon, Octavéon, Triors et la Motte-de-Galaure, leurs appartenances et dépendances, et généralement tout le temporel de l'église de Saint-Barnard.

21 mars 1648. Les consuls et les habitants du Bourg-de-Péage acquirent du roi la portion domaniale du château de Pisançon.

5 juillet 1655. Les commissaires du conseil revendirent la portion domaniale, appelée delphinale, à Mre Gabriel de la Croix, fils de Jean, quatrième du nom, auteur de la branche de Pisançon, qui remboursa aux consuls et habitants de Romans et du Bourg-du-Péage le prix de leur acquisition. Par cette vente, les deux pareries du fief indivis de Pisançon devinrent la propriété de la famille de la Croix. A cette occasion, le Chapitre présenta à la Chambre des comptes une requête, afin que l'adjudication qui aurait été ou pourrait être faite ne pût lui préjudicier. Il déclara s'opposer à l'enregistrement qui serait demandé de tous contrats, conventions, hommages ou autres actes concernant la parerie du fief de Pisançon. La Chambre des comptes donna acte et ordonna l'enregistrement de l'opposition du Chapitre.

23 décembre 1655. Sommation faite au prince de Monaco, qui, créé duc de Valentinois par lettres patentes de mai 1642, prenait la qualité de seigneur dominant de Pisançon, d'avoir à prêter foi et hommage au Chapitre de Saint-Barnard.

23 décembre 1655. Même sommation à Mre Gabriel de la Croix, qui prenait aussi ce titre.

18 août 1657. Un arrêté du conseil maintint Mre Gabriel de la Croix en possession et jouissance dudit domaine en qualité d'engagiste, malgré les habitants de Romans et l'instance du prince de Monaco.

6 décembre 1659. Mre Gabriel de la Croix, conseiller au parlement, seigneur des deux pareries des châteaux, terre et mandement de Pisançon, fit hommage au sacristain, chanoines et Chapitre de l'église de Saint-Barnard, haut seigneur de ladite terre, et leur prêta serment de fidélité, comme avaient fait les dauphins Guigues, Humbert et Charles, et Jean de la Croix, évêque de Grenoble ; ce faisant, il promit de payer le cens de 50 sols perpétuellement. Le même jour, le feudataire fit avec le Chapitre une transaction, par laquelle il acquit le droit d'établir des moulins sur le rivage de l'Isère, moyennant une rente de cent livres et le cens de deux setiers de froment.

1er janvier 1680. Sur l'avis de l'intendant d'Herbigny, un arrêt du Conseil prononça la désunion du Bourg-du-Péage de Pisançon d'avec la ville de Romans.

16 mai 1692. Sommation faite à Mr Jean-Bernard de la Croix, fils de Gabriel, pour la prestation de foi et hommage au Chapitre de Saint-Barnard.

25 février 1696. Transaction par laquelle le
seigneur Jean-Bernard de la Croix s'obligea à
prêter foi et hommage pour la terre de Pisançon
et de payer au Chapitre plusieurs arrérages de
cens et de rente qu'il devait.

27 janvier 1698. Un arrêt du parlement en-
joignit à M. le président de la Croix de prêter
l'hommage auquel il s'était engagé par la transaction du 25 février 1696, qu'autrement il serait
pourvu sur la réunion requise par le Chapitre de
ladite terre au fief de Pisançon.

25 février 1698. Mre Jean Bernard de la Croix,
président au parlement, prêta foi et hommage
conformément aux actes passés par plusieurs
Dauphins et par Jean et Gabriel, ses prédécesseurs.

13 avril 1711. Le seigneur de la Croix reconnut qu'il devait payer la rente annuelle de 2 livres
10 sols, à raison de l'hommage du château de
Pisançon.

6 juillet 1736. Par exploit de Me Bonner,
huissier, assignation fut donnée à Mre Jean-Bernard de la Croix pour comparaître devant le roi
en son conseil d'Etat, pour se voir condamner à
prêter hommage de la parerie delphinale de la
terre et du mandement de Pisançon, comme
aussi de la parerie que Jean de la Croix avait
acquise des héritiers de Diane de Poitiers.

Un procès au sujet de l'albergement du rivage
de l'Isère, commencé en 1626, repris en 1710 et
qui ne se termina qu'à l'époque de la Révolution
par l'abolition des droits féodaux, ne permit pas
au Chapitre de Saint-Barnard de recevoir pour
la terre de Pisançon aucun hommage dans le
cours du XVIIIe siècle.

L'ancien château de Pisançon se composait de quatre corps de logis, formant une cour carrée, avec de gros pavillons aux angles. Saccagé et brûlé en 1793 par des soldats d'un bataillon de l'Hérault, de passage à Romans, il a été remplacé par le château actuel, qui a été construit au commencement de ce siècle, mais sur un plan différent et sur une moins grande échelle que l'ancien.

Après avoir été, jusqu'en 1789, le siège d'un mandement important, Pisançon n'est plus, sous le nouveau régime, qu'une annexe avec paroisse de la commune de Chatuzange.

SEIGNEURIE DE PEYRINS

Après l'expulsion des Sarrazins de nos contrées, les principaux chefs de l'expédition dirigée contre eux se partagèrent les terres restées vacantes. Ismidon, prince de Royans (vers 960), issu des comtes de Forez, de la descendance des rois Burgondes, s'empara du territoire de Peyrins et eut des contestations avec le Chapitre de Saint-Barnard, ainsi que ses descendants, qui furent Didier, lequel hérita de la maison paternelle et des seigneuries du Valentinois et du Royans, Lambert-François, fils d'Ode de Ludes et d'Ahaldisie et petit-fils d'Ismidon de Royans (vers 1160). Celui-ci alla en Terre Sainte rejoindre son frère Aimar, évêque du Puy, de Montélier et non de Monteil, et en 1138, il consentit à la construction des murs de Romans. Il eut deux fils de sa femme, Stéphanie Raynaud, dont François, qui, vers 1174, vendit aux moines de Saint-Barnard une partie de l'hérédité paternelle et convint avec eux

que les deux tiers des eaux venant de Peyrins
seraient toujours dirigées vers les moulins de
Romans, que l'autre tiers serait réservé pour
l'arrosage des prés de Peyrins, et que quand les
prés seraient fauchés, la totalité de l'eau appartiendrait à la ville, excepté le dimanche : convention renouvelée en 1222 par Raymond Bérenger, qui, en 1213, avait épousé Raymonde, fille
unique de François, et devint le chef de toute la
famille.

Dans un acte de 1262, l'héritier des seigneurs
de Peyrins se reconnut homme lige du comte
Guigues Dauphin (1), et confessa qu'il tenait de
lui en franc fief tout ce qu'il possédait. En 1302,
Guillaume François vendit pour 1,000 livres
Viennoises à Humbert 1er, représenté par noble
Allemand du Puy, tout ce qui lui restait dans la
terre de Peyrins, excepté la maison forte de
Geyssans, laquelle fut donnée par Humbert II,
en 1334, à Amblard de Beaumont. C'est ainsi
que les Dauphins finirent par faire passer, morceau par morceau, sous leur puissance le mandement et le château seigneurial de Peyrins.

Ce château, nommé du Rou, était situé sur un
monticule, à gauche de la route, et remontait à la
plus haute antiquité ; il en reste encore quelques
ruines. C'était, paraît-il, une belle et agréable
habitation, entourée de grands bois giboyeux.
Humbert II y résidait lorsqu'il assiégea et prit
Romans, vers la fin de février 1342. Après la
célébration de leur mariage à Tain, le 8 avril 1350,

---

(1) En 1247, il avait déclaré qu'il était propriétaire d'un quart du
fief de Peyrins.

le dauphin Charles, fils du roi de France, et sa jeune épouse, Jeanne de Bourbon, vinrent passer leur lune de miel dans ce lieu retiré. Louis XI, alors dauphin, qui y résidait souvent, y signa, le 24 février 1450, des lettres patentes confirmant les libertés dont jouissaient les Romanais. Le duc de Savoie, Philibert le *Chasseur*, pendant le séjour qu'il fit à Romans, au mois de mai 1479, alla plusieurs fois chasser dans les bois de Peyrins. Pour favoriser les plaisirs cynégétiques de cet illustre disciple de saint Hubert, l'archevêque de Vienne lui envoya un cerf, et le baron de Sassenage un limier et six chiens courants.

En 1373 et en 1393, le châtelain de Peyrins (1), Silvion de Brina, voulut faire emprisonner des habitants de Romans qui refusaient de contribuer aux réparations du château ; de là un procès, qui fut réglé en 1396 par Jacques de Montmaur, gouverneur de la province, arrêtant que les réparations seraient faites à frais communs, au marc le franc, soit les deux cinquièmes pour la ville de Romans. Le 28 février 1430, le roi Charles VI, se trouvant dans cette ville pour la tenue des Etats, ordonna au châtelain de Peyrins d'appeler les officiers de Romans pour visiter les chemins qu'il conviendrait de réparer. En 1448, cette même ville contribua pour la somme de 150 florins d'or à la reconstruction de la maison du Dauphin, dans le château de Peyrins ; enfin, le 14 mai 1580, les romanais furent requis de fournir des travailleurs pour la démolition de ce même château, à la condition qu'ils se paieraient

---

(1) Les Truanus et les Archinjaux sont les premiers véhiers ou châtelains connus de la seigneurie de Peyrins.

avec les matériaux, La juridiction de la chapelle relevait du Chapitre de Saint-Barnard.

Imbert de Baternay, favori de Louis XI, devint seigneur de Peyrins par don de ce roi, en 1461 et en 1471.

Le 31 octobre 1521, les commissaires du roi, François de la Colombière, François Dupré, l'évêque de Grenoble et Jean Gaucher, contrôleur des finances, livrèrent pour 2400 livres à Aimar de la Colombière, trésorier delphinal, le château, lieu et mandement de Peyrins, Génissieu, Saint-Ange et toute la juridiction delphinale à Saint-Paul et à Charmes, sauf l'hommage à Falque de Vallin et à Aimar du Rivail. Sa fille Jeanne, mariée en 1537 à Artus Prunier de Saint-André, lui apporta cette terre, laquelle, le 16 mars 1573, fit retour au roi moyennant le remboursement des 2400 livres ci-dessus, à Gabriel de Morges et à Gaspard de Monchenu, époux de Guigonne et de Louise, filles de François de la Colombière.

La seigneurie de Peyrins fut de nouveau engagée, au prix de 1711 écus, le 16 novembre 1593, à Paul du Vache. Bertrand de Morges, au nom de Gabriel son père, seigneur de la Motte-Verdoyer, vendit ses biens et rentes à Peyrins, pour 1200 écus, à Soffrey de Calignon.

Une nouvelle aliénation de cette seigneurie eut lieu au profit de Pierre Firmin, praticien de Grenoble, avec substitution, le 7 janvier 1638, à Jacques Coste, comte de Charmes, conseiller au parlement. La communauté de Romans délibéra de s'opposer à la mise en possession de ce qui regardait le territoire de Peyrins, appartenant à la ville. Elle se joignit aux communautés de

Peyrins et de Saint-Paul, en 1639, pour racheter la seigneurie de cette terre. La demande fut accueillie et il fut arrêté dans l'assemblée du 13 août 1641 de rembourser à M. Coste la somme de 6300 livres, prix de son acquisition. Mais les habitants intéressés ayant laissé passer, faute de fonds, les seize années qui leur avaient été accordées pour opérer ce rachat, M. Coste fut confirmé dans son acquisition et, moyennant 14,602 livres 13 sols, on y ajouta Mours, Saint-Ange et l'autre moitié de Peyrins. Enfin, le 16 janvier 1658, la terre de Génissieu et la co-seigneurie de Saint-Paul furent rétrocédées par Guigou de Chapoley, moyennant le prix de 9,000 livres, à Charles de Lionne, abbé de Lesseins.

La famille de Chabrières ayant possédé jusqu'à nos jours la seigneurie et la terre de Peyrins, il importe de connaître l'historique de cette possession, près de deux fois séculaire.

Soffrey de Calignon, président au parlement de Grenoble, chancelier de Navarre, épousa, le 17 décembre 1587, Marthe du Vache, fille de Claude, qui combattit à Pontcharra, et de Françoise de Murinais, dame de Peyrins. Le 16 novembre 1593, cette seigneurie fut de nouveau engagée, comme il a été dit, à Paul du Vache, frère de Marthe ; et en 1595, Soffrey de Calignon acquit, au prix de 1200 écus, les biens et rentes que Gabriel de Morges possédait à Peyrins. L'acquéreur obtint en outre d'Henri IV, par lettres datées de Paris du 2 mars 1606, « les pierres et attraits du vieux château de Peyrins ». Soffrey de Calignon, petit-fils du précédent, s'allia avec Justine de Chabrières et fut tué, en 1656, au siège de Valence (Espagne). L'un de ses fils, Raymond, par son testament du 10 octobre 1715, fit héritier de ses biens son cousin Paul-César de Chabrières, président en la chambre des Comptes. Enfin, une vente consentie par Jacques Coste transféra à Chabrières les droits seigneuriaux de Peyrins, et Alexandre de Calignon déclarait, dans un dénombrement, posséder la justice haute, moyenne et basse, certains droits féodaux et quatre setérées de terre dans l'enclos du vieux château.

Pierre-Marie de Chabrières de la Roche, comte de Charmes, seigneur de Peyrins, était conseiller au parlement en 1789 ; étant mort sans enfants, il fut remplacé par son frère, le chevalier de Peyrins et de Malte, qui, n'ayant pas non plus de postérité, fit héritier de ses biens son neveu, le vicomte de Sallmard.

Le château moderne a été construit au commencement du vxi siècle ; il est assez élégant et situé dans une fraîche vallée, au midi du village, à l'est de la route ;

> Et non loin, sur un mont, fertile en romarins,
> S'élève le tombeau des seigneurs de Peyrins.
> Cet asile funèbre, orné d'une croix blanche,
> Est fermé tous les jours, excepté le dimanche.....
> Ils furent durs et fiers, dit-on, pendant leur vie,
> Maintenant qu'ils sont morts doit s'éteindre l'envie,
> Passants, jadis vassaux, oubliant le passé,
> Dites en bons chrétiens : *Quiescant in pace !*

LA SEIGNEURIE DE TRIORS

TRIORS, *villa Triornis*, forme aujourd'hui une petite commune de 365 âmes, située à 7 kilomètres au nord de Romans. Elle faisait anciennement partie du mandement de Châtillon et de

Saint-Jean-d'Octavéon. Elle en fut séparée pour la commodité de la taille, malgré l'opposition des consuls, par un arrêt du parlement rendu le 20 décembre 1581. Jusqu'à cette date, le mandement comprenait donc les trois seigneuries d'Octavéon, de Châtillon et de Triors.

Le château d'Octavéon, *castrum de Altaveoine*, existait déjà à l'époque de la domination romaine, comme le témoignent les objets d'antiquité qu'on a trouvés sur son emplacement, entre autres des urnes pleines de pièces de monnaie à l'effigie des empereurs du IIIe siècle. Après l'introduction du christianisme dans les Gaules, Octavéon devint le siège d'un archiprêtré. Un statut de l'église de Vienne, rédigé en 790, sous l'archevêque Volfère, le désigne le deuxième du diocèse sous le nom d'*Octavéon, c'est-à-dire Romans; Altavensis, id est de Romanis*; ce qui, si ce n'est pas, comme on le croit, une annotation de copiste, aurait été fait 48 ans avant que Barnard fondât un monastère à Romans (1).

Les terres de ce mandement faisaient partie de la dotation primitive de l'église de Romans. Elle en avait été dépouillée à la suite de l'expédition dirigée contre elle, en 930, par l'archevêque Sobon. Après sa sécularisation, au commencement du siècle suivant, l'abbaye de Saint-

---

(1) Hugues, roi d'Italie, fit en 937 donation au comte Hugues ou Guigues (*Ugo* ou *Vigo*) d'un vaste territoire comprenant *sept cents* manoirs cultivés, situés dans l'archidiaconé de Saint-Jean-d'Octavéon (*Pagus Altavensis*). Ce comte Guigues, dont les domaines particuliers s'étendaient le long de l'Isère, aux environs de Romans, fut, selon toute apparence, la tige des Dauphins de la première race. (*Mém. et docum. de la Soc. d'hist. de la Suisse Romande*, tome XX, pag. 116).

Barnard rentra en possession d'Octavéon et de Châtillon, que Léger, abbé de Romans, comme on l'a vu, remit en 1035, avec le château de Pisançon, sous la garde d'Aymar de Bressieu.

Voici plusieurs actes de donation qui rappellent le souvenir de Triors et semblent, pour quelques-uns, compléter la restitution des biens de l'église situés sur ce mandement.

Le 18 juillet 1062, Falcon donne un manse avec cultil, jardin et vigne, pour acquérir un canonicat dans l'église de Romans en faveur de son fils. Cette terre est située dans la paroisse de Saint-Romain-de-*Petrosa*, voisine de celle de Triors (1). Le 20 juillet 1062, Faucher et sa femme Ailtrudis, avec leurs fils Armand et Lantelme, cèdent à la même église deux pièces de terre dans le *pagus* de Vienne, l'*ager* de Génissieu et la *villa* appelée Triors (2). Plectrude, veuve d'Ugo, donne un manse dans la villa de Triors, comprenant un jardin, des vignes et des champs (3). Ponce Malez et sa femme Pétronille remettent, au nom de Lambert, chanoine, frère de celle-ci, un champ et un cultil sis en la paroisse de Triors, en *Fonds-Ségur* (4). François de Pisançon, chanoine, donne, avec l'approbation de son frère Didier, la moitié de l'église de Triors et de ses dépendances (5); et Ponce de Pisançon, avec le consentement de son frère Arthaud, cède l'autre moitié (6). Adémar de

- (1) *Cartulaire de Saint-Barnard*. Carta de Triornis, n° 46.
- (2) *Ibid.*, ch. n° 48.
- (3) *Cart. de Saint-Barnard*, ch. n° 76.
- (4) *Ibid.*, ch. n° 340.
- (5) *Ibid.*, ch. n° 342.
- (6) *Ibid.*, ch. n° 343.

Bressieu (1), Pierre de Champaza et son frère Lantelme (2), complètent cette restitution en remettant tous les droits qu'ils avaient sur l'église de Triors.

En 1104, Faucher, fils d'Arenche, de concert avec sa femme et son fils, rendit à l'église de Saint-Barnard l'église d'Octavéon, avec ses dépendances et ses dîmes. Cette restitution donna lieu à une cérémonie aussi rare qu'imposante, et qui dut vivement impressionner la population. Le clergé de Romans, portant le corps de saint Barnard et accompagné d'une nombreuse procession, vint, en signe d'investiture, prendre solennellement possession de l'église d'Octavéon (3).

Le jour des ides (le 13) de juin 1248, Falcon et Lambert Faucher, frères, se reconnurent, eux et leurs successeurs, feudataires de Jean (de Bernin), archevêque de Vienne, et du Chapitre de Saint-Barnard, pour les biens et les droits qu'ils possédaient sur la paroisse de Saint-Jean-d'Octavéon usages, justice, terres, bois, pâturages, vignes, maisons, hommes, cens et eaux. Ils reconnurent en outre qu'ils seraient tenus, à chaque mutation de possesseur, de faire hommage et de payer cinq sols de plait auxdits archevêque et Chapitre. Par le même acte, les frères Faucher concédèrent, par simple donation entre-vifs, à l'archevêque-abbé, recevant en son nom et en celui du Chapitre, le Mont-Saint-Izier, limité par les anciens fossés ou par ceux qu'il serait nécessaire

---

(1) *Cartulaire de Saint-Barnard*, ch. n° 325.
(2) *Ibid.*, ch. n° 341.
(3) *Ibid.*, ch. n° 178 et 179.

de creuser pour la défense du château, lequel était compris dans le tènement des Borels, *Borellorum*. Ils déclarèrent remettre cette terre pour la reprendre en fief de l'archevêque et du Chapitre, moyennant la somme de vingt livres viennoises. L'archevêque promit, au nom du Chapitre, de protéger et défendre les frères Faucher comme de bons vassaux (1). Par cet arrangement, ces derniers se démirent de leurs fonds de franc alleu et le placèrent sous la puissante sauvegarde de l'église de Romans, pour la somme convenue, à la charge de foi et hommage.

Peu de temps après, en 1251, un certain Bernard prend, comme témoin, la qualité de seigneur de Triors dans un acte d'inféodation de Châtillon.

La seigneurie de Triors était passée dans la famille de Chaste, branche cadette de la maison de Clermont, qui depuis un temps immémorial possédait la seigneurie de Geyssans. Sur le jugement des commissaires députés par le Roi-Dauphin pour reconnaître la mouvance des terres, Artaud de Chaste passa hommage au Chapitre de Saint-Barnard *in feudum nobile et antiquum*, le 17 décembre 1450, savoir : des châteaux, villages, mandement et territoire de Châtillon, Saint-Jean-d'Octavéon et Triors, avec toutes leurs dépendances, et ledit Artaud reconnut, pour lui et ses successeurs, qu'ils étaient *rendables*. Cet acte portait à sa suite que ses pères et prédécesseurs avaient aussi prêté hommage et juré fidélité.

_____

(1) *Cart. de Saint-Barnard*, ch. n° 375.

Dans la seconde moitié de ce même XVe siècle, on constate plusieurs mutations.

Le 8 août 1477, Humbert de Chaste albergea et accensa à François Vinay de Vinaria le moulin d'Octavéon, avec tous les droits de meules, mouture et moulinage, sous le cens de quatre setiers de froment et deux setiers de seigle, avec le plait accoutumé à chaque mutation et cent florins d'introges. En 1480, Humbert Odde, fils de Jeoffrey, dit le *Vieux* (1), changea avec Humbert et Charles de Chaste les possessions situées dans la paroisse du Châlon, qu'il avait hommagées au Dauphin en 1450, contre des terres sur celles de Triors et de Gillon. Par un autre acte d'échange, passé le 6 septembre 1483, Humbert de Chaste transporta à François Vinay, de Parnans, le château de Châtillon et le mandement de Saint-Jean-d'Octavéon, avec le droit de racheter les paroisses de Triors et de Gillon, et il reçut en contre-échange une moitié de moulin, quelques cens et 900 écus d'or pour la plus value. Le 29 octobre suivant, ledit Vinay fit hommage et paya les lods de son acquisition, maisons, édifices, justice et dépendances au Chapitre de Saint-Barnard, qui l'investit le même jour. Le 20 mars 1505, le Chapitre passa aussi investiture au même acquéreur des droits de banvin de Saint-Jean-d'Octavéon et de charrotage, qui

---

(1) La présence dans notre contrée de la famille Odde paraît remonter à une époque très reculée. Dans les reconnaissances que Guigues II fit renouveler en 1266, figurent Pierre et Lantelme Odde, qui rendirent au Dauphin des hommages *simples*. On trouvera ci-après quelques renseignements sur cette ancienne famille, dont l'histoire est peu connue.

s'exigeaient dans les paroisses de Triors et de Gillon, ainsi que du bois de *Moilans*, sis au même lieu, que Vinay avait acheté à Humbert de Chaste en 1493.

Charles de Chaste, fils de Humbert, co-seigneur de Geyssans, profitant de la faculté de rachat réservée dans l'acte de vente, reprit la terre de Triors et la revendit, le 30 novembre 1509, sous la même clause, à Falcon de Vallin, au prix de 975 florins. La seigneurie de Saint-Jean-d'Octavéon ne fut point comprise dans cette transaction ; elle passa dans la maison de Montchenu par le mariage d'Antoinette de Vinay avec Aymar de Montchenu. Le même Charles de Chaste, usant encore de ses droits, passa contre-vente de la seigneurie de Triors, le 2 octobre 1515, devant Me Lacombe, notaire de Saint-Marcellin, à noble Jean Odde, chevalier, moyennant 907 florins, 300 écus d'or au *soleil* et 6 écus d'or à la *couronne*. François Odde, chanoine de Saint-Barnard (1), en qualité de tuteur de Claude Odde, son neveu, fils et héritier de Jean, mort peu de temps après son acquisition, paya 200 écus d'or pour la plus value de la terre de Triors, prit investiture du Chapitre de Saint-Barnard, le 17 juillet 1517, et acquitta les lods. En 1543, François Vinay, fils d'un autre François et de dame Louise d'Urre, qui possédait les droits de charrotage et de garenne sur les habitants de

---

(1) En 1555, Ennemond Odde, seigneur de Triors, et Gabriel de Saint-Marcel, son beau-frère, se partagèrent la succession de ce chanoine. Une terre faisant partie du même héritage, située à Chatuzange, passa, nous ignorons à quel titre, à Félix de la Croix, conseiller d'Etat et maître des requêtes en Dauphiné.

Triors, fut appelé en vidange desdits objets par Ennemond Odde, seigneur de ce lieu.

Ennemond était fils d'Abraham Odde. Il mourut en 1572, laissant à lui survivant Gabriel, Claude (1), Jean, Humbert, Marc-Antoine, Abraham, Daniel, Antoinette, Gabrielle et Charlotte, ses enfants, héritiers fidéi-commissaires de feu noble Jean, par portions égales. L'inventaire de la succession constate des biens considérables à Saint-Nazaire, des rentes liquidées à la somme de 2,639 écus 3 sols 4 deniers, et au total pour la seigneurie de Triors, 101 setiers de froment, 26 setiers de seigle, 9 setiers d'avoine, 2 quartaux de noyaux et 39 poules. Les droits d'Humbert sur le château (2) furent évalués à 1,322 écus 44 sols, et ceux de Gabriel sur le même immeuble à 438 écus 44 sols.

Catherine Odde (3), fille de Gabriel, seigneur de Triors, et de Guigonne de la Croix (4), céda, le 27 février 1607, à Humbert Odde, son oncle, ses prétentions sur la terre de Triors. Un autre

----

(1) Claude Odde fut, sous le nom de M. *de Triors*, célèbre comme écrivain et surtout comme partisan protestant. Les Romanais le nommèrent, en 1562, gouverneur de leur ville. Il guerroya ensuite avec ses coreligionnaires dans le Royans, où sa famille avait de grandes propriétés.

(2) A cette époque, le château de Triors était en partie ruiné. On y voyait encore les anciens murs, la tour de l'horloge, les chambres dites *basse*, de la *bise*, de *Monsieur*, de *Madame* ; la salle *basse*, la galerie, la cuisine, le tinal, les caves, enfin le tombeau de la famille, dont la construction récente avait coûté 100 écus.

(3) Elle s'était mariée, en 1600, avec Jean Bally, conseiller au Parlement, décédé en 1612. Elle avait une sœur nommée Jeanne, qui fut la femme de Jean Labourel, sieur de Chaffaut.

(4) Après la mort de Gabriel, qu'elle avait épousé le 6 avril 1580, Guigonne de la Croix se remaria avec Hugues Dorgeoise, sieur de la Tivolière, gouverneur de Montélimar.

oncle de Catherine, Abraham second, fut condamné, le 2 avril 1605, par le vibailli de Saint-Marcellin et, le 19 juin 1607, par le parlement, au sujet de certains droits de mouture, sur la requête de François de Montchenu, seigneur de Saint-Jean-d'Octavéon. Celui-ci était maintenu par l'arrêt en la possession et jouissance du droit de moulinage sur les habitants du lieu et mandement de Triors, de quelque qualité et condition qu'ils fussent, avec défense de moudre ailleurs qu'aux moulins de Saint-Jean-d'Octavéon.

Abraham Odde était seigneur de la Bastide et maison-forte de Chatte. Il n'eut pas d'enfants de son mariage avec Esther de Lestrade, mais plusieurs bâtards de sa servante, nommée Jeanne Souslelys, savoir Siméon et Sébastien. Ce dernier donna la jouissance de ses biens à Marie Berne, femme de Jean Monteil, hôte de Saint-Jean-d'Octavéon, et la nue-propriété à Félicien Boffin, conseiller au parlement.

La terre de Triors passa, en 1611, de la famille des Odde dans celle de Lionne par droit de succession. Sébastien de Lionne, contrôleur général des gabelles à sel du Dauphiné (1), fut, avec Bonne de Porte, sa femme, cohéritier bénéficiaire de Humbert Odde. Il fit reconnaître, l'année suivante, le terrier de sa seigneurie de Triors et

-----

(1) Sébastien, fils de Berton, est le premier de sa famille qui ait été seigneur de Triors. Artus, son fils cadet, fut père de Hugues de Lionne, qui devint successivement secrétaire de Richelieu et de Mazarin, maître des cérémonies, ambassadeur et ministre des affaires étrangères en 1658. Ce célèbre homme d'État mourut à Paris le 1ᵉʳ septembre 1671, à l'âge de 60 ans. Sébastien de Lionne, son cousin germain, fut créé marquis par lettres du mois de décembre 1658.

paya, le 23 juillet 1625, à Gabrielle Odde, établie à Crest, 8,250 livres en capital et 300 livres d'intérêt. Laurence de Claveyson, veuve et héritière de Hugues de Lionne, conseiller au parlement (1), acheta, en 1631, les biens d'Abraham Odde, seigneur de la Bastide. Sébastien de Lionne, 3e du nom (2), par acte reçu Me Guillaud, notaire à Romans, donna la terre de Triors à titre de gage hypothécaire à la dame de Claveyson, sa mère, et tous deux ensemble, le 24 avril 1652, cédèrent à leur fils et frère Charles de Lionne, abbé de Lesseins, chanoine sacristain de Saint-Barnard, la jouissance du château de la Bastide. Après cela, le 23 janvier 1653, à Grenoble, chez Me Mallet, notaire, Sébastien transmit, par une vente secrète, la terre de Triors à Humbert de Lionne, seigneur de Flandène, son frère, héritier de la dame de Claveyson. Dans la même année, Charles de Lionne succéda par testament à Humbert, son frère, et acquit, le 16 février 1658, de Guigues de Chapoley, la terre de Génissieu et les co-seigneuries de Peyrins et de Saint-Paul, au prix de 9,000 livres. Par procuration donnée à M. Delacour, chanoine, il hommagea assez tardivement au Chapitre la terre de Triors, le 7 juillet 1701,

---

(1) Mort de la peste le 29 juillet 1630, et inhumé dans l'église des Cordeliers de Romans.

(2) Sébastien de Lionne, chanoine de Saint-Barnard et gouverneur de Romans, décéda le 18 mars 1675. Il ne faut pas le confondre avec un autre Sébastien de Lionne, son oncle, aussi chanoine, lequel testa le 20 juin 1646 et mourut le 14 septembre 1647, faisant les Chartreux de Bouvante ses héritiers ; ce qui expliquerait comment ces religieux possédaient autrefois dans leurs archives les titres de la famille de Lionne.

et se soumit au paiement des droits et des devoirs seigneuriaux.

Longtemps auparavant, en 1667, il avait fait construire à Triors, au sud de l'ancien manoir, un très beau château, de 54 toises de face. Le jardin avait 60 toises de longueur sur 40 de largeur. Il était orné de fontaines et de jets d'eau alimentés avec abondance par une source aujourd'hui presque complètement tarie. Il y avait une première terrasse sous laquelle étaient les offices et les salles, une seconde terrasse où étaient la serre et l'orangerie, un escalier à trois rampes pour descendre dans le jardin, une pièce d'eau ronde de 40 pieds de diamètre, entourée de six autres petits bassins, une allée de marronniers et d'épicéas, enfin un parc de 600 toises de tour, clos de murs.

Après la mort de l'abbé de Lesseins (1), arrivée le 16 août 1701, Charles Antoine de Chabo, seigneur de la Serre, ancien mestre de camp de cavalerie, lieutenant des gendarmes de Dauphiné, acquit aux enchères, le 7 septembre 1709, Triors, Génissieu, la co-seigneurie de Saint-Paul et l'hôtel de Romans, pour la somme de 60,000 livres. La sentence d'ordre et de distribution fut rendue le 5 mai 1711.

Assigné le 20 octobre 1710 par le Chapitre de

---

(1) Malgré les revenus de plusieurs seigneuries et abbayes, l'abbé de Lesseins mourut insolvable, instituant néanmoins pour son héritier universel son arrière-neveu, Joachim de Lionne, gouverneur de la grande écurie du Louvre. Immédiatement après sa mort, les scellés furent apposés dans sa maison par MM. Gondoin et Trollier, chanoines, qui firent ensuite l'inventaire de tous les papiers du défunt et les remirent à M. de Pourroy de l'Auberivière, sacristain du Chapitre.

Saint-Barnard, en sa qualité de seigneur dominant de la terre de Triors, M. de la Serre refusa de
payer les lods. Il n'y en avait point, prétendait-il,
de stipulés dans l'acte d'inféodation des frères
Faucher, en 1248. Il n'y avait point de titre primitif pour exiger rien de plus qu'un plait de
cinq sols en cas de mutation de Triors, et il était
dit dans l'acte que les frères Faucher ne prenaient
le fief que comme leur pur et franc-alleu, etc.

Après avoir, comme à l'ordinaire, allégué la
perte de ses plus anciens titres, soit par l'injure
du temps, soit par les excès des Calvinistes, le
Chapitre répondait en somme : Saint-Jean
d'Octavéon et la paroisse de Triors ont toujours
dépendu du mandement de Châtillon jusqu'à ce
que la cour, par son arrêt du 20 décembre 1581,
en permit la séparation; ce qui ne préjudiciait
en rien au seigneur dominant, dont les droits
remontaient, pour ainsi dire, à l'époque de la
fondation de l'abbaye (1). En outre, Artaud de
Chatte, cité par les commissaires députés par le
roi dauphin, soutint que ses terres n'étaient point
allodiales, et qu'elles relevaient du Chapitre de
Saint-Barnard : ce qui fut vérifié par les hommages. Enfin, M. de la Serre serait le seul dans
le royaume qui posséderait une terre en justice
sans en payer les lods.

Les parties, pour terminer à l'amiable leur
différend, convinrent d'arbitres et choisirent
MM. Rome et de la Meyerie, conseillers au parle-

---

(1) En effet, en l'an 856, sur la plainte de l'archevêque **Agilmar**,
successeur immédiat de saint Barnard, **Giraud**, comte de **Vienne**,
fit rendre à l'abbaye de Romans Triors et Génissieu, avec leurs
serfs.

ment, lesquels se réunirent sur la fin du carême de 1711, et décidèrent que M. de la Serre produirait tous ses titres « pour séparer le rural d'avec le féodal. » Mais M. de la Serre n'ayant pas exécuté cette décision, et ayant même dit qu'il voulait risquer le jugement du procès sur la question des lods, l'action s'engagea devant la Cour. Les parties produisirent, à cette occasion, de longs mémoires qui, selon l'usage, étaient loin d'élucider le point en litige.

Quoi qu'il en soit, le Parlement rendit, le 11 août 1712, sur le rapport de M. de la Colombière, un arrêt qui condamnait le seigneur de Triors à rendre hommage au Chapitre de Saint-Barnard, au paiement des lods, dépens compensés, sauf les *épices*, et à la levée de l'acte. Par suite d'une transaction faite le 25 février 1713 avec le Chapitre, M. de la Serre paya les lods réglés à la somme de 1,540 livres et, le 9 juillet 1715, il se décida à prêter l'hommage depuis longtemps réclamé.

Après sa mort, Anne Lattier, sa veuve, posséda pendant plusieurs années la terre de Triors.

Jean-Pierre Bally de Bourchenu, marquis de Valbonnais (1), conseiller, puis président de la Chambre des comptes, devint, en 1757, seigneur de Triors (2). Il fit démolir l'ancien château bâti

---

(1) Les Bally prirent le nom de Bourchenu par suite de l'alliance de Joseph Bally avec Françoise de Moret. En outre, Jean-Pierre Moret de Bourchenu, marquis de Valbonnais, premier président de la Chambre des comptes, transmit, par son testament du 28 avril 1728, sa fortune et sa charge à son neveu Joseph-François Bally, seigneur de Montcarra.

(2) On a vu précédemment que, en 1600, Pierre Bally, conseiller au Parlement, s'était marié avec Catherine Odde, fille de Gabriel, seigneur de Triors.

par l'abbé de Lesseins et construire celui qui existe aujourd'hui, et qui est l'un des plus beaux et des plus vastes de la province. Il était à peine terminé en 1789. Plus heureux que plusieurs habitations seigneuriales des environs, il traversa, sans éprouver aucun dommage, les temps orageux de la révolution, grâce au dévouement des habitants de la commune, qui le défendirent contre les vandales de l'époque. M. de Bourchenu avait épousé, le 6 avril 1758, Marianne de Pourroy de Quinsonnas, dont il eut un fils, premier président de la Chambre des comptes en 1789, et décédé l'année suivante sans postérité, laissant l'usufruit de ses biens à sa veuve, née Louise Moreton de Chabrillan, qui lui survécut 35 ans.

Le château de Triors passa par héritage, en 1801, moyennant une forte pension servie à M^{mo} de Bourchenu, à M. Joseph-Marc du Bouchage (1), fils de Claude-François de Gratet, comte du Bouchage, conseiller au Parlement, et de Marie-Françoise-Jeanne Bally de Bourchenu.

Ce château est toujours possédé par la famille du Bouchage, qui y réside habituellement. Nous signalons à l'attention des amateurs de couleur locale cette superbe habitation. Ils y trouveront, à défaut de souvenirs historiques, une ample matière à des descriptions architectoniques et pittoresques, si goûtées à notre époque.

---

(1) M. du Bouchage a été préfet des Alpes-Maritimes sous le premier empire, et préfet de la Drôme sous la Restauration.

LA NOBLESSE ROMANAISE

Entourés de hautes murailles qui les mettaient à l'abri des caprices et des extorsions des seigneurs féodaux, pacifiquement gouvernés par le Chapitre de Saint-Barnard, sagement administrés par des consuls et protégés par les empereurs d'Allemagne, les Romanais purent, dans les temps les plus troublés, se livrer en toute sécurité au commerce et à l'industrie. Plusieurs acquirent ainsi des fortunes considérables.

Les fils de ces riches marchands trouvaient dans leur ville natale des professions où ils pouvaient exercer leur talent et satisfaire leur ambition. Le Chapitre et l'église collégiale de Saint-Barnard offraient des positions honorables et recherchées ; il y avait dans la ville des tribunaux de divers degrés, et dans la province, le parlement de Grenoble, dont les charges nombreuses conféraient la noblesse héréditaire après vingt ans d'exercice. Quelques cadets de familles nobles ou bourgeoises embrassèrent, au siècle dernier, la carrière des armes; mais la plupart se retirèrent avec le modeste grade de capitaine et la croix de Saint-Louis. Ces divers éléments suffisaient pour entretenir dans Romans une société élégante et un niveau moral et intellectuel assez élevé. En 1789, il s'y trouvait beaucoup d'hommes instruits qui ont parcouru avec honneur les carrières civiles et militaires.

Aussi longtemps que la ville de Romans a joui de son autonomie, sous la domination du Chapitre, la forme de son gouvernement et l'exiguité de son territoire, qui ne s'étendait pas au-delà deses murailles, ne comportaient ni noblesse ni anoblissement. Les quelques nobles, tels que les Gibelin, les Claveyson, les Rochechinard, les Solignac, les Lionne, etc., qui vinrent s'établir dans cette ville, avaient leurs fiefs dans les environs. Cependant, dès le XIV° siècle, plusieurs membres des famillles Arlia, Gottafred, Mercier, Odoard, Delacour, Coste, Forest, etc., faisaient précéder leurs noms de la qualification de noble, sans posséder la noblesse héréditaire ni les droits féodaux qui en étaient l'apanage. Ce titre était alors personnel, inhérent à certaines fonctions ou même de pure courtoisie ; il permettait les armoiries, mais ne donnait ni rang, ni privilège, ni surtout l'exemption de la taille.

Après son entrée dans Romans, en 1342, le Dauphin Humbert II gratifia ses principaux partisans de plusieurs avantages et d'emplois qui valurent la noblesse à Humbert Colonel, à Rodolphe de Chevrières, à Berton Maloc, à Raymond Fallavel. Mais le XVI° siècle fut pour les Romanais particulièrement fécond en anoblissements. Cette époque agitée réveilla les ambitions et permit au talent de se produire. Alors, comme plus tard, surgirent et se distinguèrent ces hommes de mérite lancés dans les carrières libérales par leurs parents enrichis dans le commerce ; car, dans ces temps si décriés, le talent aidé par un peu de fortune pouvait plus sûrement qu'aujourd'hui parvenir à de hauts emplois, et l'on a vu, au XVII° siècle, le petit-fils d'un marchand de Romans devenir successivement avocat général, président au parlement, surintendant des finances, ambassadeur, conseiller d'Etat, évêque-prince et possesseur de douze riches seigneuries.

Ainsi furent anoblis en :

1520, Girard Chastaing, maître de la monnaie.

1543, Félix de la Croix, conseiller au parlement.

1546, Claude Veilheu, conseiller au parlement.

1554, Félicien Boffin, avocat général au parlement.

1569, Gaspard Gillier, conseiller au parlement.

1570, André Tardivon, juge royal de Romans.

1575, Colet d'Anglefort et de la Chasserie.

1581, Antoine Guérin, juge royal de Romans.

1583, Sébastien Lionne, receveur des finances.

1588, Antoine Bonnet, capitaine de la ville.

1589, Humbert Peloux, avocat consistorial.

1592, Jean Mistral, conseiller au parlement.

1592, François Coste, maître des comptes.

1498, Artus Coste, conseiller au parlement.

1602, Jean-Paul Bruyère, avocat.

1603, Gaspard Jomaron, contrôleur des guerres.

1605, Antoine Garagnol, vibailli de Saint-Marcellin.

1606, Antoine Luc, commissaire des guerres.

1609, Pierre Bernard, capitaine de la ville.

1619, Jean-François Raynaud, avocat consistorial.

1640, Antoine Brenier, trésorier général en Dauphiné.

1652, Jacques, Louis, Jean-Louis, Pierre et Jean Delolle, officiers.

1653, René, Claude et François Gayte, d'une famille de notaires.

1654, Arnoux Deloulle, président en l'élection et juge royal de Romans, et Pierre Deloulle, son frère, juge à Marseille.

1659, Philippe Duvivier, président à la Chambre des Comptes.

1668, Charles Chastaing de la Sizeranne.

1672, Jacques Raymond-Merlin, gentilhomme servant du roi.

1680, André Aymond, porte-manteau ordinaire du roi.

1696, Paul Gondoin, greffier en chef du parlement.

1700, Jean Monier, contrôleur général des domaines.

1720, Paul-Hilarion Ricol, maître en la Chambre des Comptes.

1736, Charles Popon de Maucune, procureur du roi.

1764, Denis Sablières du Bouchet, juge royal de Romans.

1768, François Chaptal, conseiller correcteur en la Chambre des Comptes.

17.., François-Noël Dedelay, secrétaire à la grande chancellerie.

17.., Jean-Pierre-Gabriel Bernon de Montélégier, officier de cavalerie.

1786, Jean-Gabriel Duportroux, conseiller maître en la Chambre des Comptes.

Furent titrés sous le Ier empire :

Le comte Pierre-Claude Dedelay d'Agier, sénateur, mort pair de France.

Le baron Saint-Cyr Nugues, mort lieutenant-général et pair de France.

Le baron Etienne-François-Raymond Pouchelon, mort maréchal de camp.

Le baron Jean-Etienne Clément-Lacoste, mort général de brigade,

Le baron Louis-Charles Gaillard, mort colonel d'infanterie,

Le baron Joseph-Louis-André Bon, mort lieutenant-colonel de cavalerie.

Le baron Gaspard-Gabriel-Achille-Adolphe Bernon de Montélégier, mort lieutenant général.

Le baron Louis-Saint-Cyr Nugues, colonel d'état-major, général.

Enfin, M. Gabriel-Arnoux Legentil, jurisconsulte, deux fois maire de Romans, paraît avoir obtenu de Louis XVIII des lettres de noblesse.

Nous allons compléter en quelque sorte la liste précédente par celle des dames Romanaises que leur mariage fit entrer dans les rangs de la noblesse.

Parmi ces nobles alliances nous constatons les suivantes :

1620, Françoise Ricol, fille d'Ennemond, notaire-secrétaire de la ville, et Pierre de Vulhion, greffier en chef du parlement.

1632, Marianne Luc et Just-Henri de Gentoux, marquis de la Tourette.

Jeanne Darnaud, fille de Jean, marchand, mariée, vers 1652, à noble Antoine de Mitallier, maître ordinaire en la Chambre des Comptes.

1707, Marianne Collet, fille de Jean-Louis, notaire, et Allard de Murinais, conseiller du roi, prévôts des maréchaux de France.

1709, Dorothée Gondoin et Pierre d'Arbide d'Arnaud, commissaire d'artillerie.

1741, Blanche-Marie-Madeleine Garagnol, fille de Nicolas, officier au régiment de Saint-Vallier, et François-Philibert de Julien de Malerargues, capitaine au régiment de Normandie.

Suzanne Rivail, fille de François, procureur, épousa, en 1742, Charles Benoît, comte de Guibert, major au régiment d'Auvergne, mort gouverneur des Invalides.

17.., Marie-Thérèse Garagnol et Joachim de Pina, marquis de Saint-Didier, capitaine de cavalerie.

1758, Thérèse Bernon, fille de Gabriel, juge royal, de Romans, et Alexis de Glasson, capitaine au régiment d'artillerie de Grenoble.

1769, Thérèse-Suzanne Sablières, fille de Jean-Antoine, marchand, et Jacques-Dominique Millochin de Belzevrie, capitaine au régiment d'artillerie de Grenoble.

1775, Marianne Virginie Garnier, veuve Enfantin, fille de Joseph-Laurent, avocat, et Pierre-André Delolle des Faures.

1780, Marguerite-Françoise Devaloy, fille de Christophe, bourgeois, et Pierre-Claude Dedelay-d'Agier, officier de cavalerie, puis sénateur et comte.

1790, Marie-Victoire Allier, fille de Pierre-Georges, bourgeois, et Jean-Baptiste d'Abzac de la Douze, capitaine aux chasseurs du Dauphiné, remariée, en 1801, avec François-Antoine Deloulle, ancien conseiller au parlement.

1803, Constance Brenier et Gaspard Dubu d'Agville, chef d'escadron.

18.., Françoise-Emmanuelle-Marguerite Sablières, fille de Jean-Antoine, docteur en médecine, et Antoine-François Brenier, comte de Montmorand, lieutenant-général.

Adèle Brunet, fille d'Angèle, épicière, mariée en 1821 à Joseph-Philippe de Rostaing, remariée vers 1834 au vicomte Charles de Sallmard, chevalier de Saint-Louis, officier de la légion d'honneur, chef d'escadron.

Joséphine Bonnet, fille d'un géomètre, épousa à Grenoble, Jean-Mathieu Tournu de Ventavon, avocat général sous la Restauration. Un de leurs fils, avocat, est mort sénateur en 1880.

Marie-Clémentine Pizot, mariée en 1844, avec le baron François-Raymond-Marie de Roquetaillade, capitaine et chevalier de la légion d'honneur.

Pour des raisons de convenance que l'on appréciera, nous ne pousserons pas plus loin nos citations, malgré l'intérêt qu'elles pourraient avoir.

LES DAUPHINS
ET LA VILLE DE ROMANS

Longtemps avant que les immenses possessions des Dauphins ne cernassent Romans de tous côtés, les comtes d'Albon, tige des Dauphins de la première race, possédaient des terres considérables dans les environs de cette ville. En 937, Hugues, roi d'Italie, avait fait donation à l'un d'eux, le comte Guigues, d'un vaste territoire comprenant *sept cents manoirs* cultivés, situé dans l'archidiaconé de St-Jean-d'Octavéon. Ce voisinage explique les efforts que firent constamment ces princes pour exercer dans une ville indépendante une autorité qui n'avait d'autre droit que celui de la force. Ainsi, en 1133, les habitants de Romans ayant pris parti pour leur archevêque, dans sa querelle avec Guigues, dauphin, ce dernier emporta la ville de vive force, la saccagea et incendia l'église. En 1160, il s'opposa à la clôture de Romans, et l'année suivante, il ne permit cette construction que grâce à la médiation de l'archevêque de Vienne et par un acte d'autorité qui ne lui appartenait pas. En 1288, Humbert 1er obligea les habitants des faubourgs de Chapelier, de Ste-Foy et de Pailherey, alors hors des murs, de se placer sous sa garde et protection, moyennant une pension d'une obole d'or, et, en 1314, les mêmes habitants durent prêter hommage au Dauphin.

En somme, les anciens Dauphins jouissaient dans Romans de certains droits utiles, qu'ils faisaient exercer par un des véhiers de leurs châteaux voisins. On voit, par le compte que Gilles Copier rendit de sa recette, le 17 juin 1318, que depuis pareil mois de l'année 1313, le tribut sur les *mariages des veuves* avait produit 6 livres 10 sols, et que celui sur les *écuelles de noces* était si minime qu'il en avait été fait grâce. Ces droits, peu productifs et sans juridiction, avaient toutefois une importance politique, en donnant aux Dauphins un accès dans une ville dont ils convoitaient la possession.

A l'exemple de Guigues VIII qui, le 23 novembre 1328, se trouvant à Romans, avait prêté hommage au Chapitre de St-Barnard pour le fief de Pisançon, Humbert II vint dans cette ville ; mais au lieu d'habiter dans le couvent des Cordeliers, comme avait fait son frère, il prit son logement chez Jacques Coyratier (*Coyraterius*, cuiretier, tanneur). C'est là que les chanoines allèrent chercher ce prince, le 29 avril 1338, et le conduisirent processionnellement et avec les plus grands honneurs à l'église de St-Barnard, où, devant le maître-autel, il prêta le même hommage que Guigues VIII. Humbert, en descendant chez un simple bourgeois, où il ne dut pas être logé d'une manière princière, avait pour but de se faire des partisans et de s'entendre plus à son aise avec eux. Il méditait alors d'établir son autorité dans la ville de Romans, qu'il bloquait pour ainsi dire au midi par le château de Pisançon et la bastide de *Beau-Secours*, et au nord par le château de Peyrins. Mais il fallait un prétexte. Le Dauphin, qui connaissait le caractère des Romanais, leur tendit un piège dans lequel ils ne manquèrent pas de tomber. Il fit, dans ce but, édifier des piliers de justice près de la porte de Clérieu, en face des remparts. A la vue de ces sinistres objets, les habitants ne purent se contenir ; ils sortirent en foule et les abattirent.

Le Dauphin, pour tirer vengeance de cette injure et de plusieurs autres griefs, assiégea Romans, où il entra, par capitulation, le 21 février 1342, à la tête de ses principaux officiers, et prit possession de cette ville, la dernière qui, en Dauphiné, ne relevait pas de sa domination.

Quelques jours après, le 27, dans l'église du couvent des Cordeliers, se passa une scène de haute comédie concertée d'avance avec les partisans du Dauphin. Les habitants ayant été convoqués dans ladite église, Amblard de Beaumont, chancelier du Dauphiné, lut, en langue vulgaire, une longue énumération des griefs que son maître reprochait aux Romanais, et termina en faisant connaître le chiffre fabuleux de l'amende à laquelle le vainqueur estimait la réparation de ces injures. C'était 500,000 marcs d'argent pour les offenses à sa personne, 100,000 florins d'or pour les frais de la guerre et 100,000 pour les dommages (1). Les affidés qui se trou-

____

(1) Humbert vendit l'année suivante tout le Dauphiné pour 120,000 florins.

vaient aux premiers rangs de la foule avouèrent
et promirent tout ce qu'on voulut.

Cette amende montait, en valeur intrinsèque,
à environ 27 millions de francs et, en valeur
relative, à plus de 160 millions. Elle n'était pas
sérieuse et ne fut jamais payée, Mais c'était un
titre que le Dauphin se ménageait contre l'in-
constance des Romanais, et plus d'une fois
l'autorité le rappela comme une menace pour
tenir la population dans l'obéissance. Après avoir
imposé cette exorbitante contribution de guerre,
Humbert, au fond moins irrité qu'il l'avait
montré, accorda à ses nouveaux sujets, comme il
l'avait promis à ses partisans, une charte de
liberté rédigée par deux jurisconsultes, Rodolphe
de Chevrières et Gérenton Bayle. La joie des
Romanais fut grande, car le premier article de
cette charte rétablissait le consulat et le second
supprimait le droit de banvin : deux éternels
sujets de discorde avec le Chapitre.

La nécessité de consolider sa nouvelle conquête obligea le Dauphin de séjourner à Romans.
Afin de s'éviter la gêne de loger chez des étrangers, il fit l'acquisition de deux maisons : l'une,
le 9 octobre 1342, de Françoise de Moras, veuve
de Guillaume de Chaussenc, au prix de 120
florins d'or, et l'autre de Berton de Maloc, joignant la précédente. Ces maisons étaient situées
près de l'église, à l'entrée du pont, entre la rue
de Clérieu et l'Isère : situation agréable et com-
mode. Toutefois, par le traité de pariage conclu
avec le pape Clément VI, le 31 juillet 1344,
Humbert se réserva le droit de faire construire,
sur un point dominant la ville, un château fort
que, dans son testament fait à Rhodes, il donna

à la Dauphine, sa femme. Il paraît aussi qu'il habitait quelquefois dans le couvent des Cordeliers. Le 30 août 1345, Bernard de Saint-Maurice, official du cardinal Bertrand, se présenta à ce couvent, dernier domicile du Dauphin ; il le demanda partout, à trois reprises différentes, le citant à comparaître devant la cour romaine.

Quoi qu'il en soit, tous les actes donnés dans la ville de Romans par Humbert II ont été signés *dans la maison qui fut naguère à Berton de Maloc*, savoir : le 16 avril 1345, la nomination de Henri de Villars, archevêque de Lyon, en qualité de son lieutenant en Dauphiné, pour tout le temps qu'il s'absenterait ; le 1er décembre 1348, la déclaration par laquelle il renonçait aux conventions faites entre lui et le duc de Bourbon au sujet de son projet de mariage avec Jeanne, fille du duc ; le 14 mars 1349, le statut delphinal ; le 30 suivant, la donation irrévocable du Dauphiné au prince Charles, premier-né du duc de Normandie. Après ce dernier acte, Humbert quitta Romans pour n'y plus revenir. Il lui laissa cependant un témoignage de son souvenir dans son testament, fait le 21 mai 1355, à Clermont en Auvergne, la veille de sa mort, en léguant une somme de 10,000 florins d'or pour la fondation dans Romans d'un couvent de frères Servites.

Henri de Villars, qui fut régent du Dauphiné en 1346 et 1347, établit le siège de son administration à Romans ; il fixa sa demeure dans le couvent des Cordeliers et ensuite à l'hôtel de Claveyson, qui était contigu au couvent.

Le dauphin Charles, voulant se montrer à ses nouveaux sujets, parcourut les principales villes de la province. Romans fut celle où il fit le plus long séjour. Du 16 août au 8 septembre 1349, il y reçut quatre-vingt-trois hommages et confirma les privilèges et libertés de cinq communautés. La cérémonie se faisait dans le verger du monastère des Frères Mineurs. Le 9 mai 1350, les chanoines de St-Barnard et les ecclésiastiques du Chapitre, assemblés en procession, allèrent prendre le Dauphin au couvent où il résidait et le conduisirent au son des cloches, en chantant, jusque devant le grand autel de St-Barnard ; ce fut là que le prince prêta hommage au Chapitre pour le château de Pisançon. Quelques jours auparavant, le 2 mai, il avait tenu une assemblée composée du duc de Bourbon, de l'archevêque de Lyon et de plusieurs autres grands personnages. Il fit de courts séjours dans les châteaux de Pisançon et de Peyrins, mais n'habita pas la maison delphinale sur le bord de l'Isère.

Nous ignorons à quelle époque cette habitation délaissée fut vendue et morcelée. Une partie de son vaste emplacement vient d'être incorporée à la voie publique pour établir un quai et pour élargir les abords du pont ; le reste forme un îlot comprenant quatre maisons nouvellement reconstruites.

(Cet article donna lieu à une innocente polémique qu'il sera intéressant de reproduire).

I

« Le journal *Le Dauphiné* a donné... l'hospitalité à un article intitulé : *Les Dauphins et la ville de Romans*, et signé Pierre DUCHEMIN, agent-voyer, dans lequel je n'ai pas peu été étonné de lire ce qui suit : « Longtemps... St-Jean-d'Octavéon. » Voici certes un précieux auxiliaire à ceux qui font remonter la souche des Dauphins dans la nuit du moyen âge. Le signataire de l'article en question n'étant pas tenu, par sa profession, à une érudition à toute épreuve, je n'aurais pas songé à protester, au nom de la science, contre ses assertions téméraires, sans la crainte de voir bientôt les historiens peu sérieux s'en emparer comme d'une preuve valable en faveur d'un système préconçu. — Le texte latin du diplôme auquel les lignes ci-dessus font allusion, se trouve dans trois manuscrits, dont les auteurs sont des autorités incontestables ; il a été analysé et commenté, d'après l'un deux, par un érudit de premier ordre, M. de Gingins-la-Sarra, dans ses *Mémoires pour servir à l'histoire de Provence et de Bourgogne-Jurane (Hugonides,* p. 107-8). Ce *précepte* émane du roi d'Italie Hugues, et de son fils Lothaire, qu'il s'était associé au trône *(Hugo et Lotharius gratia Dei reges);* bien qu'il porte la date de 937 (24 juin), il est bien, comme l'a déjà remarqué M. de Gingins, de l'année 936. Le roi Hugues donne à son cher neveu le comte Hugues *(Hugoni comiti et karissimo nostro nepoti),* que M. de Gingins démontre être le fils du comte Warnier et frère de l'archevêque d'Arles Manassès, dans le royaume de Bourgogne et le comté de Vienne, un important domaine *(cortem,* voir Ducange à ce mot, t. II, p. 624, c. 2), appelé Octavéon *(que nominatur Ellevense),* avec sept cent métairies *(mansos,* voir également Ducange à ce mot, t. IV, p. 241, c. 2) et ses autres dépendances. Cette traduction litté-

rale est loin de la paraphrase de M. Duchemin :
il ne s'agit plus d'un comte Guigues, ancêtre des
comtes d'Albon, ni de *manoirs*, ni de l'archidiaconé de St-Jean-d'Octavéon, circonscription
topographique postérieure de plusieurs siècles au
diplôme en question. — Et voilà comme on écrit
encore l'histoire !

Disons à la décharge de M. Duchemin qu'il
n'est pas l'inventeur du système qui voit des
comtes d'Albon dans tous les Guigues du moyen
âge.

II

On me fait parvenir, dans la petite localité où
me retiennent mes fonctions, un exemplaire de
votre estimable journal du 1er de ce mois, où se
trouve une lettre dans laquelle M. X... de l'*Aca-
démie delphinale*, s'occupe d'un article écrit par
moi, au courant de la plume, un jour de pluie,
dans une auberge de village, et inséré dans le
journal *Le Dauphiné*, le 25 octobre.

Mon honorable contradicteur dit d'abord : « Le
« signataire de l'article en question n'étant pas
« tenu par sa profession, à une érudition à toute
« épreuve, etc. » Je laisse volontiers tomber ce
qui peut m'être ici personnel pour ne relever que
ce qui s'applique à ma profession. Je ferai remarquer qu'aucune autre, à l'égal de celle qui a la
charge si importante de construire les voies de
communication, ne prépare mieux à l'étude de
l'histoire et de l'archéologie, et n'en facilite
davantage l'application, ainsi que le prouvent
surabondamment des exemples anciens et modernes.

M. X... me querelle, en s'appuyant sur M. de Gingins-la-Sarra, sur trois mots : 1° celui du *Comte Guigues*; 2° celui de *Manoir*; et 3° celui d'*Archidiaconé* de St-Jean-d'Octavéon. Eh bien! moi aussi je m'appuie sur M. de Gingins-la-Sarra. Voici ce qu'il a écrit dans les *Mémoires de la Société d'histoire de la Suisse Romande*, t. XX, p. 216 :

« La plus importante de ces donations (par
« Hugues, roi d'Italie), fut celle qu'il fit en 937
« au comte Hugues, son neveu (*nepos*), d'un
« vaste territoire comprenant sept cents *manoirs*
« cultivés, situés dans l'*Archidiaconé* de St-Jean-
« d'Octavéon (*pagus Allavensis*). Ce *comte*
« Hugues ou *Guigues* (*Ugo, Vigo*) fut, selon toute
« apparence, la *tige des Dauphins de la pre-*
« *mière race*. Il résulte clairement de ces diver-
« ses donations que les domaines particuliers du
« roi Hugues s'étendaient le long de l'Isère et
« *aux environs de Romans*, et qu'ils furent ainsi
« détachés du comté de Vienne pour former une
« nouvelle principauté patrimoniale qui, plus
« tard, porta le nom de *Comté d'Albon*. »

Le nom de *Guigues* est parfaitement exact, le W tudesque se rend en Français, on le sait, par V ou G : ainsi *Wigo* a fait d'abord *Guigo*, puis *Guigues*, de même que *Wilhelmus, Guilher-mus*, ensuite *Guillaume*.

La donation faite le 24 juin 936 ou 37 par Hugues, roi d'Italie, au comte Wigo, qu'il appelle son neveu, est bien le comte Guigues du Cartulaire de St-Barnard (ch. n° 172), celui des *Hugonides* de M. Gingins-la-Sarra, et dont l'un d'eux, en 912, s'intitulait : *comte par la grâce de Dieu*. Dans le siècle suivant, Guigues le Vieux, petit-fils de Silvion de Clérieu, possédait de grands biens dans les environs de Romans (Cart. de St-Barnard. ch. 307). D'où je conclus avec M. H. de Pisançon (*Bul. de la Soc. d'Archéologie de la Drôme*, t. I, p. 34) : « Il semble difficile de « ne pas reconnaitre qu'il y avait alors dans le « Viennois une famille du nom de Guigues, qu'elle « y avait une haute position, était déjà peut-être « maitresse de la terre d'Albon, où on la voit « établie peu après, et de ne pas, exclusivement « à tout autre, lui donner la préférence pour en « faire la tige de notre première race delphinale. » On voit par ces citations que si, ce que je ne pense pas, j'ai commis quelque *témérité*, je l'ai fait en compagnie de deux savants érudits qui sont des autorités incontestables, et auxquels, au besoin, on pourrait adjoindre Thomassin, Chorier, Valbonnais, Durand, Fontanieu, etc.; en un mot tous les principaux historiens du Dauphiné.

J'ai souligné les mots *sept cents manoirs*, objet de la donation du roi d'Italie, parce que j'appréhendais qu'on ne prît ce mot *manoir* dans l'acceptation moderne, qui en fait un synonyme de château. On doit ici l'entendre comme au moyen âge : *Manerium, habitatio cum certa agri portione*, dit du Cange. C'était une simple habitation rustique entourée d'une certaine étendue de terre. Anciennement les animaux de labourage étant rares et les hommes attachés à la glèbe par le servage étant comparativement nombreux, les travaux des champs se faisaient principalement à bras, ce qui nécessitait des exploitations peu considérables. J'estime que les *sept cents manoirs*, ou métairies si l'on veut, donnés au comte Guigues ne devaient pas renfermer au-delà de trois à quatre mille personnes et former plus de cinq à six villages, soit à peu près la superficie de la moitié du canton actuel de Romans. Ce qui ne constituait pas au moyen âge, et surtout au x⁰ siècle, une possession d'une importance exceptionnelle pour un haut personnage. Ces manoirs étaient situés dans *l'Archidiaconé* de St-Jean-d'Octavéon. En donnant en 936 avec M. de Gingins à cette localité ce titre ecclésiastique, je n'ignorais pas qu'en l'année 790, sous l'archevêque Volfère, elle était le siège d'un *archiprêtré*, le second du diocèse. Mais entre ces deux dates, 790 et 936, il s'était passé un fait considérable, la fondation par Barnard, archevêque de Vienne, du monastère et de l'église de Romans, où fut transféré l'archiprêtré de St-Jean-d'Octavéon : *Altavensis, id est de Romanis.*

UN PROJET DE STATUE

AU DAUPHIN HUMBERT II.

Un de mes amis, voyageur du commerce, « un correspondant ordinairement bien informé », m'envoie de Romans une nouvelle qui fera plaisir à tous les Dauphinois. Les principaux habitants de cette ville se proposeraient d'ériger une statue au dauphin Humbert II. On s'occuperait même en ce moment de nommer la Commission qui sera chargée de solliciter les autorisations nécessaires, de recueillir les souscriptions, et de mener à bonne fin cette patriotique entreprise. On a déjà désigné l'emplacement où doit s'élever ce monument tardif de la reconnaissance du pays : c'est, à l'entrée du pont, entre l'église et le quai, l'espace laissé libre par la démolition des cloîtres. De ce lieu, admirablement choisi, très fréquenté et plein de souvenirs historiques, on a, devant soi, la maison (reconstruite bien entendu) qu'habita le Dauphin et où il signa, le 14 mars 1349, le statut delphinal ; on a, à sa droite, la vénérable église de St-Barnard, dans laquelle ce même prince prêta hommage au Chapitre, le 29 avril 1338, pour la seigneurie de Pisançon et fut ensuite reçu chanoine et où, le 30 mars 1349, en présence de plusieurs prélats, d'une foule de seigneurs et d'habitants, il jura et scella l'acte de la cession du Dauphiné à la couronne de France.

Mais déjà quelques trouble-fête, de ces opposants quand même, comme on en trouve partout, commencent à dénigrer la pensée si élevée et si généreuse de leurs concitoyens, et, dans ce but, à l'exemple de quelques biographes modernes qui ont fait du dauphin une sorte de pacha de comédie, de Schaabaham dauphinois, ils portent sur ce prince un jugement plus que sévère.

Selon eux, il avait une humeur inconstante, un esprit irrésolu, une imagination déréglée, un caractère bizarre ; ils lui reprochent sa vanité, sa prodigalité, une religion timorée ; ils ne lui pardonnent pas d'avoir fondé des monastères, protégé des ordres religieux et d'avoir quitté la couronne pour revêtir l'habit de saint Dominique ; c'est-à-dire que s'il avait spolié les couvents et expulsé les moines, il passerait aujourd'hui pour un prince philosophe, pour un grand homme, en avance de plusieurs siècles sur son époque.

A ces appréciations aussi injustes que passionnées, à l'opinion avancée un peu à la légère par l'abbé Vertot, on nous permettra de préférer le jugement du savant Valbonnais et ce que nous apprend, du reste, l'étude impartiale et approfondie des documents historiques.

Malgré une imagination inquiète, apanage ordinaire des personnes fatalement destinées à une mort prématurée, Humbert II fut un prince remarquable pour son temps. Il fut, chose rare, bien servi, aimé et regretté. Il sut dans les affaires montrer de l'adresse, de la patience, de la loyauté et de la résolution. Il réussit dans ses entreprises ; il se rendit maître des villes de Vienne et de Romans, malgré l'excommunication de l'archevêque et les censures du pape, et conquit le bourg de Miribel malgré le duc de Savoie. On s'est moqué de la croisade dont il fut le chef : c'est cependant la seule expédition de ce genre qui, après des succès honorables pour les armes chrétiennes, se soit terminée sans désastres.

Humbert affranchit ses peuples du servage, de la main morte et des guerres particulières des seigneurs ; il prodigua des libertés aux communes et des bienfaits aux établissements charitables. Il créa l'université de Grenoble et le Conseil delphinal. Il introduisit de sages réformes dans la justice, dans les finances et dans la fabrication des monnaies, et mit un ordre parfait dans l'administration de sa maison. Après avoir refusé le titre de roi, que lui offrait l'empereur d'Allemagne, il céda au puissant roi de France ses Etats, qu'il mit ainsi à l'abri d'un morcellement et auxquels il assura plusieurs siècles d'illustration et de prospérité. Mais auparavant,

animé du vif désir de conserver et d'accroître
les privilèges et les libertés de ses sujets, il en
consacra le souvenir et les droits, comme un
dernier témoignage d'affection, dans un acte
authentique connu sous le nom de Statut delphinal.

Tels sont, en peu de mots, les titres avec
lesquels le dauphin Humbert II (1) se présente
devant la postérité. Ils nous semblent suffisants
pour mériter, de la part des Dauphinois, un jugement bienveillant et un souvenir d'affection et
de reconnaissance.

COMPTES

DE LA MAISON D'HENRI III

ROI DE FRANCE

Dépenses du 15 janvier 1575, à Romans.

A la nouvelle de la mort du roi Charles IX,
son frère (30 mai 1574), Henri de Valois, duc
d'Anjou, roi de Pologne, s'enfuit de son royaume
et arriva le 15 septembre suivant à Lyon, où
l'attendait sa mère, Catherine de Médicis. Il y

---

(1) Humbert avait eu un fils nommé André, né le 7 septembre
1333 à Naples, mort en 1335 ; il avait été fiancé le 19 août de cette
année avec Blanche d'Evreux, fille de Philippe, roi de Navarre,
qui devint reine de France, en épousant Philippe de Valois en 1349.

tint un grand Conseil, où fut décidée la continuation de la guerre contre les Huguenots. Il descendit à Avignon pour contribuer, par sa présence, à la défaite des rebelles du Languedoc. Remontant bientôt le Rhône, il convoqua les Etats de Dauphiné à Romans, où ils se réunirent le 15 janvier 1575, sous la présidence du roi : « ce qui ne s'était pas encore vu et ne se revit pas », dit Chorier. S. M. était accompagnée d'une nombreuse suite, en tête de laquelle on remarquait le duc d'Alençon, son frère, le roi de Navarre et le chancelier de Birague. Dans cette assemblée, on arrêta que le Tiers-Etat de la province entretiendrait un corps de 2000 hommes d'infanterie, et la noblesse, 50 hommes d'armes pour poursuivre la guerre, particulièrement contre Du Puy-Montbrun, qui avait pillé les bagages du roi, près du Pont-de-Beauvoisin : audace qu'il paya de sa vie quelques mois après (13 août).

Le roi logea à Romans, dans la maison de M. Mulet (1), et repartit le lendemain pour Lyon, et de là, pour Reims, où il fut sacré le 15 février suivant, par le cardinal de Guise, évêque de Metz.

La pièce originale, que nous possédons, contenant la note des dépenses faites à Romans, le 15 janvier 1575, consiste en une bande allongée de parchemin (65 centim. sur 14), et signée de deux secrétaires du roi. C'était sans doute une

____

(1) Antoine Mulet, le père de ce dernier, avait reçu dans sa maison Louis XII, lors de son passage à Romans, le 27 juin 1511. Le roi le fit président du Parlement de Provence.

pièce comptable qui servait à établir les dépenses générales de la maison du roi.

En voici l'exacte transcription :

SAMEDY QUINZEIESME JOUR DE JANVIER L'AN MIL CINQ CENS SOIXANTE QUINZE, LE ROY TOUT LE JOUR A ROMANS.

Panneterie, bouche et conmun.

	Liv.	Sol.	Den.
Au boulanger, pour la bouche IIII xII^{es} viij pains (1) . .	»	LVj	»
A luy pour le conmun XLIII douzaines troys pains. . .	XXV	iv	»
S(omme) xxviij liv. xv s.			

Eschan(sonerie), bouche.

A La Pierre, pour 1e bouche.	»	LVj	»

Conmun.

Au sieur Colas, de Monteli-mard, pour iiij charges de vin cl.	iiij	»	»
A Pierre Chan, de Romans, pour iiij ch. de vin. . . .	»	XLViij	»
A Ymbert du Bois, de Ro-mans, pour XL ch. de vin. .	XXXij	»	»

---

(1) Le marc d'argent était alors à 19 livres, c'est-à-dire que la livre valait, en monnaie actuelle, 2 fr. 50, le sol 12 centimes et 1/2, et le denier 1 cent. Pour avoir la valeur relative, il faudrait qua-drupler ces chiffres.

A sire Claude Manuel, dud.
Romans, pour xxv ch. ij
quartes. vin.   xv   vj   »
Au chartier d'eschan(sonerie),
pour son charroy ordinère .   »   XLV   »
S(omme) lv l. ix s.

Cuisine, bouche et conmun.

Au boucher, pour la bouche,
1 bouillon beuf et 11 gresse,
vij s. vj d.; une pièce beuf
realte, xviij d. 11 de service,
xvj s.; ung veau XL s.; 11
moutons une pièce, LXiij s.;
x chapons L s.; XXXIX poulets
et pigeons, LXiij s. vj d.; 11
chevreaux, XL s.; iiij perderix, XX s.; ij connils, X s.; viij
k. costelettes porc, xiij s.
iiij d.; 11 langues beuf, v s ;
xxiij l. lard, LVij s. vj d.;
1 q^{one} œufs, 1 s. vij d.; cy
bouche . . . .   xxij   »   v
Et pour le conmun : 1 bouillon
et vj l. gresse, xvij s. vj d.;
11 pièces beuf réalles, xxxvj
s.; viij et demye de service,
LXViij s.; ix moutons et vij
pièces, xiiij l. xj s.; xxxvj l.
port frais, LX s.; xj cochons,
CX s.; xxxvj chapons, ix l.;
xiiij chevreaux et yssues,
ix l. ij s.; xv connils, LXXV s.;
xij becassines, xxx s.; vj

ramiers, xv s.; xij perderix,
lx s.; d° œuf, vj s. iij d.;
11 k. beurre, vj s.; lxvij l.
lard, vj l. ij s. vj d.; xxxj l.
chandelles, lxxvij s. vj d.;
cy conmun . . . . lxvij   xvj   ix

Cy bouche et conmun iiij^{xx} ix
l. vij s. ij d.

Au pasticier, pour ouvraige de
four . . . . »   cv   viij

Au verdurier, pour pots ver-
dures, just et vinaigre . . »   lij   vij

A l'escuier conmun, pour sel
et oranges . . . . . . »   xxxvj   »

S(omme) iiij^{xx} xix l. j s. iij d.

Fruicteris.

Aux fruictiers pour fruict ordi-
nere, l s. x d.; extra^{re} xxvj s.;
salades, xij s.; déchet du
mortier, v s.; cire blanche,
iiij l. iij qte ij on., lxi s.;
cire jaune, xij l. iij qte ij on.,
lxvj s. vj d. obolle, cy . . xij   xj   iiij

Fourriers.

Au sieur du Sarlan, premier
maistre d'Ostel. . . . . iiij   »   »

Aux sieurs de Monceaux, Ny-
vollon et de Herbault, maistres d'ostel . . . . . . vij   »   »

Au maistre et controlleur de
la Chambre aux deniers. . »   lx   »

A Secoure, maistre de la

Chambre aux deniers hors damier	»	XXX	»
A deux clercs d'offices . . .	»	XXX	»
A M° Miron, premier medecin.	»	XL	»
A M° Mazille, medecin ordinere	»	XL	»
A Fabry et Botal, medecins servans	»	LX	»
Au lieutenant de la porte . .	»	XV	»
A deux huissiers des salles .	»	XX	»
A deux patissiers.	»	XV	»
A deux tapissiers et le victrier.	»	xviij	»
Aux quatre lavandières. . .	»	C	»
Au cappitaine du charroy . .	viij	»	»
A Flachet, pour cherbon . .	»	XXV	»
Au falotier, pour chandeles et lanternes.	»	XX	»
Au chartier qui meyne la quesse (caisse)	»	XL	»
A Chambellan, pour avoir fait apporter la vaisselle depuys Avignon jusques à Lion, par ses partyes, cy arrestées. .	vij	X	»
Au menusier du roi, pour avoir faict ung plancher à la cuisine du festin en Avignon, ung aultre en la grand salle et faict quelques croisées, par ses partyes	XX	X	»
A Bizotton, pour estre venu devant d'Avignon à Valence chercher du vin.	»	L	»
S(omme).	LXXV	iij	»
Somme du jour : Deux cens soixante quinze livres, cinq sols, neuf deniers tourn. .	CCLXXV	V	ix

La circonstance exceptionnelle de la présence du roi à la tenue d'Etats généraux de la province, et la suite princière qui accompagnait S. M., expliquent la dépense relativement élevée, pour une seule journée, de 275 livres 5 sols 9 deniers, soit en valeur actuelle environ 2750 francs. En effet, on trouve la justification de cette remarque en comparant cette note de dépenses avec trois autres pièces de même nature, que nous avons entre les mains, et dont nous devons la possession à notre révéré compatriote M. P.-E. Giraud. On y remarque, disons-nous, que la dépense pour la maison de Charles IX ne s'éleva, à Romans, le 17 août 1564, qu'à 158 livres 3 deniers, et le 25, qu'à 173 livres 18 sols 2 deniers, enfin à Valence, le surlendemain, qu'à la somme de 172 livres 13 sols 8 deniers.

Henri III était accompagné de quatre médecins, dont un premier, un ordinaire et deux servants. Outre la nourriture et le logement, les deux premiers avaient un égal traitement de 40 sols par jour (environ 20 fr.) Les deux autres ne touchaient que moitié de cette solde. Ce nombre exagéré de médecins est du reste le même que celui qu'avait Charles dans son voyage, en 1564; seulement il contraste avec l'absence de chirurgiens et d'apothicaires.

Le premier médecin, Marc Miron, fils et petit-fils de médecins, avait été attaché au duc d'Anjou. Il le suivit en Pologne et favorisa son évasion. Aussi Henri III, dès qu'il fut roi de France, nomma Miron son premier médecin, et le revêtit du titre exceptionnel de *comes archiatrorum*. Il fut député aux Etats de Blois, et sa postérité a fourni deux prévôts des marchands à la ville de Paris et un archevêque de Lyon.

En résumé, voici la valeur des principales denrées et de divers objets de consommation, en faisant observer qu'il faut décupler le prix pour représenter celui de nos jours.

Le pain, dont le poids n'est pas indiqué, valait 1 sol, le vin du roi, 2 livres 16 sols la charge de 66 pots (84 litres), celui du commun variait de 12 sols à 20 s.; un veau 2 liv.; un mouton 1 liv. 10 s.; un chapon ordinaire, 5 s.; un chapon gras, le double; un poulet, un pigeon, 1 s. 6 den.; un chevreau, 20 s.; une perdrix, 5 s.; un lapin 5 s.; une grive 2 s. 6 den.; la livre de porc frais, 1 s. 9 den.; une langue de bœuf, 2 s. 6 den.; la livre de lard, 2 s.; le quarteron d'œufs, 1 s. 6 den.; une bécassine, 2 s. 6 den.; la livre de beurre, 3 s.; la livre de chandelle, 2 s.; la livre de cire jaune, 5 s. 6 den.; la livre de cire blanche, 14 s.

En comparant le prix des denrées aux deux époques, en 1564 et 1575, on trouve qu'il est sensiblement plus élevé dans la note pour cette dernière année, où, par parenthèse, on ne trouve pas le dindonneau, qui est mentionné dans les dépenses du mois d'août 1564. Ce volatile, très rare alors, qui venait depuis peu d'être apporté en France, est noté à un prix assez élevé, à 25 s. la pièce, c'est-à-dire autant que cinq chapons, que seize poulets, que cinq perdrix, que dix cailles. L'absence au mois de janvier de dindonneau sur la table d'Henri III ne peut s'expliquer que par l'usage de manger ces oiseaux lorsqu'ils étaient jeunes et tendres, comme ils le sont en effet au mois d'août. Enfin, dans les notes de 1564 et 1575, ne figure ni marée, ni poissons de rivière.

LA GARDE NATIONALE MOBILE
EN 1600.

Pouvoir disposer en tout temps d'une armée nombreuse en dépensant le moins d'argent possible, est un problème que les gouvernements poursuivent depuis longtemps.

Après la promulgation de l'édit de Nantes et de la paix de Vervins, les prétentions du duc de Savoie sur le marquisat de Saluces vinrent troubler, dans le Dauphiné, la tranquilité générale dont on jouissait, et que soixante années de troubles et de guerres civiles avaient rendue bien nécessaire.

Dans l'été de 1600, Henri IV se rendit en Dauphiné pour se mettre à la tête de l'armée que commandait le duc de Lesdiguières. Il assista, le 16 août, à Grenoble, à une procession qui lui fournit l'occasion de se montrer populaire en cédant le pas aux consuls de la ville.

A cette époque, l'armée régulière et permanente était peu nombreuse : ses cadres ne permettaient guère de l'augmenter. Lorsqu'on entrait en campagne, on la renforçait par des levées d'hommes faites dans les provinces les plus rapprochées du théâtre de la guerre. Ces recrues étaient fournies par les gardes bourgeoises ou par des volontaires ; elles n'étaient engagées que pour un temps très court et on les licenciait toujours à la paix, et même souvent lorsque l'armée prenait ses quartiers d'hiver.

Par une lettre-patente donnée en son camp de Samoux, le 9 septembre 1600, Henri IV pres-

crivit aux consuls de Romans d'envoyer dans les
premiers jours d'octobre, pour servir dans son
armée de Savoie, cent hommes expérimentés et
courageux, sous la conduite d'un capitaine. Ces
soldats devaient être armés, moitié de mousquets
de calibre, moitié d'arquebuses de guerre.

L'assemblée de la ville choisit pour capitaine
le sieur Labarre, qui « étoit un personnage
d'expérience, au faict des armes et qui en avoit
fait continuellement profession depuis son jeune
âge (1). » Les capitaines de la ville furent chargés
« de faire élection, nomination et dénombrement
dans leurs quartiers des hommes les plus idoines
et capables. » On accorda au capitaine Labarre,
pour se monter et s'équiper, une somme de 60
écus (225 fr.), pour le premier mois de service :
la moitié payée d'avance et le reste compté le
jour où il se mettrait en marche. Quant à la
composition de sa compagnie et à la solde de ses
hommes, il devait se régler sur ce qui avait été
fait à Crest et convenir avec eux « à la meilleure
condition et ménage possible. »

Le 3 octobre, le juge royal de Romans reçut
une lettre de la Chambre des vacations du Parlement, l'informant que le roi avait écrit, le 30

---

(1) Le capitaine Labarre appartenait à une bonne famille de la
bourgeoisie. Sa bravoure, son goût pour la vie active et les aven-
tures avaient décidé de sa vocation à cette époque fort agitée. Il
était de haute taille et de bonne mine, avait la répartie assez vive
et le bras un peu prompt. Il avait adopté des armes parlantes :
de *gueules à la barre* ou *bâton d'argent*, avec le mot *recta*, qu'il ne
manquait pas de justifier en ayant sans cesse le mot à la bouche
et la chose à la main ; ce qui ne nuisait pas à sa popularité....
au contraire.

septembre, de Chambéry pour donner avis de l'approche du duc de Savoie, qui était descendu des montagnes pour combattre l'armée de Sa Majesté. On devait, en toute diligence, faire marcher toute la noblesse de la province et les hommes qui avaient été demandés aux villes.

Le juge était invité d'aviser tous les gentils-hommes et de prescrire aux consuls de fournir le nombre de soldats assignés pour se rendre auprès de Sa Majesté avec leurs armes, chevaux et équipages, conformément à l'arrêt de la Cour et à la répartition faite entre les villes et bons bourgs de la province, à peine pour la noblesse d'être privée et déchue de ses privilèges, de désobéissance et autres arbitrages pour les villes.

Les consuls ordonnèrent aux capitaines de quartier de remettre au juge le rôle des hommes qu'ils avaient désignés et de les convoquer le lendemain. Ce magistrat devait choisir ceux qui étaient capables de faire un bon service, faire procéder à leur solde et à leur armement et hâter leur départ.

Le capitaine Labarre eut bientôt complété sa compagnie. Le petit nombre de soldats qui lui manquait fut racolé dans les cabarets, moyennant une dépense de 30 écus 51 sols. Il fut convenu de donner pour le mois d'engagement, savoir : à l'enseigne, 30 écus ; aux sergents, 10 écus ; aux caporaux, 7 écus ; aux mousquetaires, fifres et tambours, 6 écus ; aux arquebusiers, 4 écus. La ville acheta 150 aunes d'*eslame* pour faire confectionner des casaques.

Ainsi armée et équipée, la vaillante troupe se mit bruyamment en route le 9 octobre. Elle avait à sa tête tous les tambours et toutes les autorités de la ville et était escortée par la population presque entière. Enfin, les adieux furent faits et la dernière bouteille vidée sous les ormes du chemin de St-Paul, au lieu même où, le 6 février 1347, Isarde des Baux, parente du Dauphin, fut brûlée vive pour avoir assassiné son mari, Ponce de Malvoisin, seigneur de Penne.

Le duc de Savoie eut la mauvaise fortune d'avoir pour adversaires les deux capitaines les plus habiles et les plus vaillants de l'époque ; il ne tint pas longtemps la campagne. Après avoir perdu Montmeillan, Bourg et autres places, il fut obligé, par le traité de Lyon, de céder la Bresse et le Bugey.

Le capitaine Labarre ne trouvant pas à utiliser ses talents militaires, se mit à s'escrimer de la plume en envoyant souvent de ses nouvelles aux consuls de Romans. Il leur demandait chaque fois de l'argent pour la solde de ses hommes, qui, sans cela, disait-il, pourraient se débander et courir risque de la vie. Mais c'était un simple artifice de langage, qui a un nom bien connu des militaires et qui avait seulement pour but d'alarmer le cœur des consuls pour arriver plus sûrement à la caisse municipale.

Congédiés par Sa Majesté, le capitaine Labarre et sa compagnie étaient de retour à Romans le 7 décembre. Le roi adressa aux consuls une lettre pour les remercier du témoignage de leur bonne volonté et affection à son service, accordant généreusement aux officiers et soldats, qui avaient rejoint son armée, une gratification..... aux frais de la ville.

UN COMPTE D'APOTHICAIRES
EN 1670.

« Partie des fournitures de médicaments faites
« aux malades de l'hôpital de Ste-Foy, par nous,
« Jean Rozeron et Martin Petit, maîtres apothi-
« caires jurés de la ville de Romans. »

(Au dos, n° 23, passé en compte de 1671 de
M. de Maisonblanche, recteur.)

Le nom d'apothicaire vient du grec et du latin
Apotheca, officine, magasin, boutique, lieu où
l'on garde et vend des marchandises. Au moyen
âge, il y avait à Romans trois sortes d'apothecas :
1° celles où l'on préparait et vendait des médicaments, des confiseries, des bougies et flambeaux de cire ; 2° celles des drapiers où l'on
faisait le commerce des laines et draps, industrie
alors fort importante à Romans ; 3° enfin, dans
les autres boutiques, on débitait une foule d'objets
d'un usage général et commun.

Dans l'assemblée des habitants de Romans,
tenue le 19 mars 1376, on comptait entre autres
trois apothicaires, un barbier chirurgien, mais
pas un seul médecin.

Anciennement les services de la chirurgie et
de la pharmacie étaient mis pour un certain
temps en adjudication, au rabais.

Ainsi, le 16 avril 1627, le bureau de l'hôpital
de Ste-Foy « arrêta que le dimanche prochain,
« tous les chirurgiens et apothicaires de la ville

« seraient assignés pour se trouver céans, pour
« voir estre adoptées les offres de celui d'entre
« eux qui serviroit à moins ledit hospital.

« M. Antoine, chirurgien, a offert de soigner
« les malades pour douze livres, et M. Dominge,
« apothicaire, a offert de fournir les médecines
« où il entre de la rhubarbe pour douze sols, et
« les autres médecines sans rhubarbe pour huit
« sols ; ce qui fut accepté. »

Le 2 mars 1644, le chirurgien et l'apothicaire
furent continués pour servir pendant quatre
autres années aux mêmes conditions.

Avant la Révolution, les rétributions du médecin et du chirurgien du même hôpital étaient
de dix deniers pour chaque journée de malade.

Le total de l'état, fourni le 8 décembre 1672
par les apothicaires Jean Rozeron et Martin
Petit, contient cent dix-huit articles.

Dans chaque ordonnance sont indiqués : la
qualité du destinataire (malade, blessé, soldat,
mendiant) ; la désignation, la quantité et le prix
du médicament délivré, lequel prix varie de un
sol à dix-neuf sols (1). Le total s'élève à 62 livres
10 sols, réduit à l'acquit à la somme ronde de
60 livres. Soixante livres en deux ans ! C'est
une dépense cinquante fois moindre que celle
que coûte de nos jours le même service. Est-ce
un bien ? Est-ce un mal ? *That is the question !*

Voici, en résumé, les principales fournitures
pharmaceutiques énumérées dans la facture
fournie par les apothicaires jurés :

-----

(1) En 1672, la valeur relative de l'argent était au moins trois fois
plus forte que celle de nos jours.

36 Médecines laxatives et *désopilantes*, à 12 sols.
11 Clystères laxatifs, à 8 sols.
12 Emulsions stibiées (émétique), à 8 sols.
7 Cyrozèmes réfrigérants et diurétiques, à 8 sols.
4 Prises laxatives et désopilantes, à 8 sols.
5 Confections d'hyacinthe, à 1 sol.
4 Liniments, à 6 sols.
4 Décoctions dessicatives, à 4 sols.
1 Emplâtre divin, à 1 sol.
3 Onguent gris (1 once), à 1 sol.
5 Thériaque (2 drachmes), à 2 sols 6 deniers.
2 Sirop de pavot blanc (1 once), à 3 sols.
1 Esprit de vin (1 once), à 9 sols.
2 Eau-de-vie (1 livre), à 8 sols.
1 Huile nouvelle (1 once), à 1 sol.
3 Onguent égyptien, à 2 sols.
1 Poudre magistrale (1 drachme), à 1 sol.
1 Aloès succotrin (1 once), à 12 sols.
2 Onguent d'Althéa (1 once), à 3 sols.
2 Poudre de staphisaigre, à 2 sols.
6 Emplâtres de diachylum, à 6 sols.

Le nombre relativement considérable de 36 purgatifs, 11 lavements laxatifs, 12 vomitifs et 4 prises laxatives qui figurent dans la liste précédente, rappellent que ces remèdes constituaient, avec la saignée et la thériaque, à peu près toute la thérapeutique de cette époque, c'est-à-dire le traitement habituel et général de presque toutes les maladies.

Ce qui, comme toute chose, avait sa raison d'être, parce que alors l'alimentation était en général grossière, peu nourrissante et forcément encombrante, ou exceptionnellement trop abondante et échauffante, et provoquait pour ainsi dire instinctivement l'usage fréquent des pur-

gatifs, dans le but de nettoyer les voies digestives et de désobstruer les canaux qui y aboutissent. Il en résultait, on l'espérait du moins,
le rétablissement de la santé (1).

Dans l'usage naïvement banal de ces évacuants
et des accessoires que leur emploi nécessitait,
Molière puisa ces grosses plaisanteries dont il
fit le sujet de plusieurs de ses comédies : farces
et bouffonneries, d'un goût douteux, qui réjouissaient tant nos aïeux et ce qu'on appelait alors
la cour et la ville.

Nous ne voulons pas terminer ces notes sans
dire quelques mots sur l'historique de la thériaque, citée plus haut.

Inventée par Mithridate, chantée par Nicander
et perfectionnée par Andromaque, médecin de
Néron, la thériaque était un chaos informe de
toutes les drogues jadis employées, où venaient
se confondre et se réunir les propriétés les plus
contraires Ce fut, pendant tout le moyen âge,
un incomparable remède, le trésor de la médecine, l'orgueil de la pharmacie, le *nec plus ultra*
des préparations officinales. C'était une panacée,
un antidote surtout contre les fièvres contagieuses, les poisons végétaux et les morsures
des animaux venimeux, comme l'indique son
étymologie (2). En outre, chaque affection avait
la chance d'y rencontrer son remède spécifique.

A l'hôpital, lorsqu'il était nécessaire de renou

---

(1) Il n'est pas inutile de faire remarquer que la vie était alors
de moitié moins longue qu'aujourd'hui.

(2) Il y avait encore le *Panarium,* qui était un contre-poison contre
la morsure des serpents.

veler la provision de ce *microcosmos* de la matière médicale, le maître apothicaire de l'établissement, en présence des médecins et des chirurgiens, spécialement convoqués, procédait avec solennité et magistralement au choix et au mélange des soixante-cinq ingrédients qui entraient dans la composition de ce précieux électuaire. Après cette importante opération, tous les assistants se rendaient, suivant l'usage, à une collation, dont l'économe payait, en **murmurant**, la modeste dépense.

La thériaque, dont les années amélioraient les propriétés et que l'on pouvait garder près d'un siècle, était conservée dans un énorme pot de faïence, aux formes monumentales, qui occupait dans l'apotheca ou pharmacie la place d'honneur, où il brillait au centre d'autres pots et bocaux plus petits, comme la lune au milieu des étoiles.

LES PETITS-FILS DE LOUIS XIV
A ROMANS.

Autrefois, à cause du mauvais état et du défaut de sécurité des routes, les princes voyageaient à petites journées, accompagnés de leur suite et escortés de leurs gardes. A chaque étape, ils étaient reçus et hébergés par les autorités du lieu, prévenues longtemps à l'avance. Aux honneurs prescrits par l'usage et réglés par l'étiquette, chaque localité s'efforçait d'ajouter des témoignages particuliers et de se distinguer par des magnificences et des inventions plus ou moins heureuses, mais où perçait toujours un sentiment sincère de respect.

Sur l'avis, adressé le 6 janvier 1701, par l'intendant de Grenoble, du passage prochain à Romans des ducs de Bourgogne et de Berri, le conseil général de la ville arrêta les dispositions à prendre pour recevoir ces princes et leur rendre les honneurs dus à leur haut rang.

On fit enlever les pierres des chemins, sabler les rues, tendre des tapisseries devant les maisons et préparer des rations et des écuries pour *seize cents* chevaux. Afin de rendre plus facile le passage des carrosses et des équipages, on abattit quatre maisons (1), dont l'emplacement a retenu, de cette circonstance, le nom de *place des Princes* (2). Trois arcs de triomphe furent élevés : un à la porte de Saint-Nicolas, un autre au *Griffon*, et le troisième à l'entrée de l'hôtel de l'abbé de Lesseins, sacristain du Chapitre et gouverneur de la ville, lequel avait aussi fait construire dans ses jardins un arc de triomphe en pierre de taille : petit monument assez élégant, démoli seulement en 1863. Tous ces édifices étaient chargés d'ornements, couverts d'inscriptions et de devises, dont la prose et les vers malheureusement ne sont pas venus jusqu'à nous.

Reçus à leur arrivée au bruit du canon et au son des cloches, les ducs de Bourgogne et de Berri furent harangués par les autorités et conduits à leur logement sous un dais de panne cramoisie, doublée de satin de même couleur et

---

(1) C'étaient celles d'André Fontaine, de Jean Guy, de Marie Bonnet, veuve d'Antoine Ducros, et partie de celle de Jean Jasset.

(2) Cette place a été dénommée recemment *Place Lally-Tollendal*.

bordée d'une frange d'or. Les *pennonages* sous les armes formaient la haie, « en bon ordre et équipage, tambours battants, enseignes déployées. » Une foule immense remplissait les rues, garnissait les fenêtres, couvrait les toits.

Suivant un antique usage, la communauté de Romans offrit à chacun des princes deux quintaux de bougies et douze douzaines de bouteilles d'*Eau cordiale de Genève*. Elle offrit aussi à chacun des seigneurs de Bouillé et de Noailles un quintal de bougies et six douzaines de bouteilles de liqueur. Enfin, on fit présent aux gardes du corps, Cent-Suisses et gens de la suite, de dix-huit douzaines de bouteilles de *vin de Vienne*. Le soir, il y eut une illumination générale dans la ville et un feu d'artifice tiré dans les *Allées*. Leurs Altesses Royales partirent le lendemain dans la matinée, après un déjeuner où figura, dit-on, comme luxe et nouveauté, l'infusion de la fève de Moka, dont l'usage était encore inconnu dans Romans.

Suivant une autre tradition très accréditée, mais peu vraisemblable, l'abbé de Lesseins serait mort de chagrin, parce que les petits-fils de Louis XIV auraient fait enlever de la table à laquelle ils devaient s'asseoir un troisième couvert destiné au maître de la maison. M. de Lesseins mourut le 16 août suivant, c'est-à-dire quatre mois et demi après le passage des princes, âgé de plus de 80 ans. Il était de trop bonne maison et trop instruit des usages de la Cour pour avoir, dans une circonstance aussi importante, méconnu l'étiquette et les convenances.

Quoi qu'il en soit, les frais à la charge de la ville, arrêtés le 22 mai, s'élevèrent à la somme de 13,134 livres 10 sols et 11 deniers, dont il convient de déduire, comme dépense utile, 6,790 livres, affectées à l'élargissement de la voie publique.

LE DUEL DE 1769

Un duel qui fut célèbre par son dénouement tragique (1) eut lieu à Romans, le 18 juillet 1769, entre Raymond Merlin du Chélas, conseiller au parlement (2), et Suel-Beguin, capitaine dans la légion de Flandres (3).

---

(1) Un récit populaire de cet événement se vendit dans le temps sur les places publiques de Romans, de Grenoble, de Lyon et même de Paris.

(2) Jacques-François Raymond Merlin du Chélas, né le 22 octobre 1725, acheta une charge de conseiller au parlement de Grenoble, en 1747. Il était fils de Jacques, écuyer, capitaine au régiment de cavalerie de Condé, et de Madeleine de Montdragon, et petit-fils d'autre Jacques, d'abord marchand, puis gentilhomme servant du roi, en 1760, et qui fut anobli en cette qualité.

Cette famille était fort ancienne dans Romans, Raymond Merlin, barbier (*barbitonsor*), figure dans le rôle de la taille levée en 1367, comme habitant la rue Naudin, aujourd'hui du Mouton. Elle a fourni plusieurs notaires, notamment François, en 1609; Barthélemy, en 1639; Jean, en 1659, et un autre Barthélemy, qui était doyen de la corporation, en 1680.

(3) Jacques-Thomas Suel-Lambert-Beguin, fils de Jacques, bourgeois, né le 7 mars 1738, nommé capitaine dans la légion de Flandres en 1764.

La famille Suel, dont les branches se distinguaient en Pourcieux, Beguin et Lambert, a donné plusieurs ecclésiastiques à l'église de Romans : Jean-Baptiste était épifard en 1660; Louis Suel-Pourcieux, curé de Saint-Barnard, en 1736; François Suel-Beguin, maître de chœur, en 1700; Emmanuel-Joseph, chanoine, vicaire général de Senez, fut député aux États généraux de la province en 1788, et mourut le 12 mars 1815.

La réserve observée dans les mémoires de l'époque et dans les débats du procès, afin de mettre hors de cause une personne innocente, ne permet pas de connaître l'origine et rend obscur le cours de cette malheureuse affaire. Quant à nous, dispensé de toute réticence, investi de tous les privilèges de l'historien, nous avons le droit de rechercher et le devoir de dire toute la vérité : car cent ans sont passés depuis l'événement ; tous ceux qui y ont joué un rôle sont morts depuis longtemps, leurs familles mêmes sont éteintes.

Une très belle personne de notre ville (1) avait inspiré en même temps à du Chélas et à Beguin, et avait peut-être encouragé par une imprudente coquetterie, une violente passion, qui devait avoir des suites funestes pour les deux rivaux. Le premier, d'un caractère violent, emporté, plus

(1) C'était Mlle Marie-Thérèse Chabalet, qui eut un moment de célébrité et mourut sans s'être mariée, le 8 octobre 1820, aux Baumes de Châteauneuf-d'Isère, dans une de ses propriétés. M. du P., son cousin et son héritier, possède de cette personne un portrait mythologique qui justifie sa grande réputation de beauté. Mais si elle était belle, elle était aussi coquette. On raconte à ce propos que M. Ant. G., riche avocat de Romans et son voisin de campagne, étant sur le point d'épouser Mlle Chabalet, rompit ce projet, estimant, en homme prudent, que sa future ne lui offrait pas des garanties suffisantes pour son repos.

Originaire de Tournon, la famille Chabalet vint au commencement du dernier siècle s'établir à Romans, où Mathieu-Marcellin, qualifié de bourgeois, épousa, le 10 janvier 1734, Marie-Antoinette Bernon, fille de François, marchand, et de Thérèse de Turrail, dont il eut, outre Marie-Thérèse : 1° Jean-Baptiste, né en 1738, qui devint lieutenant-colonel du 8e régiment d'infanterie et chevalier de Saint-Louis, et décéda, sans alliance, le 28 août 1797 ; 2° Marcelin-Gabriel, capitaine dans la légion de Flandres, puis au 2e régiment de chasseurs à cheval, et enfin lieutenant de roi de la ville de Romans et chevalier de Saint-Louis. Il se maria, le 10 janvier 1786, à Élisabeth de Fontaine du Villard, et mourut sans postérité avant la Révolution.

craint qu'estimé, enhardi par l'avantage et la presque impunité que lui donnaient sa fortune et sa qualité de conseiller au parlement, manifesta sa haine contre la famille et la personne de Suel-Beguin par des excès de paroles et des voies de fait indignes d'un homme de son rang.

Joseph Suel-Lambert rappelle plusieurs de ces vexations dans la plainte qu'il présenta au parlement contre le meurtrier de son fils. Ainsi, un de ses fils, chanoine, se rendant à la grand' messe, un dimanche, avait été publiquement outragé, battu et renversé par du Chélas, pour avoir oublié de le saluer en passant. Un autre de ses fils, André Suel-Lambert, avocat, étant seul à la chasse, fut attaqué dans un chemin par ce furieux. Dès qu'il l'aperçut, il courut chez lui, revint l'arrêter armé d'un fusil à deux coups : il l'accabla d'injures, menaça de le tuer ; sa victime n'échappa qu'à force de douceur et par le secours imprévu de quelques personnes, qui accoururent au bruit. L'amour de la paix, la crainte de nouveaux excès et les sollicitations de personnes considérables, entre autres de MM. de Gillier (1) et Servan (2), firent renoncer Suel-Lambert à toute poursuite.

---

(1) Laurans de Gillier, né en 1705, capitaine au régiment de Briosne, avait épousé Marie-Jeanne Henry, fille d'un secrétaire du roi. Pierre d'Hozier a écrit la généalogie de cette famille, qui s'est éteinte dans celle de Bouthilier d'Arthan.

(2) Joseph Servan de Boisset, écuyer, receveur des tailles, marié à Anne Henry, de Lyon, dont il eut 12 enfants, entre autres Antoine-Joseph-Michel, né le 3 novembre 1737, qui fut avocat général au parlement ; Joseph, né le 2 février 1741, deux fois ministre de la guerre, et Michel, né le 12 mars 1746, d'abord religieux de Saint-Antoine et en dernier lieu chanoine à Lyon, où il est mort, le 21 juin 1837.

Enfin, pour donner à sa haine un vernis d'honneur, du Chélas résolut de provoquer son rival à un combat, avec l'arrière-pensée de n'en pas courir les risques.

Le dimanche, 16 juillet 1769, à la suite d'une altercation accompagnée d'injures, les deux adversaires se donnèrent rendez-vous sur le pont. Deux heures après, du Chélas arrive en voiture, ayant avec lui la dame Morel, sa nièce, et plusieurs domestiques. Il fait arrêter son carrosse, en descend, et va rejoindre Beguin, avec qui il eut une longue conversation, pendant laquelle on remarqua de part et d'autre des signes extérieurs de politesse. Alors, sans doute, furent arrêtés l'heure et le lieu du duel.

Le 18 juillet, avant quatre heures du matin, du Chélas, suivi d'un domestique portant sous sa livrée jaune une épée et un couteau de chasse, rencontra Suel-Beguin, qui l'attendait hors de la porte de Jacquemart. Ils se dirigèrent le long des remparts, vers la porte de la Bistour, alors murée. Chemin faisant, le premier injuriait ce dernier toujours calme, et lui disait : « *Tu l'as dit, j. f., mais tu me le paieras tout à l'heure.* » Ils prirent position sur le revers du fossé ; ôtèrent leurs habits ; du Chélas donna le sien à son domestique, et Beguin jeta le sien à terre. Ils mirent l'épée à la main et ferraillèrent avec acharnement pendant près d'une demi-heure. Beguin atteignit et arrêta plusieurs fois son adversaire, et lui dit : « *Vous êtes bien dur, vous devez être blessé, du Chélas.* » A quoi celui-ci répondit : « *Que je sois blessé ou non, pousse toujours.* » Enfin, obligé de rompre devant un adversaire qu'il ne pouvait parvenir à blesser et qui le pressait corps à corps, Beguin recula du côté où le terrain était plus élevé et tomba à la renverse. Aussitôt du Chélas se précipita sur lui, l'empêcha de se relever et lui porta, avec son épée dont il se servait comme d'un poignard, plusieurs coups que le malheureux Beguin s'efforçait de parer avec ses pieds et ses mains en criant : « *Au secours, on m'assassine !* » Quand il fut mort, l'assassin dit tranquillement à son domestique : « *Allons nous-en.* »

Ce combat avait eu lieu sans témoins, probablement pour ne pas donner une fâcheuse publicité au motif qui l'avait amené, et aussi à cause des peines sévères qui prohibaient alors le duel.

Plusieurs personnes qui se trouvèrent par hasard sur les lieux, et particulièrement M. Bon, officier (1), ne purent porter secours au capitaine Beguin, parce que Deveau (2), le domestique de du Chélas, menaçait d'un pistolet ceux qui voulaient s'avancer. Enfin, ce dernier était certainement muni de précautions défensives, car sans cette assurance, petit, replet, plus âgé de treize ans que son adversaire, il n'aurait jamais osé se mesurer avec un officier jeune, brave et habile au maniement des armes. On n'a jamais bien su la nature de l'objet dont il s'était couvert

---

(1) Christophe Bon des Tournelles, né en 1728 et mort le 15 février 1809. Il avait été capitaine de dragons et chevalier de Saint-Louis. Il fut retraité comme général de brigade, pour services rendus pendant la Révolution. La famille Bon serait originaire de Venise et venue, vers 1400, s'établir à Grenoble et ensuite à Romans. Cependant il existe un acte original du testament d'un Guillaume Bon, bourgeois de Romans, portant la date du 24 septembre 1348.

(2) Jean-Jacques, né à C..., d'une famille de cultivateurs, éteinte depuis longtemps.

la poitrine. Un ferblantier, Costallin (1), fut accusé d'avoir confectionné une cuirasse. La légère, mais très douloureuse blessure que le P. Romuald Vincent (2) constata sur la poitrine de du Chélas exclut la présence d'une plaque métallique, que n'aurait pu traverser la pointe d'une épée. C'était, croit-on, un plastron formé de deux pièces du même cuir que les bottes et la culotte que portait dans ce duel cet homme déloyal.

D'après le procès-verbal d'autopsie dressé par deux chirurgiens, MM. Antelme (3) et Johannys (4), le corps de Suel-Beguin offrait les lésions suivantes, au nombre de six, dont au moins trois mortelles :

1° Plaie ayant son entrée au-dessous de la clavicule gauche et sa sortie sous l'aisselle, avec lésion des vaisseaux et de la partie supérieure du poumon ;

2° Plaie ayant son entrée entre la troisième et la quatrième côte du côté droit et sa sortie dans

---

(1) Joseph Costallin, d'une famille venue d'Orléans en 1627, décédé le 22 avril 1814. Son fils fut longtemps, sous la Restauration, lieutenant-colonel des grenadiers à cheval de la garde royale, et son petit-fils commandait tout récemment un régiment de chasseurs d'Afrique.

(2) Au moment où éclata la Révolution, Romuald Vincent était prieur des Frères de la Charité. Il fut, jusqu'à sa mort, arrivée le 25 avril 1800, membre de la commission administrative des hospices, auxquels il légua deux maisons.

(3) Laurent-Pierre Antelme, chirurgien de l'hôpital de Sainte-Foy, fils de Jean, aussi chirurgien, né en 1714 et mort le 22 avril 1797. Il eut de Françoise Fayard 12 enfants, parmi lesquels Pierre, qui fut médecin des hôpitaux, Laurent, curé de Saint-Barnard, Agapit, receveur de l'enregistrement, etc.

(4) Louis Johannys, fils et père de chirurgiens, époux de Catherine Faure, accoucheuse, morte veuve le 20 septembre 1808, âgée de 75 ans.

la partie moyenne du dos, avec lésion du poumon ;

3° Plaie vers la base de la poitrine ;

4° Plaie à la région inguinale droite, avec
lésion des vaisseaux cruraux ;

5° Plaie à la main gauche ayant percé le carpe
de part en part, de dedans en dehors ;

6° Plaie contuse à la partie supérieure de la
tête.

Par leur situation et leur direction, ces plaies
indiquaient évidemment qu'elles n'avaient pas
été reçues en combattant, lorsque Beguin était
debout et se battait à coups défendants, mais
bien après sa chute.

Le procès-verbal était mal fait, mal rédigé et
incomplet. Suivant le témoignage de plusieurs
témoins, on aurait constaté sur le corps de la
victime une fracture à la tête, avec enfoncement
de l'occipital gauche, une seconde plaie à l'aine,
et enfin onze blessures au lieu de six.

M. Delacour d'Ambésieux (1), comme plus
ancien gradué parmi les avocats, commença, en
l'absence du juge de Peyrins, une instruction
contre l'auteur du meurtre ; mais il s'arrêta
devant la qualité de conseiller en la Cour de ce
dernier et se contenta d'envoyer la procédure à
Grenoble.

---

(1) Charles-Claude Delacour d'Ambésieux, avocat, né le 11 mars
1730. Il fut nommé député de la province aux États généraux en
1788, et ensuite élu colonel de la garde nationale et député à l'Assemblée constituante. Nommé après la session président du district
de Romans, il résida dans cette ville et y mourut le 22 septembre
1792. Son portrait se voit à l'Hôtel-de-Ville.

La famille Delacour est une des plus anciennes et des plus
notables de Romans. Plusieurs de ses membres sont qualifiés de
nobles dans le cours du XV⁰ siècle.

Suel-Lambert père, de son côté, adressa au parlement contre du Chélas un mémoire dans lequel il exposait les faits d'une manière touchante, mais un peu diffuse, et demandait, avec la punition de l'assassin de son fils, une somme de 60,000 livres pour dommages et intérêts.

Vers la fin du mois d'août, Deveau, endoctriné par son maître, vint à Grenoble se constituer prisonnier, ce qui obligea le parlement à recommencer la procédure.

Le 16 septembre, le parlement rendit un arrêt dont voici le texte abrégé :

« Sur les conclusions du procureur général et le rapport de MM. de Pina et de Sièyes, la Cour, la Chambre assemblée, où était le comte de Clermont-Tonnerre, lieutenant pour le roi en Dauphiné, en réparation du crime d'assassinat commis en la personne de Jacques-Thomas Suel-Lambert-Beguin, capitaine dans la légion de Flandres, par Jacques-François-Raymond Merlin du Chélas, conseiller en la Cour, accusé contumax, et Jean-Jacques Deveau, domestique dudit du Chélas, détenu dans la prison de la Conciergerie du palais, accusé ;

« A déclaré ledit du Chélas privé et déchu de son état et office de conseiller, dégradé de noblesse et l'a déclaré infâme, a condamné ledit du Chélas à être livré entre les mains de l'exécuteur de la haute justice, pour être par lui traduit en la ville de Romans, et là être conduit devant la porte de l'église pour y faire amende honorable ; il sera conduit à la principale place de ladite ville pour y avoir les membres rompus, ses armes préalablement noircies et brisées par ledit exécuteur ; comme aussi a condamné ledit du Chélas en l'amende fixée aux deux tiers de ses biens, applicable aux hôpitaux de Grenoble et de Romans, plus en la somme de 12,000 livres envers Suel-Lambert père, pour lui tenir lieu de dommages et intérêts ; et en ce qui concerne ledit Beguin, l'a déclaré mort coupable du crime de duel, pour réparation de quoi ordonne que sa mémoire demeurera éteinte, que sur ses biens sera prélevé une amende fixée aux deux tiers au profit dudit Suel-Lambert père ; et en ce qui concerne ledit Deveau, l'a condamné à tenir prison pendant une année, et ensuite à servir le roi sur les galères pendant l'espace de quatre ans. Enfin ordonne que Costallin, ouvrier en fer-blanc, et la dame Morel mère seront ajournés en personne, pour répondre aux interrogats qui leur seront faits par les commissaires rapporteurs. »

Les frais s'élevèrent à 1,323 livres 9 sols 6 deniers.

Ce jugement rendu à l'unanimité par 39 juges était d'autant plus sévère que l'accusé était contumax. S'il eût été présent, s'il eût pu se défendre, faire usage de son crédit, il n'aurait probablement pas été condamné à la peine atroce et flétrissante de la roue, réservée aux plus vils criminels et qui comportait une idée d'infamie que n'avait pas la décapitation.

Quoiqu'il en soit, cet arrêt fut exécuté par effigie sur la place de la commune où le crime avait été commis.

L'hôpital général de Romans fut nommé régisseur des biens de du Chélas ; il mit en vente aux enchères les effets mobiliers, le 30 août 1770, et fit vendre de gré à gré les denrées, le 13 janvier 1773.

Les immeubles, composés d'une maison **avec**
écurie, à Romans, et de trois domaines *(Portal,
Cheylard et Merline)*, sur la paroisse **de Fian-**
çayes, furent mis en vente à Grenoble et adjugés,
le 18 février 1773, pour la somme de 154,500
livres. Au premier janvier 1775, la succession
s'élevait à 168,444 livres 19 sous 6 deniers. L'hôpital général de Romans reçut, le 10 juin 1782,
pour sa part, tant en capital qu'en intérêts, 31,767
livres 6 sous 1 denier. On paya à M. Suel-
Lambert une indemnité de 12,000 livres, qu'il
employa en œuvres pies, et Mme Madeleine de
Montdragon, mère du condamné, préleva un tiers
sur le produit net de la succession.

Après avoir, comme on l'a vu, donné la mort
à Suel-Beguin, du Chélas rentra chez lui, fit
appeler pour le visiter les PP. Sidoine et
Vincent, chirurgiens de la Charité, et partit,
sans trop se presser, accompagné de son domestique Deveau. Il se réfugia en Savoie, à peu de
distance de Grenoble. Réclamé par l'ambassadeur de France, il chercha à échapper aux
perquisitions dont il était l'objet en se faisant
passer pour mort. Il détermina le curé de Clarafond à faire un enterrement simulé de sa
personne et à envoyer à Chambéry une attes-
tation en forme, portant que « l'an 1770, le 12 du
« mois d'avril, est décédé à Clarafond, et le 13
« du même mois a été inhumé au cimetière,
« M. Jacques-François Raymond du Chélas,
« conseiller au parlement du Dauphiné, âgé
« d'environ 45 ans. Signé à l'original, Durand,
« curé archiprêtre. » Mais, au lieu de jouir pai-
siblement de l'hospitalité qu'il avait reçue en
Savoie, du Chélas, pendant son séjour à Méry,

commit tant de violences, que les habitants envoyèrent un mémoire au gouvernement pour demander son expulsion.

Le roi de Sardaigne, par ordre du 24 avril 1782, donna trois jours à du Chélas pour sortir de ses Etats : il se réfugia en Suisse. Deux ans après, un arrêt du Conseil d'Etat lui accorda sa liberté provisoire et la permission de venir à Paris avec un sauf-conduit. Il fit alors des démarches pour faire casser son jugement, se fondant sur ce que l'arrêt avait été rendu en temps de vacation et que le parlement n'avait point été autorisé à se proroger. On croit que du Chélas se constitua prisonnier au commencement de la Révolution, et que, désespérant de l'issue de son procès, il se suicida par le poison. Il est mort le 14 novembre 1786, dans la prison de la Conciergerie du palais (de justice) à Grenoble.

L'ALARME DU 28 JUILLET 1789

DANS

LA VILLE DE ROMANS

L'événement, annoncé comme l'*Arrivée des brigands*, reçut diverses appellations : l'alerte, la panique, l'alarme, etc., tous les synonymes d'une terreur subite.

Dans l'été de 1789, disent les historiens de la Révolution française, une foule d'ouvriers sans travail et de vagabonds se dirigeaient vers les villes et surtout vers Paris. On les appela *brigands*, à cause des déprédations qu'ils commettaient chemin faisant. Leur nom inspirait la terreur. Dans chaque ville, la terrible nouvelle était reçue sans contrôle et était immédiatement transmise par des courriers affolés, qui annonçaient que les brigands arrivaient, ravageant la campagne, incendiant les villes, coupant les blés, dévastant les récoltes : travail aussi pénible que peu fructueux. On vit alors le pays tout entier pris d'une panique aussi ridicule que chimérique ; tous les Français coururent aux armes et nulle part les brigands ne parurent.

Cette immense mystification, ou mieux cette ruse révolutionnaire, fut attribuée à Mirabeau, à Siéyes, au duc d'Orléans. Mais, quoique l'exécution ponctuelle de cet ordre, venu de Paris, ait dû nécessiter le concours de nombreux affidés, la vérité ne sera jamais complètement connue. Ces premiers auteurs du drame révolutionnaire ont emporté leur secret dans la tombe, et leurs contemporains, volontairement ou non, ont imité cette discrétion.

La ville de Romans fut choisie, on ne sait pourquoi, pour être en Dauphiné le centre de ce stratagème, destiné à provoquer, par une terreur factice, l'armement de la population.

Le mardi, 28 juillet 1789, un courrier, envoyé par les autorités de Saint-Marcellin, arrive à Romans à trois heures du matin, et remet au chef du poste de la porte Saint-Nicolas une dépêche contenant « qu'un courrier envoyé par « MM. les Officiers municipaux du bourg de « Vinay, venait d'apporter la nouvelle que des « Savoyards avaient pénétré jusqu'à Voiron, et

« répandu l'épouvante à Tullins ; qu'ils se
« hâtaient de donner cet avis afin de prendre les
« précautions nécessaires pour la défense de la
« patrie ; qu'ils employaient la plus grande célé-
« rité, parce que ce courrier publiait que Voiron
« était à feu et à sang, et qu'ils pensaient qu'on
« ne manquerait pas d'avertir la ville de Valence,
« etc. » (1).

Les autorités de Romans sont prévenues sur-
le-champ. Le maire, M. de Delay d'Agier, qui,
comme « un homme vertueux et sensible », était
à sa campagne, goûtant les plaisirs de la villé-
giature, arrive à sept heures. Après avoir rapi-
dement conféré avec le commandant militaire et
les échevins, il fait partir un officier de la milice
bourgeoise, « intelligent et brave », avec ordre
de se porter sur la route de Saint-Marcellin,
jusqu'à ce qu'il pût juger par lui-même de la
réalité du danger, pour venir sans retard en
rendre compte, et il envoie un exprès à Valence
pour prier les chefs du corps de l'artillerie de
faire avancer des soldats et du canon. Tous ces
ordres sont donnés avec un sang-froid et une
habileté qui contribuent à nous convaincre,
comme l'ont été les contemporains, que l'événement n'avait pas beaucoup surpris M. de Delay,
qui, d'après son propre aveu, « savait à quoi s'en

---

(1) Dans le Dauphiné, la première annonce de l'*arrivée des brigands*
avait été faite par

Un monsieur inconnu,
Qui n'a pas dit son nom et qu'on n'a pas revu.

Seulement, pour diminuer l'invraisemblance, les brigands an-
noncés étaient, dans le Nord, des Savoyards et dans le Midi des
Piémontais.

tenir » (1). Convoqués dans l'église des Cordeliers, le maire y donne lecture de la lettre arrivée de Saint-Marcellin ; ensuite, « par un discours patriotique, il élève le courage de tous », et fait élire, sans distinction de rang et de qualité, un comité composé de vingt-six membres, chargés de veiller à la conservation de la ville.

Dans cette réunion, où assurément l'esprit, le courage et l'expérience avaient de nombreux représentants, nul ne fit remarquer l'invraisemblance de cette nouvelle, venue de seconde et troisième main.

Ainsi, des Savoyards, de tout temps réputés gens honnêtes et paisibles, étaient tout à coup sortis de *leurs bois* pour aller, sans motif et sans but, mettre à *feu et à sang* la modeste ville de Voiron, laquelle envoie au loin, dans le Midi, faire connaître sa détresse, quand près d'elle se trouve Grenoble, capitale de la province et place de guerre de premier ordre ! C'était absurde ; mais la peur, qui est une démence, raisonne-t-elle ?

---

(1) A la suite de quelques opinions un peu avancées émises par M. de Delay dans l'Assemblée des trois ordres tenue à Grenoble, la Cour lança contre lui une lettre de cachet. Dans la nuit du 10 au 11 juillet 1788, la maréchaussée et un détachement de la garnison cernèrent son habitation (rue Conquers et impasse Cogne). Il fut arrêté et conduit, sous bonne escorte, au fort de Brescou. Le conseil municipal de Romans et l'assemblée de Vizille réclamèrent contre son arrestation. Après deux mois de détention, on le rendit à la liberté et à ses fonctions municipales, et même le roi, comme pour lui faire oublier ce désagrément, le nomma chevalier de Saint-Louis. Mais le maire de Romans conserva contre le pouvoir une vive rancune, qu'il laissa bientôt percer dans plusieurs discours prononcés à l'occasion de « l'heureux retour », après cinq mois d'exil, du parlement à Grenoble.

Quoi qu'il en soit, Romans, averti de l'arrivée très prochaine des brigands, prend des mesures proportionnées au danger dont il se croit menacé. La milice urbaine est appelée sous les armes ; on lui distribue des munitions de guerre et on lui assigne la garde des portes de la ville et des points stratégiques les plus importants. Des canons confiés à M. d'Arthan, capitaine d'artillerie, sont braqués sur les avenues, et de nombreux volontaires sous les ordres de M. Pasquier, ancien capitaine de dragons, forment un cordon d'observation à deux lieues à la ronde. Dans l'intérieur de la ville, le bataillon des chasseurs du Dauphiné compose le corps de réserve, prêt à se porter partout où il serait besoin. Enfin la masse de la population, animée aussi d'une ardeur guerrière, parcourt les rues en brandissant des armes plus ou moins redoutables, et des enfants, montés sur les toits, montrent à faire usage des projectiles dont ils sont munis, une impatience peu rassurante pour les passants.

Toutes les mesures pour la défense de la ville étaient prises ; en outre, l'artillerie, venant de Valence, était annoncée, et des secours arrivaient de toutes parts. Alors, à midi, l'officier envoyé à la découverte par le maire rend compte « que « les brigands n'avaient pas pénétré aussi avant « qu'on le publiait ; qu'ils avaient gagné les bois « et repris le chemin de la Savoie, en sorte que « le danger n'était pas aussi imminent qu'on « l'avait cru. »

Ce rapport, qui calmait l'anxiété générale, parut très naturel à tout le monde, et son invraisemblance ne frappa personne, à l'exception d'une vieille femme, nouvelle Cassandre, qui seule, paraît-il, avait gardé son sang-froid, et qui dit à ses concitoyens qu'ils étaient le jouet des révolutionnaires. On ne l'écouta pas (1).

Les « brigands, sortis des bois de la Savoie », devaient, selon toute probabilité, arriver par les plaines de la Valloire. Cependant, toute la sollicitude des autorités de cette contrée se porte sur Romans, qui, entourée de hautes murailles, gardée par un bataillon de troupes de ligne et par plusieurs compagnies de milice, sans compter une vaillante population, pouvait facilement repousser les attaques de quelques bandes de vagabonds. Les habitants de Montmiral, du Grand-Serre, de Moras et même de Beaurepaire, — ces derniers éloignés de dix lieues et exposés les premiers aux incursions des malfaiteurs, — quittent leurs foyers, leurs travaux, leurs familles. Ils entendent sonner le tocsin sur leur route ; on leur dit que les brigands dévastent le bourg de Saint-Antoine ; rien ne les arrête pour venir offrir à la ville de Romans des services dont elle n'avait pas besoin. Dix mille paysans armés de fusils, de faux, d'épées, de tridents, conduits par leurs curés et leurs châtelains, arrivent, « le courage sur le front, l'amour de la « patrie dans le cœur, impatients de se montrer « bons français et fidèles sujets. Ils se rangent « sur la place d'Armes, et les citoyens de tous

---

(1) C'était la mère *Senglize*. Elle demeurait dans la rue de l'Abbaïe, alors fort étroite, mais qui, débouchant sur la grand'place, avait été particulièrement fortifiée. Le fils Senglize, confiseur, reçut et conserva toujours le sobriquet de *César*, pour avoir rempli le rôle de cet empereur dans une représentation de la tragédie de Voltaire donnée pendant la Révolution par des amateurs de la ville.

« rangs, de tout âge et de tout sexe les accueil-
« lent avec des cris d'allégresse et des applau-
« dissements mille fois réitérés (1). »

Le résultat désiré étant obtenu et menaçant
même de dépasser certaines limites, le maire
s'empresse de se débarrasser d'un secours inutile
et qui peut devenir gênant et onéreux. Il vient
haranguer ces braves gens et, avec son élocution
naturellement facile, il n'oublie pas de leur adres-
ser ces grands mots vides et sonores qui plaisent
tant à la multitude. Il leur témoigne le regret
que la ville avait de ne pas les garder plus
longtemps, afin de les traiter avec la générosité
qu'ils méritaient. Il leur parle de la nécessité de
reprendre les nobles et utiles travaux de la
campagne, de la sûreté de leurs foyers et de la
disette des grains, leur annonçant l'espérance de
témoigner à de si fidèles voisins, par une fête
solennelle, la reconnaissance dont la ville était
pénétrée, etc.

Les populations s'étaient réunies, comptées et
armées ; elles s'en retournèrent, malgré les
paroles flatteuses de M. de Delay, avec cette
rancune que donne le sentiment d'une peur sans
motif, et dont les effets dépassèrent bientôt
toutes les prévisions.

La ville de Romans avait envoyé à Grenoble
son commissaire, qui, exploitant les circonstances, obtint des autorités de la province huit
barils de poudre et quinze cents fusils avec leurs
baïonnettes, pour armer la milice citoyenne. Le
but final que se proposaient les promoteurs

---

(1) *Procès-verbal de l'Alarme*, etc., page 12.

inconnus de la panique du 28 juillet 1789 fut donc complètement atteint, justifiant ainsi la profonde connaissance qu'ils avaient de l'instinct naïf et absurde des populations et de la manière admirable qu'ils avaient de s'en servir.

LES CONSULS DE ROMANS

(1359-1520)

Parmi les nombreux personnages qui figurent dans les chartes du Cartulaire de Saint-Barnard, on n'en rencontre aucun qui soit qualifié de consul ou d'un titre équivalent. Cependant, dès les premiers temps de l'existence de la ville, les bourgeois (*burgenses*) nommaient des administrateurs pour gérer les affaires de la communauté. La célèbre transaction de 1212 prononcée par la cour de l'archevêque de Vienne régla, ou plutôt restreignit, le droit que, suivant les *bonnes coutumes*, les habitants avaient de s'assembler librement sous la présidence de leurs consuls ou syndics pour s'imposer des tailles, dont ils prétendaient régler eux-mêmes l'emploi. Par la charte de privilège accordée aux Romanais, le 27 février 1342, le dauphin Humbert II leur rendit le droit d'élire leurs consuls pour un an, le jour de l'Annonciation (25 mars), de s'assembler et de s'occuper des affaires de la ville, entre autres de lever des impôts.

Le droit d'être régie par des consuls fut confirmé à la ville de Romans, le 14 février 1366, par l'empereur Charles IV, de retour à Prague (1) de son voyage en Dauphiné (2). Cette concession, confirmée, le 12 juin suivant, par le roi-dauphin Charles V (3), ne dura que douze ans : sur les réclamations du Chapitre contre les empiètements des citoyens, le gouverneur, Charles de Bouville, la révoqua, par sentence du 13 mars 1378, et proscrivit l'élection d'administrateurs sans l'assentiment des co-seigneurs de la ville, le dauphin, l'archevêque et le Chapitre (4). La dénomination de consul disparut pour longtemps. En 1394 on en trouve sept distincts, par exception unique, des commissaires, syndics et procureurs. Le dauphin Louis, par lettres-patentes données à Peyrins le 24 février 1450, rendit aux habitants de Romans la faculté d'élire leurs consuls et de s'imposer pour les affaires communes. Le duc de Lesdiguières, gouverneur de la province, par un règlement du 2 novembre 1622, permit aux Romanais de nommer pour deux ans, le 24 mars, quatre consuls, représentants les quatre classes des habitants.

De l'origine du consulat à sa suppression, ils furent au nombre de quatre d'abord (six par

---

(1) *Ordonnances des rois de France* (1736), t. V, p. 227-8. Giraud, *Essai hist. sur l'abb. de S. Barnard*, 2ᵉ partie, t. I, p. 269-70. Ces deux ouvrages ont échappé à l'attention de M. Alfons Huber, qui a omis cet acte dans *Die Regesten des Kaiserreichs unter Kaiser Karl IV* (Iunsbruck, 1875) ; cet oubli n'a été réparé dans l'*Additamentum Iᵐ* que d'après une note de M. Winkelmann, prise sur le livre de M. Giraud.

(2) Sur son passage à Romans, voir *Le Mystère des trois Doms* (1887), pp. cxxiij, cxxv et 713-5.

(3) *Ordonnances des rois de France*, t, V, p. 227-8.

(4) Giraud, ouvr. cité, p. 319-25. Des lettres royales (8 et 10 juillet 1378) confirmèrent cette sentence (*Papirus regiminis et administracionis... ville Romanis... 1367*, fᵒ 93 vᵒ). Cf. *Ann. de Romans*, p. 53.

exception en 1342), puis de cinq ; on en trouve dans la suite invariablement quatre (trois seulement en 1386-7, 1401-2, 1404-6, 1408-9, peut-être par cause accidentelle). Ils devaient être habitants de la ville. Les deux premiers étaient bourgeois et marchands ; le troisième représentait les gens de métiers ou artisans (*ministrales, misteriales*, mesteraulx, meteraux, *artistœ*) ; le quatrième, les gens de labour (*laboratores,* laboreurs, *affanatores*) (1). La date de leur entrée en fonctions a souvent varié. Au début, ce fut le 25 mars (fête de l'Annonciation) et, à partir de 1366, le 9 juillet ; puis, après la révocation du consulat, le 29 sept. (fête de St-Michel), de 1381 à 1383 ; le 4 oct., en 1384 ; le 9, en 1385-6 ; le 7 déc., de 1391 à 1396 ; un autre jour du même mois, de 1398 à 1400 ; le 25 févr., en 1401 ; du 2 au 11 mars (surtout le 9), de 1402 à 1432 ; en 1436, ce fut le 18 mars, 4e dimanche de Carême ; à partir du milieu du XVe siècle, ce fut, sauf de rares exceptions (qui peuvent provenir de dates erronées), le mardi de Pâques : les documents n'ont pas permis de le constater avant l'année

---

(1) Voici la liste alphabétique des diverses professions auxquelles appartenaient les consuls, compris dans le catalogue, avec les abréviations qui les représentent à la suite de chaque nom : *affanator*, manœuvre = a.; *appothecarius*, apothicaire, ap. ; *barbitonsor*, barbier, ba. ; *bolongerius*, boulanger, bo. ; *burgensis*, bourgeois, b. ; *chapusius*, charpentier, ch. ; *codurerius*, tailleur, co. : *cordenant ; coyraterius*, tanneur, c. ; *draperius*, drapier, d. ; *escofferius*, megissier, e. ; *laborator*, laboureur, lab. ; *lathomus*, maçon, la. ; *macellarius*, boucher, mac. ; *marescallus*, maréchal, mar.; *mercator*, marchand, m. ; *mercerius*, mercier, me. ; *ministralis*, artisan, mi. ; *notarius*, notaire, n. ; *payrolerius*, chaudronnier, pa. ; *poterius*, pottier, po. ; *pelicer*, pe. ; *pelliparius*, peaussier, pel. ; *salaterius*, marchand de sel, sa. ; *scoffarius*, mégissier, s.

1449. Leurs honoraires ont également varié : la charte de Humbert II avait attribué annuellement 15 florins d'or à chaque consul ; en 1367, chacun touchait uniformément 10 florins ; en 1400 et en 1436, on attribuait aux deux premiers 20 flor. 12 gros, aux deux derniers 10 florins seulement : c'était moins démocratique.

Les citoyens préposés à la gestion des affaires communes de la ville prirent, pendant cette période de 162 ans, des dénominations diverses ou plutôt multiples (on en trouve jusqu'à sept pour les mêmes en 1437). En voici la liste, avec les dates où elles se rencontrent dans les documents (1) : *administratores*, 1366-75, 1398, 1402-3, 1437 ; *auctores* (pour *actores*), 1385, 1398, 1402-3, 1437 ; *commissarii*, 1359-1445 ; *consules* (consoles, cossios, cosses, cousses), 1366-77, 1394, 1409-18, 1440-1520 ; *deffensores*, 1369, 1385, 1398, 1403, 1437 ; *factores*, 1437 ; *negotiorum gestores*, 1395-1437 ; *procuratores*, 1381-1467 ; *rectores*, 1366-75 ; *sindici* (sindis), 1366-1514.

Aux consuls de chaque année, j'ai cru bon de joindre : 1° le juge (*judex ordinarius curie communis secularis de Romanis*) ; 2° le courrier, toujours noble ; 3° le procureur fiscal. D'après le traité de pariage du 31 juillet 1344, ménagé par le pape Clément VI, l'élection du juge et du courrier était faite alternativement par le Dau-

---

(1) Ces documents sont ceux qu'on trouvera cités dans les « Documents relatifs aux représentations théâtrales » dans *Le Mystère des trois Doms* (p. 708 et suiv.), ce qui explique pourquoi la liste n'a pas été poursuivie jusqu'à la Révolution ; la suite n'offre aucune difficulté : ce sont des noms à relever.

phin et par le Chapitre : leurs fonctions prenaient
fin à la Ste-Catherine (25 nov.)

Le premier nom de chaque personnage est
celui qui paraît le plus régulier ; suivent les formes latines en italique et vulgaires (prises souvent sur des signatures autographes) en romain.
Les surnoms sont précédés dans les actes du
mot *alias*, dit.

1327

Bernard Guiffred.
Jean Jomar, Jaumar.
Guigues François.
Pierre de Chausenc.

1342 mars 25.

Etienne Bourguignon, *Burgundionis*.
Garinon Dorier.
Jacquemon Luc, de Chapelier.
Jean Torète.
Bonthoux Gibelin, le vieux.
Pierre Gemme.

1359

Jean François, *Johannes Francisci*.
Lantelme Sacriston, *Lantelmus Sacristonis*.
Pons de Chevrières, *Poncius de Capriliis*.
Garin Fabre, *Garinus Fabri*, b.
Vice-gérant de l'archevêque : Bernard Reynier,
   Reynerii, licencié ès lois.

1360

Damien Gotafred, *Gotafredi*, chevalier.
Jean de Bonenc, *Bonenco*, jurisconsulte.
Lantelme Bourguignon, *Burgund'*.
Pierre Rolend, *Rolendi*, b.

1361

Garin Fabre, *Fabri*, le jeune.
Humbert Colonel, *Colonelli*.

Guillaume de Grans, *Grandis*.
Juge : Jean Quiblier, *Quiblerii*.

1362

Lieutenant du juge : François de *Fabricis*.

1363

Guillaume Rosset, *Rosseti*, dit Marchand, *M-die*.
Bonthoux Russol. *Bontosonus Russolli*.
Pierre Odoard, *Audoardi*, et autres.
Juge : Pierre Gibelin, *Gibelini*, jurisconsulte.

1365

Pierre Odoard, *Perononus Audoardi*.
Pons Melluret, *Poncius, Ponczonus Meillureti*.
Guillaume de Grans, *Grandis*, del Grans.
Jean Ranjon, *Ranjonis*.
Juge : Guillaume Marchand, *Marchiandi*, jurisc.

1366 juil. 9-1367 juil. 9

Lantelme Bourguignon, *Burgundionis, Bur-
gondionis*, b.
Garin Fabre le jeune, *Fabri*, b.
Guillaume Rodolphe, *Radulphi, Rodulphi*.
Bonthoux Russol, *Bonthosonus, B-sius Russoli,
R-ii, Ruczoli, R-lli, Ruczeoli, Ruchzoli,
Ruaczoli*, b.
Didier Villars, *Disderius, Disderonus V-ris,
Vilaris, de Villario*, a.
Juge : Guillaume Marchand, *M-di, Marchiandi*.
Lieutenant : Hugues Gallet, *G-ti, Galeti*.
Courrier : noble Guy Copier, *Guido Coperii*.

1367 juil. 9-1368

Raynier Coppe, *C-pi, C-po, Copi*, Couppe, *C-pi*.
Guillaume Nasset, *N-ti* (1).

---

(1) Pendant un voyage qu'il fit en France, on lui subrogea Ponson
Melluret, *Ponczonus Meillureti*, et aussi Guillaume Rodolphe, *Rodulphi*.

Pons Charpe, dit de Lucques, *Luca*.
Pierre Odoard, *Hod-i, Audoardi*.
Andrevon Avinat, *Andreas, Drevonus Avinati,
  Avenati* (1).
Juge : Jacques Barruchier, *B-herii*; Pierre Male.
Lieut. : Pierre Copier, *Coperii, Copperii*.
        1368 juil. 9-1369
Pons Meilluret, *M-ti, Meyl-ti, Melu-ti*.
Guionet de Bren, *Breno*.
Hugues Gallet, *Galleti*.
Jean Ranjon, *Ranjonis, Ravionis*.
Romanon Chevalier, *C-lerii, Chav-i, C-llerii*.
Juge : Pierre Male.
Lieut. : Pierre Copier, *Copperii*.
        1369 juil. (5) 9-1370
Simonet Coppe, *Coppi*, etc., Couppo.
Guillaumme Rosset, *Rosseti, Rousseti*, dit **Mar-**
  chand, *Marchandia, Marchandie*.
Guigues Luc, *Luci*.
Jean Sebillard, *Sebillardi*.
Jean Pellal, *Pellailli, Pell-i*, Pelayl, Pellail.
        1370 juil. (6) 9-1371 juil. 8
Garin Fabre, *Fabri*.
Perrot de Verdun, *Verdone*.
Guillaume de Sainte-Croix, *de Sancta Cruce*, dit
  Perrin.
Etienne Ollier, *Olerii*.
Etienne Alion, *Alionis, Helionis*.
Juge : Guillaume Marchand, *Marchiandi*.
        1371 juil. 9-1372
Guillaume Nasset, *Nasseti*.
Guillaume de Creuta, dit de Grans, *Grandis*.

---

(1) On trouve en outre, avant Noël, Guillaume Raymond,

Pierre Rivoire, *Rivoyrie*.
Jacques, Jacquemon Reynier, *Reynerii*.
Péronnet Dion, *Dionis, Perononius Dyonis*.
Juge : Pierre Gibelin, *Gibelini*.

1372 juil. 9-1373 juil. 8

Bonthoux Russol, *Bonthosonus R-li, Ruczoli*,
d. (1).
Pons Meilluret, *Meyllureti, Mellureti*.
Mathieu d'Utrecht, *de Trajecto*, dit Allemand,
Alamandi, Alamant.
Thomasset de Cussel, *Cusello, Cuss-o, Cuze-o,
T. Cuselli*.
Etienne de *Pesullis, Pessullis* (2).
Juge : Jean de Bonenc, *Bonenco*.

1373 juil. 9 (élus 1ᵉʳ)-1374

Guillaume Rodolphe, *Radulphi*, Guilles Roust.
Guillaume Rosset, *Guillelmonus Rosseti*, dit
Marchand, *M-dia*, Guillelmons Marchandya.
Jean de Hauterive, *Alta Ripa*, d'Autariva.
Jean Ranjon, *Ranjonis*, Ranjons.
Pierre Genevès, *Perononus Genevesii, Genevey-
sii*, Peros Jeneveys.
Juge : Guillaume Marchand, *Marchiandi*.

1374 juil. 9 (élus 6)-1375 juil. 8

Reynier Coppe, *Coppi, Coppo*, b.
Jeannon Odoard, *Johannonus Audoardi*, b. (3).
Guionet de Bren, *Breno*, b.
Pierre Odoard l'aîné, *Audoardi senior*, b. et c.
Jacquemon *Espereatoris, Espereyatoris, Eype-
reatoris*, a.

---

(1) Après sa mort il fut remplacé, le 21 mars, par **Hugues
Gallet**, *Galeti*.

(2) Le 1ᵉʳ juillet 1373, il était gravement malade.

(3) A sa mort, il fut remplacé, le 21 juillet, par **Etienne Ollier**,
Olerii, nommé par 9 voix sur 16.

1375 juil. 9-1376

Guillaume Nasset, *Nasseti*, b. (1).

Jacquemon Reynier, *Reynerii*, b.

Pierre Odoard le jeune, fils de Jeannon, d.

Pierre Cousin, *Cusini, Cosini*, dit Sage, *Sapientis*, mar.

Bernard Alard, *Alardi*, a.

1376 juil. 9-1377

Jean Sebillard, *Sebillardi, Sib-di.* d.

Guillaume de Creuta, dit de Grans, *Grandis, Guillelmonus...*, b.

Antoine Alberjon, *Alberjonis, Albericus*, m.

Maret Roux, *Ruffi*, s.

Jordanon Genevès, *Genevesii*, a.

Juge : Guillaume Marchand, *Marchiandi*.

1377 juil. 9-1378

Guillaume de Sainte-Croix, dit Perrin.

Raymond Robert, *Roberti*, b. et m.

Jean Turrichelli, *Turruchelli*, n.

François Roux, *Ruffi*, c. (2).

Péronon Villard, *Vilaris*, dit Rebate, *Rebata*, a.

1378

Révocation du consulat.

Commissaires : Jean Sébillard, Hugues Gallet.

1379

Jean de Curson, *Curczone*.

Etienne Ollier, *Olerii*.

Jacquemon *Espereyatoris*.

Juge : Jean de Bonenc, *Bonenco*.

1381 sept. 29 (élus 28)-1382

Pons Melluret, *Mellureti, Melhureti, Meyl-ti.*

---

(1) Il mourut le samedi 14 juin 1376 et fut remplacé, le 23, par Perrin Violier, *Violerii*, drapier.

(2) Etait mort en 1394, d'après le Compte de 1392, fo 89 vo.

Jean Ranjon, *Ranjonis.*
Jean Gavarret, *Gavarreti, Gavareti.*
Romanon, Romanet Villars, *Vilaris.*
Juge : Evrard d'Echalon ; Guillaume Marchand.
          1382 sept. 29--1383 sept. 28
Simon Coppe, *Symonetus Coppo,* Simones
     Coppes (1).
François Vial, *Viali,* Franses Viols.
Jean Dorier, *Dorerii*, fils de Garinon, Juhan
     Dorers.
Andrevon Avinat, *D-nus A-ti,* Drevons Avinas.
Juge : Pierre Rastas, *Rastacii.*
Lieutenant : Guigues Luc, *Luci.*
          1383 sept. 29–1384 sept. 28
Jacquemon Reynier, *Reynerii.*
Lantelmon Russol, *Russoli.*
Pierre Copier, *Coperii.*
          1384 oct. 4-1385 oct. 2
Garin Fabre, *Fabri.*
Pierre Bourguignon, *Burgondionis.*
Guigues Luc, *Luci.*
Jeannet de *Pesulis, Penssulis, Pes-lis.*
Juge : Pierre Jaubert, *Jauberti.*
Courrier : Falque Archimjaud, *Falco A-di,* chev.
          1385 oct. 9-1386
Garin Fabre, *Fabri.*
Etienne Ollier, *Olerii,* m.
Jean Ranjon, *Ranjonis,* b.
Guillaume Obol, *Oboli, Obuli, Eboli,* a.
Juge et courrier : les mêmes.
Procureur fiscal : Pierre Copier, *Coperii.*

----

(1) Dès le 15 avril 1383, Pons Melluret, *Ponczonus Mellureti, Meyl-lureti,* lui était subrogé ; mais il reparaît le 28 juin.

1386 oct. 9 (élus 6)-1387

Garin Fabre, *Fabri*.

Etienne Ollier, *Olerii*.

Guillaume Villars, *Villaris, Vilaris*, d.

Jean Hélion, *Helionis*, a.

Juge : Pierre de Valentin, *Valentinis* ; Léon de Muricles, *Muriculis*.

Lieutenant : Pierre de *Prato Humberto*.

1387

Juge : Lantelme Emeric, *Aymerici*.

Lieutenant : Aimon Quartier, *Aymo Quarterii*.

1390 (mai 17-8)

Jean Ranjon, *Ranjonis*.

Etienne Olier, *Olerii*.

Lantelmon Russol, *Ruczoli*.

1391 déc. 7-1392 déc. 10

François Raynaud, *R-di, Reynaudi* (1).

Jacques Corréard, *Correardi, Conreardi, Coreardi, Jaquemionus Correyardi*.

Jacques Brun, *Bruni*, dit Boner, *Bonerii, Jaquemonus B.*, m.

Raymond, Romanon Bellon, *Bellonis*, b.

Juge : Pierre de *Prato Humberto*.

Courrier : Josserand Gotafred, *Gotafredi*, chev.

Procureur fiscal : Pierre Copier, *Coperii*.

1392 déc. 7-1393 déc. 7

Guillaume *Bucurionis* (2).

Humbert Manissieu, *M-sevi, M-icevi*, Maniseus.

Jean Guelis, *Guelisii, Guilesii*.

---

(1) Quitta Romans, d'après le Compte de 1392, f° 240.

(2) Il mourut « ante incohatum regimen » et fut remplacé, dès le 14 déc., par Jean Guiguet, *Guigueti*, Guigues, dit Guiffrey, *Guiffredi*, Guiffreys.

Guillaume Torrete, *Torete* (1).
Juge : Aymon Henrict, *Henrieti, Henrici.*
Courrier : noble Pierre Bourguignon, *Burgun-
dionis.*
Proc. fisc.: noble Pierre Copier, *Coperii, Copp-i.*
     1393 déc. (3) 7-1394 déc. 6
Etienne Olier, *Olerii*, Estienne Holier.
Jean Guiguet, dit Guiffrey, Johan Guiffrey, dit
Guiguet, b.
Richard Cariol, *Carioli, Carrilodi*, dit Rava.
Bésuard Drut, *Druti* (2).
Juge : Pierre de *Prato Humberto.*
Courrier : noble Pierre Bourguignon, *Burgon-
dionis* ; il avait pour vice-courrier son frère
Guillaume.
Procureur fiscal : noble Pierre Copier, *Coperii.*

    Consuls (distincts des commissaires,
       syndics et procureurs).

Noble Jean Dieulefit, *Dei Fecit.* — Jacquemon
Reynier. — Jean Ranjon. — Jean Guelis. —
Jean Sébillard. — Gibelin Odoard. — Romanon
Villars.
     1394 déc. 7-1395 déc. 6
Jean Guiguet, Jean Guiffrey, dit Guiguet.
Etienne Olier, *Olerii.*
François Fabre, *Fabri*, b.
Jean Obol, *Oboli*, a.
Juge : Pierre Vieux, *Veteris.*

---

(1) Il mourut en avril 1393 et fut remplacé, le 15 juillet, par Martin
Alard, *Alardi*, Alurs.
(2) Malade le 20 janv. 1396/7, il était remplacé par son fils Peronon.

Courrier : noble Pierre Bourguignon, *Burgundionis.*

Vice-courrier : Rolet Gay.

Procureur fiscal : Guigues Luc, notaire.

1395 déc. 7-1396 déc. 6

Jean Ranjon, *Ranjonis.*

Guillaume Mercier, *Mercerii*, b.

Jean Galet, *Galeti, Galleti, Gualeti*, b.

Barthélemy Borrel, *Borrelli, Borelli*, a.

Juge et procureur fiscal : les mêmes.

Courrier : Le même, puis noble Jean Mercier.

1396 déc. 7-1397 déc. 6

Noble Guillaume Mercier, *M-cerii*, M-r, M-rs, b.

Noble Oger Gutuer, *Ogerius Gutuerii, Guthuerii, Gutuherii*, Ogers, Orger Guters, b. et m.

Guillaume Monistrol, *Monistroli*, b. et m. (1).

Humbert Cayol, *Cayoli*, H-bers Cayols, Caiol, a.

Juge : Pierre Vieux, *Veteris* ; Pierre de *Prato Humberto.*

Courrier : noble Pierre Bourguignon, *Burgondionis.*

Procureur fiscal : Jean Gautier, *Galterii.*

1398 déc. 16-1399 déc.

Noble Guillaume Mercier, *Mercerii.*

Gibelin Odoard, *Odoardi*, d. et m.

Gonet Serein, *Sereni.*

Etienne Troyacier, *Stephanonus Troycerii, T-yac-i, T-asse-i, Troes-i*, a.

Juge : Pierre de *Prato Humberto.*

Lieutenant : Nicolas Perrin.

Courrier : Pierre Bourguignon, *Burgondionis.*

Vice-courrier : Pierre Gomon, notaire.

Procureur fiscal : Jean Gautier, *Galterii.*

---

(1) Ne figure qu'à la création des consuls.

1399 déc. 11-1400 déc.

François Gener, *Generii, Gemerii, Johannerii.*
Bonthoux, *Bonthosonus, B-sius* Alexi.
Romanon Beraud, *Beraudi.*
Humbert Beraud, *Beraudi.*
Juge : A. Grend'. — Lieutenant : d. Aymon.

1400 déc. 16-1401 déc.

Jean Gallet, *Galleti, Galeti, Gualeti,* b.(1)
Guillaume Monistrol, *Monistroli,* b. (2)
Jordanon Mermet, *Mermeti,* a.
Juge : François Falavel, *Falaveli.* — Lieutenant :
   Nicolas Perrin, Pierre Gaspard.
Courrier : noble Arnaud Gras, *Grassi.* — Lieu-
   tenant : Guillaume Revolat, *R-lati, Revollati.*
Procur. fiscal : Laurent Marchand, *M-chiandi ;*
   noble Jean Forest, *Foresii,* dit Coppe, *Coppi.*

1401 févr. 25-1402

Lantelmon Russol, *Lantermonus Russoli,* b.
Jean Pignat, *Pignati, Pignaci,* Pignas, n.
Julien (*al.* Humbert) Cayol, *Cayoli,* a.
Juge : Pierre de Pusignieu, *Pusigniaco, Pugsi-*
   nio, Pieron de Pussineu ; François Falavel,
   Falavelli. — Lieutenant : noble Pierre Bour-
   guignon, *Burgondionis.*
Courrier : noble Jean Forest, dit Coppe.
Proc. fisc. substitué : Mᵉ Antoine Dijon, *Divionis.*

1402 mars 2-1403

Jean Faysan, *Faysani, Fayzani.*
Jacques Charnier, *Charnerii.*
Pierre Vivier, *Viverii,* dit de la Simple.

---

(1) « In remotis pro nunc partibus » (à Paris), il est remplacé, du
8 juin au 16 juillet, par François Gendre, *Generii, Gemerii,* Gener.
(2) Refuse et est remplacé, le 4 déc., par Lantelme Russol, *Lan-*
telmonus Russoli, Russolli, Ruceoli, Ruczoli.

1403 (mai 12)

Jean de Dril.
Rigaud Tardivon, *Tardivonis.*
Guillaume Second, *Secundi.*
Pierre Honet, *Honeti*, dit Dugot.

1403 mars 2-1404

Jacquemon Correard, *Jacobus Correardi, Cor-
reyardi*, Correars, Coreart, m.
Antoine Bourguignon, *Burgondionis*, b.
Antoine Gayte, *Gayta*, n. (1).
Jean Granger, *Grangerii*, Grangers, dit Char-
donail, Chardonayl, Chapellet, a. (2).
Juge : Pierre de Pusignieu, *Pusigniaco.*
Courrier : noble Jean Coppe, *Copo.*

1404 mars 9-1405 mars 8

Jean Gallet, *Galleti*, Juhan Galet.
Tévenon Faysan, *Steph. F-ni, F-ssani*, Fayssan.
Richard Bollot, *Bolloti, Boloti*, Bolot.
Juge : Antoine de Nièvre, *Nyevro, Nyvro, Ni-
vro.* — Lieut. : Nicolas Perrin ; Jean Artaud,
Arthodi.

1405 mars 9 (élus 8)-1406

Jacquemon Reynier, *Jacobus Reynerii.*
Guillaume Révolat, *Revolati, Revolatti.*
Guigues de *Pessulis, Pessullis.*
Juge : P[ierre] de *Prato Humberto.*
Courrier : Jean Forest, dit Coppe, *Copo.*

1406-1407

Gibelin Odoard, *Gibellinus Audoardi.*
Antoine Bourguignon, *Burgondionis.*

----

(1) Remplacé, sans doute pendant un voyage à Paris, le 16 février
1404, par Lant. Russol, *Russoli.*
(2) Remplacé, le 9 mars 1403, par Armanon *Chamillerii, Chavullerii.*

Etienne Guillon, *Stephanonus Guilloni, Guillo-nis, Guilhonis, Guillioni, Guillionis.*
Juge : le même ; Pierre Blond, *Blondi.*—Lieut. : Jean Belle, *Belli.*
Courrier ; Jean Forest, dit Coppe, *Coppi.*
Proc. fisc. : Pierre Gomon, *Gomoni.*

1407 mars 5-1408 mars 8

Guillaume Monistrol, *Monistroli, M-llii*, m.
Jean Foucher, *F-rii, Foc-i*, dit Tachon, sal.
Humbert Cayol, *Cayoli.*
Humbert Beraud, *Beraudi*, a.
Juge : Pierre de *Prato Humberto.*
Courrier : noble Etienne Flameng, *Flamugii.*

1408 mars (1) 9-1409 mars 8

Pierre de la Cour, *de Curia*, de la Cort, d.
Antoine Dijon, *Divionis*, n.
Péronon Peteu, dit Perrel, *Perrelli* (1).
Juge : Guy Perrin, *Guido Perrini.*
Courrier : Jean Gallet, *Galleti.*
Proc. fisc. : Pierre Gamon, *Gamoni.*

1409 mars (6) 7-1410 mars 7

Noble Etienne Flameng, *Flamingii, F-igii* (2).
Lantelmon Russol, *L-mus, Telmonus Russolli.*
Barthélemy Borrel, *Borrelli, Borelli.*
Juge : Pierre de *Prato Humberto.*— Lieutenant : Jean Belle.

1410 mars 9-1411 mars

Pons Luc, *Ponsonus Luci*, d.
Humbert Manissieu, *Manissevi, Maniciaci, Ma-nicevi*, Manisse, *de Manissevo.*
Pierre Gendron, *Gendroni, G-nis, Jandronis*, po.

---

(1) Dans l'acte de création on a mis Jacquemon Perrel, a., puis il a été effacé.
(2) Il était châtelain de Beaumont, *castellanus Belli Montis.*

Jean Granger, *Grangerii*, dit Chapellet, Char-
donayl, a.
Juge : Guillaume Charrière, *C-rerii, C-rie*. —
Lieutenant : Pierre de *Prato Humberto*.
Procureur fiscal : Pierre Gomon, *Gomoni*.

1411 mars 9-1412 mars 10

Lantelmon Russol, *Lantermonus, L-mus R-li*.
Didier Villars, *Disderius, D-ronus*, dit Rebatte.
Pierre de Saragosse, *Saragossia, Sarragossia,
Sara Gossia*, dit Sanche, *Sancha*.
Romanon Bellon, *Belloni, Bellonis, Babellonis*.
Juge : Le même ; Jean de Clairvaux, *Claravalle*.
Courrier : ?—Lieutenant : François Fabre, *Fabri*.

1412 mars 10-1413

François Gener, *Generii, Johannerii*.
Garin Fabre, *Fabri*.
Pierre de Saragosse, *Saragocia, Seragossia*, dit
Sanche.
Romanon Loyron, *Loyronis*.
Courrier : ? — Lieutenant : Guillaume Revolat,
Revolati.

1413-1414

Antoine Gayte, *Gayta*, Antonios Guayta, n.
Etienne Faysan, *Faysani, Feysani, Fayzani*,
Stevenon Faisan, m.
Guillaume Moirenc, *Moyrenchi, M-ii*.
Monet Michel, *Michaelis, Michaellis*.
Juge : Pierre Gaspard, *Gaspardi*.

1414 mars 7-1415

Jean Gallet, *Galleti, Galeti*, Juhan Galet.
Pierre de la Cour, *de Curia*, Pero de la Court, d.
Mathieu Robichon, *R-ni, R-is*, parcheminier.
Pierre Jala, *Jalati*, Pero Jala.
Juge : Guillaume Charrière, *Charrerie*.
Procureur fiscal : Laurent Richaud, *Richaudi*.

1415-1416

Jean Foucher, *Foucherii, Focherii*, dit Cachon,
　Tachonus F-i.
François Raton, *R-ni, R-is, Rathoni, Raconi.*
Bonthoux Bocoiron, *Bonthosius, Bonthosonus*
　Bocoyroni, Bocoyronis, Boquey-s.
Péronon Drut, *Druti*, a.
Juge : Pierre Gaspard, *G-di*, Piero Gaspart.

1416-1417

Bonthoux Alexi, *B-osius, B-sonus*, Bontoson.
Jean Faysan, *Faysani*, Juhan Faisan.
Pierre Raffin, *Raffini.*
Jacquemon Peteu, dit Perrel, *Perreli.*
Juge : Pierre Gaspard, *J. Gaspardi.*

1417 mars 25-1418

Pons Luc, *Poncius, P-czonus, Ponso-s Luci*, d.
Pierre Eminal, *Eminalis. Eyminalis*, ap.
Pierre de Saragosse, dit Sanche, S-es.
Guigues de Pessul, *Pessulis, Pessullis*, a.
Juge : Antoine Gallet, *Galleti, Galeti.*

1418 mars 9-1419

Antoine Conton, *Contonis, Conthonis* (1).
Raymond d'Allevard, *de Alavardo.*
André de Tregnat, *Trenhac, Treuhac, Trigniaco.*
Guionet Borrel, *Borrelli.*
Juge : François de Sicardis, *Sycardis.*
Courrier : noble Artaud de Bellecombe, *Bella*
　Comba, dit du Puy, *de Podio.*

1419-1420

Durand Reynier, *Reynerii.*
Disderon Villars, *D-nus Vilaris*, dit Rebate, *R-ta.*
Romanon Meillon, *Mellonis, Melhonis.*

---

(1) A sa mort, on lui substitua, dès le 24 décembre, Pierre de
Saragosse, *Saragocia*, dit Sanche, Sanches.

Bernard Flacand, *Flacandi*.
Juge : Guillaume Charrière, *Charrerie*.

1420-1421

Antoine Bourguignon, *Burgondionis*, **Bergo-**
gnon.
Jean de Manissieu, *M-iciaco*, *M-cevo*, **M-ceu**.
Antoine Motet, *Moteti*.
André Chorel, *Chorelli*.
Juge : Jean de Saint-Germain, *S° Germano*.
Courrier : noble Anequin Flameng, *Flamingii*.

1421-1422

Guillaume Monistrol, *M-li*, *M-is*, *M-lli*, **M-ii**.
Geoffroy Viol, *Joffredus Violi*, Jufrey, **Juffreys**
Viols, m.
Julien Borges, *Burgensis*, n.
Aymar Pellicier, *Emarus Pellicerii*, *P-isse-i*, a.
Juge : Antoine Gallet, *Galleti*, *Galeti*.
Courrier : noble Pierre de la Barre, *de Barra*.

1422-1423

Pierre de la Cour, *de Curia*.
Martin Bocoiron, *Bocoyronis*.
Romanon Beraud, *Beraudi*.
Martin Castellan, *Castellani*.
Courrier : Jean Flameng, *Flamigii*, dit Anequin.

1423-1424

Garin Fabre, *Fabri*.
Pierre Eminal, *Eminali*, *Eminalis*.
Martin Bourguignon, *Burgondionis*, *B-ngni-s*,
B-nni-s, *Bergoni-s*, *B-oigni-s*, *Berguni-s*.
Guillaume Honet, *Honeti*, *Oneti*, *Aoneti*, *Anne-
ti*, dit Dugot.
Juge : Antoine Gallet (1). — Lieutenant : Guil-
laume Charrière.

---

(1) Il était auparavant juge de Monteux.

Vice-courrier : noble François Mercier, *Mercerii*.
Proc. fisc. : Laurent Marchand, *L-nchius M-di*.

1424-1425

Pons Luc, *Poncius Luci*.
Jean Bérenger, *Berengarii*.
Juge : Guillaume Charrière, *Charrerie*.

1425-1426

Etienne Faisan, *Faysani, Feysani*, Tevemons,
 Tenons, Fayss.
Pierre Charnier, *C-nerii*, Charner, Pieros C-rs.
Guigues du Mas, *de Manso, Mansso, Masso*.
Péronon Peteu, dit Perrel, *Perrelli*.
Juge : François de Brenier, *Bregniaco*, Bren-o.
 Lieutenant : Jean d'Echallon, *de Eschallone*.

1426 mars 19-1427

Durand Reynier, *Reynerii, Renerii*, m.
Jacques Villars, *Villaris, Vilaris*, dit Rebatte,
 Rebata, Rebasta, Rabasta, d.
Martin Chanos, *Chanosci, Chanoscii, C-ssii*, pa.
Martin Castellan, *Castellani*.
Gilet, *Gilletus, Giletus*, (Guionet) Borrel, *B-lli*, a.
Juge : Guillaume Charrière, *Charrerie*.

1427 mars 15-1428

Noble Jean Gallet, *Galleti, Galeti*, Juhan Gallet.
Claude Dijon, *Glaudius Divionis*, Glaudo Dijons.
Pierre Magnin, *Magnini, Manhini, Manini*,
 Pero Magnis, Magny, pe.
Jacquemon Peteu, dit Perrel, *Jacobus Perrelli,
 Perelli*, Perel.
Juge : Pierre Marc, *Marchi*. — Lieutenant : Jean
 d'Echallon, *de Escalone*, Chalon ; Lantelme
 Veilleu, Velheu ; Laurent Marchand, M-nt.
Courrier : noble Jean Panet, *Paneti, Pauneti*,
 Juhan Panet.
Procureur fiscal : Laurent Marchand, *M-di*.

1428 mars 10-1429

Pierre de la Cour, *de Curia*, Piro de la **Court**,
Piero de la Cors.

Disderon Villars, *D-rius*, *Disdaronus Villaris*,
Vilaris, Dideront Villars.

Richard Besançon, *Besanczonis*, *Bezansonis*,
Besensonis, dit Tarasca, Richart Bezanson,
Richiars Besanzont.

Guigues Bolot, *Bolocti*, *Bolloti*, *Bolacti*.

Juge : Pierre Marc. — Lieutenant : Jean d'Echallon, *de Escalone* ; Jean Olier, *Olerii* (1).

Courrier : Jean de Torchefelon, *Torchefellone*.
— Lieut. : Jean le Migne, dit Normand, N-n.

1429-1430

Telmon Luc, *Termonus*, *Talm-s Luci*, Luce.

Jean de Manissieu, *Maniciaco*, *Manisiaco*, Ma-
nissiaco, *Manicio*.

Pierre Hosteyn, H-ns, H-nt, H-ens, H-nc, Ostens.

Romanon Margès, *Margeysii*, *Margeyssii*, Mar-
jays, *Marjaysii*.

Juge : Jean de Croset, *C-to*, *J. C-ti* ; François
de Brenier, *Bregniaco*. — Lieutenant : Guillaume Charrière.

Courrier : noble Antoine Vallier, *Valerii*, *Val-
lerii* (2) ; noble Jean de Torchefelon, *Torchifel-
lone*, chev. — Lieut. : Jean Gutuer, *Gutuerii*.

Procureur fiscal : Julien Borgès, *Burgensis*. —
Lieutenant : Aymar Focher, *Focherii*.

1430-1431

Pierre Eminal, *Eminalis*.

Antoine de Manissieu, *Maniciaco*, *M-issi-o*.

---

(1) Il était « baquellerius in decretis » et chanoine de St-Barnard.
(2) Il mourut vers la fin d'août.

Pierre Dernas, P. de Voiron, *Voyrone*.
Monet Michel, *Michaelis*.
Juge : François de Brenier, *Breniaco*. — Lieutenant : Jean d'Echallon.

1431-1432

Etienne Faysan, *Faysani*, *Faisani*.
Raymond d'Allevard, *de Alavardo*.
Pierre Pascal, *Pascalis*.
Péronon de *Pessulis*, *Pessullis*.
Juge : Giraud Chabas, *Chabassii*.
Vice-courrier : Pierre de la Cour, *de Curia*.

1432 mars (av. 10)-1433

Jean de Manissieu, *Maniciaco*,
Pierre Charnier, *Charnerii*.
Michel Boissier, *Boysserii*, Boyssier.
Pierre Gabillon, *Gabillionis*.
Juge : Guillaume Charrière, *Charrerie*.
Vice-courrier : Pierre de la Cour, *de Curia*.

1433-1434

Jean de Manissieu, *Maniciaco*.
Juge : Pierre Marc, *Marchi*.

1434-1435

Geoffroy Viol, *Joffredus Violi*.

1435-1436

Jacques Villars, dit Rebate, Jayme Villar.
Jean Viviand, *Viviandi*, Jeham Vivian.
André de Tregnac, *Triniaco*, T-c, Tregnat.
Romanon Perrin, *Perrini*.
Juge : Pierre Marc, *Marchi*.

1436 mars 18-1437

Martin Bocoiron, *Bocoyronis*, b. et m.
Jean Vivian, *Viviandi*, *Viviani*, b et m.
Pierre Magnin, *Magnini*, mi.
Peronon Loiron, *Loyroni*, *Loyronis*, a.
Juge : Guillaume Charrière, *Charrerie*.

1438-1439
Jean de Manissieu, *Maniciaco, Manicevo.*
Geoffroy Viol, *Joffredus Violi,* substitué.
Guiard Leydier, *Leyderii, Lederii.*
Bernardon Besson, *Bessonis,* Besson Massegre.
Juge : Jacques de Saint-Germain, *S° Germano.*
— Lieutenant : Jean d'Echallon, *de Eschalone.*
Vice-courrier : Jean Vallier, *Valerii.*

1439-1440.
Pierre de la Cour, *de Curia.*
Jean de Manissieu, *Manisevo, Maniciaco.*
Guillaume Magnin, *Magnini* (1).
Michel Benoît, *Michaletus Benedicti.*
Juge : Guillaume Charrière, *Charrerie, C-ra.*
Vice-courrier : noble Jacques du Prin, dit Fla-
meng, *Flamingii.*

1440-1441.
Pierre de la Cour, *de Curia.*
François du Platre, *de Plastro, Plaustro,* Fran-
ses dou Plastre.
Martin Chanos, *Chanosci, Chanoscii.*
Jean Forton, le jeune, *Fortoni, Fortonis.*
Juge : Pierre Marc, *Marchi, Marchii*(2) ; Jacques
Chalaron, *Chalaronis.* — Lieutenant : Jean
d'Echallon.
Courrier : Jean de Torchefelon, chev. — Lieute-
nant : noble Guillelmet Artaud, *Arthodi.*

1441-1442
François du Platre, *de Plastro.*
Jean Bérenger, *Berengarii.*

---

(1) Le même sans doute était, en 1446, parcheminier, *pergaminerius.*

(2) « Juris utriusque peritus » et conseiller delphinal, il fut élu le
26 nov. 1439 et prêta serment le 1er déc. (*Reg. capitul.,* f° 10) ; il y a un
autographe de lui dans les *Precepta* de 1440, f° 2 v°.

Jean Raymond, *Reymondi, Rem-i*, dit Merlin.
Antoine Peteu, dit Perecellet, Parecellet.
Juge : Guillaume Charrière, *Charrerie* (1).

1443-1444

Telmon Luc, *Termonus, Talmonus Luci* (2).
Romanet Bardin, *Bardini*.
Guillaume Second, *Secundi*, Segun, ch.
Gillet Borrel, *Borrelli, Boreli* (al. Viel).
Juge : Etienne d'Agen, de Ageyn.
Courriers : noble Girard Mercier ; noble Guillel-
met Artaud, *Arthodi*.

1444-1445

Noble Pierre Forest, dit Coppe, P. Fores, P. Coppe.
Romanet (Ponson !) Bardin, *Bardini*.
Etienne Clerc, *Clerici*.
Romanet Perrin, Romanon P-n.
Juge : Etienne d'Agen, de Ageyn (3).
Courriers : noble Jean de Torchefelon ; noble
Girard Mercier.

1445-1446

Noble Pierre Forest, *Foresii*.
Juge : Etienne d'Agen, de Ageyn.
Courrier : noble Girard Mercier, fils de Guil-
laume M. (4).
Proc. fisc. : Dideron Villars, *Dideronus Villaris*.

1446-1447

Claude Dijon, *Glaudius Divionis*.
Vincent Gordon, *Gordonis, Gordinis*.
Jean Rivière, *Riperie, Ripperie*.

---

(1) Il fut élu le 27 nov. 1441 (*Reg. capitul.*, fo 33 v°).

(2) Il mourut le 6 oct. et eut pour successeur noble Pierre Forest,
dit Coppe, avec noble Humbert Odoard pour coadjuteur.

(3) Nommé par le Chapitre le 26 nov. 1443 (*Reg. capitul.*, fo 50).

(4) Nommé par le Chapitre le 26 nov. 1444 (*Reg. capitul.*, fo 60).

François Cuillerier, *Cuilliarerii*, *Culharerii*,
F. Belat, *Belati*.
Juge : Guillaume Charrière, *Charrerie* (1).
Courriers : noble [Jean] de Torchefelon ; noble
Jacques de Clermont, *Claromonte*, seigneur de
Creissieu, Creyssieu ; Jacques de Nant, *Nanto* ;
Jacquemon Dunan.
Proc. fisc. : Disderon Villars, *Vilaris*.

1447-1448

Aymar de Bren, *Breno* (2).
Vincent Gordon, *Gordonis*.
Jean Rivière, *Ripparie* (3).
Juge : Jean Croset (4). — Lieutenant : Jacques
Chalaron, *Chalaronis*.
Courrier : noble François du Platre, *de Plas-*
tro (5).

1448-1449

Geoffroy Viol, *Joffredus*, *Juf-s Violi*, Viols.
Aymar de Bren, *Emarus*, *Eymarus de Breno*,
Eymars de Bren (6).
Jean Ferrand, *Ferrandi*.
Pierre Troassier, *T-seri*, *T-ii*, *Troya-i*, dit Got.
Courrier : noble Charles Golat de Chevrières,

---

(1) L'archevêque avait nommé Jean de Croset, *Croseto*, « legum
doctor ». Charrière, « in legibus licentiatus », fut élu par le Chapitre
le 26 nov. 1445, « actento quod hic residet » (*Reg. capitul.*, fᵒ 68 vᵒ);
il mourut avant le 22 oct. suivant et fut remplacé par Chalerons,
Chaleronis (fᵉ 119 vᵒ).

(2) On lui substitua Ennemond, *Ynimundus*, son frère.

(3) Le 12 juin 1448, figure *Odinetus de Reyns*, Odines de Rayns,
« olim consindicus universitatis », qui signe Hodynet.

(4) « Legum doctor, » nommé par le Dauphin.

(5) Nommé par le Chapitre le 26 nov. 1446 ; le Chapitre de Vienne
voulut désigner noble Arnoul Roland, *Arnulphum Rolandi* (*Reg.*,
capitul., fᵒ 121).

(6) On lui substitua de nouveau Ennémond, *Enimondus*, son frère.

Karolus Golati de Caprilliis (1). — Lieutenant : Jacques de Nant.

Juge : Rostaing Ronat, *Ronati, Ronacti.*

1449 avril 15-1450.

Dideron Villars, *Dis-nus Villaris*, dit Rebatte, *Rebasta*, b. et m.

Geoffroi Viol, *Joffredus Violi*, Juffrey Viol, b. et m. (2).

Jacquet Ranet, *Raneti*, pel.

Antoine Beraud, *Beraudi*, a.

Juge : Jean de Croset (3). — Lieutenant : Jean d'Echallon.

Courrier : noble Guillaume Fordion, *Fordionis*, Fordyon. — Lieutenant : noble Girard Mercier.

Proc. fisc. : Dideron Villars, *D-nus Villaris.*

1450-1451

Dideron Villars, *Disderonus Villaris*, dit Rebatte, *Rebasta.*

Ponson Monistrol, *Ponsonus Monistroli.*

Jean Pageret, *Johanninus Pagereti.*

Jeannet Rancon, *Johannetus Ranco, Ranconis.*

Juge : Jean de Croset. — Lieutenant : Jean Royer, *Roerii.*

Courrier : Girard Mercier, *Mercerii.*

1451 [avril. 27]-1452

Ponson Monistrol, *Monistroli, Monistrolis.*

Romanet Bardin, *Bardini.*

Jean Raymond, *Reymondi*, R-n, dit Merlin.

Jean Vivier, *Viverii*, dit de Simple.

---

(1) **Rostaing Ronat,** *Ronati, Ronacti,* docteur ès lois, avait été nommé par l'archevêque élu de Vienne et confirmé par le Chapitre le 28 nov. 1447 ; les consuls lui refusèrent une gratification (*Délibér. consul.,* f° 34 v°).

(2) Il mourut peu avant le 26 mars 1450 et ne fut pas remplacé.

(3) Nommé par le Chapitre le 26 nov. 1448 (*Reg. capitul.,* f° 147).

1452 [avril 11]-1453
Romanet Bardin, *Bardini*.
Rigaud Tardivon, *Tardivonis*.
Jean Clerc, *Clerici*, la.
Disderon Bodet, *Bodeti*.
1453 avril. 3-[1454]
Rigaud Tardivon, *Tardivonis*.
Jean de Dril.
Guillaume Second, *Secundi, Segondi*.
Pierre Honet, dit Dugot, *Dugocti*, Dugat, Digot.
1454 avril. 22-[1455]
Jean de Dril, m.
Garin Conton, *Contonis*, m.
Christin Cadet, *Xristinus Cadeti*, mi.
Thomas Borlhe, *Borlho, Borlio, Borho*, a.
Juge : Pierre Gonel, *Gonelli*. — Lieutenant :
   Girard Mercier.
1455 avril 7-1456
Jean de Dril, m.
Garin Conton, *Contonis*.
Christin Cadet, *Cadeti*.
Jean Albert, *Alberti*, dit Bouvier, *Boverii*.
1456 mars 30-[1457]
Jacques Carnage, dit Copin, m.
Vincent Gordon, *Gordonis*, m.
Jean Camérier, *Camerarii*, dit Jacart, **Jacardi**,
   Jaquardi, a.
Péronon Monier, *Monerii*, dit Juvat, *Juvati*, mi.
Juge : Elie de Lobier, *Helias de L.*
1457 [avril 19-1458]
Jacques Carnage, dit Copin.
Durand de la Cour, *de Curia*.
Mionet Malet, *Malheti*.
1458 [avril 4-1459]
Durand de la Cour, *de Curia*, de la Court.

Jean Bérenger, *B-rii, B-garii,* Berengier.
Jean Raymond, *Reymundi,* dit Merlin.
Siméon Didier,*Disderii,*dit Rochefort,*Rochafort.*
1459 mars 27-[1460]
Jean Bérenger, *Berengerii.*
Jean Luc, *Luci.*
Guinet Magnin, *Magnini.*
Guigue Troassier, *Troyasserii.*
1460 avril 15-1461
Jean Luc, *Luci,* m.
Romanet Bardin, *Bardini,* m.
Jean Clerc, *Clerici,* a.
Guillaume Bonnevie, *Bone vite,* mi.
Juge : Jean de Ventes, *Ventis.* — Lieutenant :
    Raoul de Conteville, *Comictevilla.*
1461 [avril 7-1462]
Romanet Bardin, *Bardini.*
Rigaud Tardivon, *Tardivonis.*
Arnaud, Raynaud Bonissol, *B-lis, Bonisolis.*
Jean de Forton, *Forthone.*
Juge : Jean de Ventes, *Ventis* (1).
1462 avril. 20-[1463]
Rigaud Tardivon, *T-ni, T-nis,* l'aîné, b. et m.
Guillaume Serein, *Sereni,* b. et m. (2).
Pierre Lozon, *L-ni,* L-ns, dit de la Pierre, *de
    Petra,* co.
Jean Vivier, *Viverii,* dit Simple, J. de Simple, a.
Juge : Antoine Combe (3).
Courrier : noble Girard Mercier, *Mercerii* (4).

---

(1) « Utriusque juris doctor », il fut reçu le 29 oct. 1461 (*Reg. capit.*).

(2) Jean de Dril, nommé pour la 3ᵉ fois, refusa et fut remplacé le 15 mai par Guill. Serein.

(3) Docteur ès lois, nommé par le Chapitre le 26 nov. 1461.

(4) Pourvu par le lieutenant du gouverneur.

1463 avril 3-[1464]

Guillaume Serein, *Sereni*, Seren.
Pierre Bonivaud, *B-di, de Bonivallibus*.
Guiard Leydier, *Leyderii*.
Pierre Robert, *Roberti*, dit Pitrel, *P-lli*.
Juge : Jean de Ventes, *Ventis* (1) ; Antoine Eustache, *Eustachii* (2).
Courrier: noble Etienne de Poisieu, *Poysiaco* (3).
Procur. fiscaux : Etienne Bourguignon, *Burgundionis*, puis (13 sept.) Almot Gendre, *Generis*.

1464 avril 3-[1465]

Pierre Bonivaud, *Bonivaudi*, b. et m.
Jean Bérenger, *B-rii, B-garii*, Berengier, b. et m.
Jean Gautier, *Gauterii, Gaulterii*, e.
Pierre Tochibo, dit Neytina, Retina, Neyma, Roux, a.
•Juge : Pierre Chalandat, *C-ti, Chalen-i, C-ll-i* (4).
Lieutenant : Guillaume Faysan, *Feysani*, bachelier ès lois.
Courrier : noble Girard Mercier, *Mercerii*.

1465 [avril 16- 1466]

Jean Bérenger, *Berengarii*, Berengier.
Jean de Dril.
Pierre, Piret du Mont, *de Monte*, cordenant.
Péronon Vivier, *Viverii*, dit de Simple, Sinple.
Juge : Jean de Ventes. — Lieutenant : Jacques du Chastel, *de Castro*.

---

(1) « De civitate Vienne », prête serment le 26 nov. 1462.

(2) Nommé par le lieutenant du gouverneur, prête serment le 23 décembre.

(3) Neveu de l'archevêque, nommé le 26 nov. 1462 (*Reg. capitul.* fo 29 vo).

(4) Licencié ès lois, « vice bayllivus patrie basse Dalphinatus », nommé le 26 nov. 1463 ; l'année suiv., à pareil jour, il est qualifié « utriusque juris doctor ».

Courrier : noble Etienne de Poisieu (1).
Procur. fiscaux : Pierre de Manissieu, *M-icevo* ;
    Almot Gendre, *Generis*.

1466 [avril 8]-1467

Jean de Dril.
Guillaume Milhard, *Milhardi*.
Lantelme Brilhe.
Juges : noble Jacques du Chastel, *de Castro* ;
    Guillaume Faysan, *Feysani* ; Pierre Chalen-
    dat, *Chalendati*, de Vienne.

1467 mars 31-[1468]

Jean Luc, *Luci*, m.
Garin Conton, *Contonis, Comtonis*, m.
Jean Gombaud, *Gombaudi*, artista, co.
Antoine Sauze, Saulze, lab.

1468 avril 20[-1469]

Garin Conton, *Contonis, Comtonis*, b. et m.
Rigaud Tardivon, *Tardivonis*, b. et m.
Pierre Reynaud, *Renaudi, R-uldi*, mac.
Pierre Beraud, *B-di, B-uldi*, dit Fayet, *F-ti*, a., lab.
Juge : Antoine Combe, docteur ès lois.

1469 [avril 4-1470]

Rigaud Tardivon.
Jean Dorier, *Dorerii*, Doryer.
Michel Bayle, *Bajuli*.
Thomas Borlhie, *Borlio*.
Juge : Jean Alessandri, *Alexandri* (2).
Courrier : noble Etienne de Poisieu, *Poysiaco*.

1470 [avril 24-1471]

Jean Dorier, *Dorerii*, Doryer.

---

(1) Neveu de l'archevêque, nommé le 26 nov. 1464 (*Reg. capitul.*,
fº 76 vº) ; en son absence les fonctions furent exercées par noble
Girard Mercier, *Mercerii*, bourgeois de Romans (fº 77).
(2) Nommé par le bailli du Bas-Dauphiné.

Etienne Bourguignon, *Burgondionis*, Bergno-
nyon, n.
Jean Monier, *Monerii*, dit de Clamens.
Nicolas Bochage, Donoble.

1471 [avril 16-1472]

Etienne Bourguignon, *Burgondionis*, Burgond'.
Jean de Charmes, Chermes.
Thomas Janvier, *Januarii*.
Antoine Albert, *Alberti*.
Juge : Jean Alessandri, de Bergame, *Pe-mo, Par-o.*

1472 [mars 31-1473]

Jean de Charmes, *Chalmen.*
Claude Peccat, *Pecati.*
Artaud Borgès, *Borgesii.*
Jacquemon Branchu, *Branchuti.*

1473 [avril 20-1474]

Claude Peccat, *Peccati, Pecati.*
Pierre Coste, Piero Costa.
Laurent Jacart, *Jacaudi.*
Pierre Vinay.
Juge : Jean de Bergame, *Pergamo.*

1474 [avril 12-1475]

Pierre Coste, Piero Costa, m.
Jean Luc, *Luci*, m. (1).
Bertet Bochard, *Bochardi*, pel.
Jean de Forton, *Fortone*, lab.

1475 [mars 28-1476]

Noble Jean Luc, *Luci*, puis Rigaud Tardivon,
Tardivonis.
Jean Dorier, *Dorerii*, Doryer.
Janin Giroud, *Giroudi, Jannus Girodi*, ba.
François Ranc, Ranco.

---

(1) Remplit son office pendant 8 mois et reçut 13 flor. 4 gr.

1476 [avril 16-1477]
Jean Dorier, *Dorerii*, Doryer.
Antoine Charnier, *Charnerii*.
Antoine Reymond, *Reymundi*.
Pierre Loyron, *Loyronis, Loironis*, lab.
1477 [avril 8-1478]
Antoine Charnier, *Charnerii*.
Claude de Saint-Martin, *Glaudius de S° Marti-no*, n.
Michel Richard, *Richardi*, mac.
Guiot Bochage, lab.
Juge : Guillaume Faisan, *Feysani, Fesani*, licencié ès lois.
1478 [mars 24-1479]
Claude de Saint-Martin, *Glaudius de S° M-no*.
Garin Conton, *Contonis*.
Pierre Bernard, *Bernardi*, bo.
Romanon Culherier, *Culhererii*.
Juge : Antoine Combe, docteur ès lois.
1479 [avril 13]-1480
Garin Conton, *Contonis, Comtonis*.
Ennemond de Bren, *Hanemundus de Breno*, Enymon.
Jean Lozon, *Lozoni, Lossoni*, dit de Clérieu, *Cleriaco*, co.
Raymond Bonnevie, *Bonevile*, lab.
Juge : Jean de Bergame, *Pergamo, Pargamo*, licencié ès lois.
1480 avril 4-1481
Ennemond de Bren, *Henemundus de Breno*.
Durand de la Cour, *de Curia*.
Roland Baudin, *Baudini*.
Pierre Maillet, *Malheti*.
1481 avril 22-1482
Durand de la Cour, *de Curia*.

(Durand ?) Claude de Dril, *Glaudius de Drilh.*
Artaud de Reins, *dez Rains,* de Reyns.
Antoine Besson, *Bessoni,* dit de la Falca.

1482 avril 9-1483

Claude de Dril, *Glaudius de Dril.*
Jean Veilheu, Velheu, Velhieu, n.
Janin Verandel, *Verandelli, Janninus Var-i,*
   V-eti, ba.
Pierre Beraud, *B-di,* dit Fayet, *Fayeti,* Faye,
   a. et lab.
Juge : Guillaume Faisan, *Feysani,* lic. ès lois.

1483 [avril 1]-1484

Jean Veilheu, Velheu, Velhieu.
Jean Luc, *Luci.*
Jean de Garet.
Pierre Robert, *Roberti,* dit Pitrel, P-lh, lab.

1484 [avril 20]-1485

Jean Juc, *Luci,* b. et m.
Jean Alexis, *Allexii,* b. et m.
Pierre Florand, *Florandi,* dit Miffon, artist.
Stevenon Maillet, *Malheti,* a.
Juge : Jean Fléard, *Fleardi* (1) ; Guillaume Fai-
   san, *Feysani* (2)
Courrier : noble Yves de Levy.
Vice-courrier : Pierre Odoard.

1485 [avril 5]-1486

Jean Alexis, *Alexii,* Alexio, m.
Pierre Coste, Piero Costa, m.
Guigues Reymond, *Reymundi,* dit mᵉ Matheo,
   mᵒ Mathieu Remont, ba.

---

(1) Licencié ès lois, demeurant à Grenoble, nommé le 27 nov. 1483,
puis docteur ès lois.
(2) Institué par le roi, le 20 oct. 1483, en continuation du précédent.

Jacquemet Didier, *Desiderii*, dit de Rochefort, Rochafort, lab.

Juge : Guillaume Faisan, *Faysani*.

Courrier : noble Yves de Levy (1) ; noble Durand de la Cour, *de Curia* (2).

1486 [mars 28]-1487

Pierre Coste, Piero Costa.

Nicolas Gordon, *Gordonis, Gourdonis*.

Guigues Reymond, *Guigonetus Reymundi*, Remont.

Guiot Peyteu, Peteu, dit Peressellet, Peresselhet, *Guilhotus Peresselleti*.

1487 [avril 17-1488]

Nicolas Gordon, *Gordonis*.

Jean de Manissieu, *Manicevo*.

Roland Baudry, *Baudrini*.

Richard Edelin, *Edellini*.

Juge : Ponce Galbert, *Galberti*.

1488 [avril 8]-1489

Noble Jean de Manissieu, *Manicevo*, m.

Jean Guerre, *Guerra*, dit Roland, *Rollandus*, m.

Roland Baudry, *Baudrini*.

Pierre Baret, *Bareti*, dit Gamon.

1489 [avril 21] 1490

Jean Guerre, *Guerra*, m.

Noble Girard Mercier, *Mercerii*.

Artaud de Reins, Reyns, dez, des Rains.

Artaud Joguet, *Jogueti*.

1490 [avril 13]-1491

Noble Girard Mercier, *Mercerii*, b.

Noble Ennemond de Bren, *Ham^{dus} de Breno*, b.

---

(1) « Hostiarius Parlamenti Dalphinatus », nommé le 26 nov. 1484.
.(2) Bourgeois de Romans, nommé le 18 déc. 1484, prèta serment le 19.

Jean Dorier, *Dorerii* (1).
Venerand Bochier, *Bocherii*, artist.
1491 [avril 5]-1492
Jean Dorier, *Dorerii*. Doryer.
Jean Chonet, *Choneti*.
Guillaume Gandi, dit Bonnefoy, Bonafey.
Raymond Bonnevie, *Bona via*, *Bone vite*.
1492 [avril 24]-1493
Jean Chonet, *Choneti*, m.
Pierre Odoard, *Odoardi*, le jeune, m.
Etienne Prancemanche, Tiene Prancemange,
    Prensamange, me.
Jean Périer, *Pererii*, dit Banachon, Benachon,
    Bennachon, a.
Juge : Pierre Périer, *Pererii*.
1493 [avril 9]-1494
Pierre Odoard, *Odoardi*, *Odd-i*, le jeune, m.
Jean Alexis, *Alexii*, m.
Antoine Lezert, *Lezerti*, *Leysarti*, artist.
François Nicholas, *N-ay*, *Nyc-ai*, dit Gaudi-
    lhon, lab.
Juge : Guillaume d'Arzag, *de Arzago*.
1494 [avril 1-1495]
Jean Alexis, *Alexii*.
Jean Clerc, *Clerici*, Cler.
Jacquet Mely, *Meli*, *Melli*.
Jean Boyron, *Boironis*.
Procureur fiscal : Philippe Thomé.
1495 [avril 21]-1496
Jean Clerc, *Clerici*, Cler, dit Ruffi.
Guillaume Odoard, *Odoardi*, *Oddoardi*.
Jean Bouland, *Bolandi*, dit Sachon, Chasson.
Pierre Ranc, *Ranco*.

---

(1) On a cancellé Jean de Netina, lab.

1496 [avril 5-1497]
Guillaume Odoard, *Odoardi, Oddoardi*, m.
Ponson Luc, *Luci*.
Jean Bouland, *Bolandi*, dit Sachon.
Etienne (*al.* Pierre) Bolot, *Boloti, Bolotti*.
1497 [mars 28-1498]
Guillaume Odoard, *Odoardi, Oddoardi*.
Ponson Luc, *Luci*, m.
Arthaud de Reins, *Rains, Reyns*.
Claude Beraud, *Glaudius Beraudi*.
Juge : Guillaume d'Arzag, *de Arzago*, doct. ès lois.
1498 [avril 17-1499]
Guillaume Odoard, *Oddoardi*.
Giraud de la Cour, Court, *de Curia*.
Pierre Chaptal, *Chaptalis*.
Pierre Jouquet, *J-ti, Joqueri*, dit Chabasson, a.
1499 [avril 2-1500]
Giraud de la Cour, *de Curia*.
Guillaume Odoard, *Odoardi*.
Jean Robert, *Roberti*, dit Pitrel, Pitiel.
Pierre Chabasson.
1500 [avril 21]-1501
Guillaume Odoard, *Odoardi, Oddoardi*.
Philippe Bonet, *Boneti*, dit de Sala.
Roland Baudry, *Baudrini, Baudini*.
Janin Branchut, *Branchuti, Branchini*.
1501 [avril 13-1502]
Jean Chonet, *Choneti*.
Roland Baudry, *Baudrini, Bardini*.
Jean Beraud, *Beraudi*, dit de Guillot.
Philippe de Sala, « infirmus ».
1503 [avril 18-1504]
Antoine Bourguignon, *Burgondionis*.
Jean Sevin, *Sevini*.
Jean Yvonet, *Yvoneti*.

1504 [avril 9-1505]
Jean Sevin, *Sevini, Syvini*, Sevyn, Sivin.
Sanche Dijon, *Sanchetus Divionis.*
Jean Yvonet, dit Chenea?
Pierre Maillet, *Malheti.*

1505 [mars 25]-1506
Sanche Dijon, *Sanchetus Divionis, Dyv-s.*
Jean Vache, Vachon.
Antoine Chatillon, *Chastilhonis, C-llionis.*
Claude Beraud, *Glaudius Beraudi.*

1506 [avril 14-1507]
Jean Vache, Vaches (1).
Antoine Borges, *Borgesii*, Borgoes.
Pierre Mésonat, *Mesonati, Meysonati.*
Claude Beraud, *Glaudius Beraudi*, Beraut.
Juge : Louis Périer, *Pererii*, licencié ès lois.

1507 [avril 6-1508]
Antoine Borges, *Borgesii.*
Jean Chonet, *Choneti.*
Pierre Mésonat, *Mesonacti.*
Clande Beraud, *Glaudius Beraudi.*
Juge : Louis Périer, *Pererii.*

1508 [avril 25-1509]
Jean Chonet, *Choneti,*
Romanet Bourguignon, *Burgondionis.*
Jean Boges.
Jean Pellissier, *Pellicerii, Pellisserii*, dit Ga-
   billon, Guabbillion.

1509 avril 9-[1510]
Romanet Bourguignon, *Burgondionis, Burgundionis*, Burg'on, m.

---

(1) Quand il fut prisonnier, « clausus », on le remplaça par Sanche
Dijon, *Sanchetus Divionis.*

Jean Chonet, *Choneti*, m.

Claude Prudomme, *Probihominis*, Prodonme, (Thomas) Prodome, Prodomme.

Jean Pellicier, *Pellisserii*, Pellicer, dit Gabillon, Gabilhon, a.

Juge : Louis Périer, *Pererii*.

1510 [avril 2-1511]

Jean Chonet, *Choneti*.

Romanet Bourguignon, *Burgondionis*.

Antoine Grandis, dit Garat.

François Gaudilhon, *Gaudilhonis*.

1511 [avril 22-1512]

Romanet Bourguignon, *Burgondionis*.

Jean Sevin, *Sivini*.

Antoine Grandis.

François Nicolaï, *Nicolay*, dit Gaudillon, G-lion.

1512 avril 13-[1513]

Jean Sevin, Sivin, Sevyn.

Jacques Legre, *Jacotinus* Leigre, Leygre, m.

Roland Baudry, Baudri, c. des meteraux.

François [Nicolaï, dit] Gaudillon, *Guaudilhonis*, Guaudilhon, lab.

Juge : Jean Reymond, *Reymondi*, doct. ès lois.

Courrier : Guillaume Tardivon, *Tardivonis*.

Procureur fiscal : mᵉ Philippe Thomé.

1513 [mars 29-1514]

Jacques Legre, Jacotyn Leigre, Leygre.

Jean Vache.

Pierre Mésonat, Piare Meysonat, *Meysonati*.

Claude Béraud, *Beraudi*, Glaudo Berault.

1514 avril 14-[1515]

Jean Vache.

Jacques Legre, Leigre.

Jacquemet de Cossion, do Cossion.

Pierre Faure.

1519 [avril 26-1520]
Guillaume Forest, Fores (1).
François Chonet.
André Arnault, c. des mesteraulx.
Jean Pellissier, dit Guabilhon, lab.
1520 [avril 10-1521]
Francois Chonet.
Jean Romey.
Artaud du Chastel.
Jean Pellissier, dit Gabilhon.

---

(1) A sa mort, on le remplaça par Jean Muche, qui reçut 10 flor.

TABLE DES MATIÈRES

FRAGMENTS HISTORIQUES SUR ROMANS

Imp. Jules CÉAS & Fils, Valence & Paris.

www.ingramcontent.com/pod-product-compliance
Ingram Content Group UK Ltd.
Pitfield, Milton Keynes, MK11 3LW, UK
UKHW022323090726
13658UKWH00001B/32